Modibo Sounkalo Keita
Bogenschütze

Modibo Sounkalo Keita

Bogenschütze

Aus dem Französischen
von Carola Gerlach

Kyrill & Method Verlag

Originaltitel: L'ARCHER BASSARI

Deutsche Erstausgabe

Die Deutsche Bibliothek – CIP-Einheitsaufnahme

Keita, Sounkalo Modibo:
Bogenschütze / Sounkalo Modibo Keita. Aus dem Franz. von Carola Gerlach. - Dt. Erstausg. – München : Kyrill-und-Method-Verl., 1991
Einheitssacht.: L'archer bassari <dt.>
ISBN 3-927527-34-3

Umschlaggestaltung: Wolf Erlbruch
Satz: dm DruckMedien München
Druck und Bindung: Ebner Ulm
Gesetzt aus der CG Garamond 11/13
ISBN 3-927527-34-3

Wenn das Volk irgend jemanden zum Würdenträger erhebt; wenn es ihm die Ehre irgend eines Vorsitzes angedeihen läßt und wenn es sich um ein hohes Amt handelt; wenn dieser Jemand dann glaubt, über den Menschen hinauszuwachsen; wenn er meint, ins Überirdische aufzusteigen, und seinesgleichen sind nur noch die Trittleiter seiner Macht – es kommt vor, daß er sich sogar gegen die wendet, die ihm ihre Wahl geschenkt haben, daß er die Begründer seiner Erhabenheit seine Anmaßung spüren läßt: Der Narr! Er weiß nicht, daß sein Ruhm flüchtiger ist als ein Traum. Er weiß nicht, daß der ihn umgebende Glanz nichtiger ist als die Gespenster der Nacht.

Saint Basile de Césarée

1

Geräuschlos kletterte der Bogenschütze den knorrigen Stamm des Mahagonibaumes hinauf. Um vier Uhr morgens ist der Boulevard de la République menschenleer. Er hatte keine Angst, gesehen zu werden. Bloß kein Geräusch! Ein übereifriger Hund bellte los, ohne besonderes Ziel. Das wütende oder verschlafene Knurren anderer Hunde brachte ihn zum Schweigen. Dann sank die Straße in ihre tiefe Ruhe zurück. Mühelos zog sich der Bogenschütze hoch, etappenweise, bis er den Ast erreichte, den er von unten her ausgewählt hatte. Er trat ein paarmal mit der Fußsohle auf, um zu sehen, ob er halten würde, und setzte sich nieder. Er brach einige Zweige ab und hatte so einen guten Ausguck auf die drei Meter unter ihm liegende Straße. Er stützte sich auf einer Astgabelung ab, die sich unter ihm befand, legte einen Pfeil in den Bogen ein und richtete seine Waffe auf ein unsichtbares Ziel auf der gegenüberliegenden Straßenseite. Dann entspannte er den Bogen und legte den Pfeil zur Seite. „Atumbi wird den Verräter nicht verfehlen", sagte er leise vor sich hin. Er war mit seinem Versuch zufrieden. Er setzte sich auf den Ast zurück, ließ die Beine baumeln und lehnte den Kopf an. Er lockerte die Muskeln und entspannte die Nerven. So wartete er, die Augen waren halb geschlossen, die Ohren aber gespitzt.

An jedem Arm ein Mädchen, trat Sérigne Ladji aus der Bar *Die Schwemme*. Die alten Neonlampen der Reklame warfen ein paar fahle Lichter auf das mit Spinnweben und toten Insekten übersäte Schild. Der Mann war so betrunken, daß es schien, er würde von den beiden Frauen getragen. Krampfhaft hielt er sich an ihren Schultern fest. Lallend sang er den Refrain eines Trinkliedes. Das Dreiergespann steuerte auf den ein paar Meter oberhalb der *Schwemme* geparkten Wagen von Sérigne Ladji zu. Einmal hieß der Betrunkene die Mädchen stehenbleiben, fuhr sie grob an und beschimpfte mit rohen Worten Kandimi, eine kleine Dunkelhäutige aus der Savanne, die sich schon an seinen Taschen zu schaffen machte. Dann hatte er eine Idee, die ihn so irre lachen ließ, daß ihm beinahe die Beine weggeknickt wären. Er zerrte am Verschluß seines Hosenschlitzes und sagte dem Mädchen, sie solle doch lieber dort suchen, denn da sei ein Schatz verborgen.

Deutlich sah der Bogenschütze, wie sich die kleine Schar auf den Wagen unter der Laterne zubewegte. Das fette und zufriedene Lachen Sérigne Ladjis ließ ihn vor Abscheu erzittern. Dieses Zittern mußte er rasch zurückdrängen, denn jetzt brachte er seine Waffe in Anschlag. Er haßte den Mann, der auf der anderen Seite der Straße kicherte. Bald würde ihn sein Pfeil treffen. In seiner Phantasie kletterte er wie rasend über einen Haufen Toter und Sterbender, um zu einem Geldschrank zu gelangen, aus dem Banknoten quollen, lachte aus vollem Hals über seinen Sieg, der ihm schon sicher schien, scherte sich nicht um das Röcheln der Sterbenden und schob die um Hilfe flehenden abgemagerten Hände brutal beiseite. „Wenn er die Tür des Geldschrankes berührt, werde ich ihn durchbohren", sagte der Bogenschütze zu sich selbst. Alptraum und Wirklichkeit wurden eins.

Der berauschte Nachtschwärmer erreichte den Wagen, lachte noch immer und klammerte sich noch immer an den Mädchen fest. Er streckte die Hand nach dem Griff des Wagenschlages aus und ergriff sie. Das war die letzte Bewegung auf Erden, die ihm noch bewußt wurde. Der Pfeil löste sich von dem Ausguck ab, überwand zischend die zehn Meter, die ihn von seinem Ziel trennten, und bohrte sich kraftvoll in Sérigne Ladjis Brust. Durch den Aufprall und vom Schmerz nüchtern geworden, blickte dieser völlig starr vor Erstaunen auf das Instrument seines Todes, das verhängnisvoll dort saß. In einem spontanen Überlebensreflex versuchte er, ihn herauszuziehen. Aber der Pfeil hatte schon ein großes Loch in die Aorta gerissen, und der Versuch, ihn zu entfernen, richtete noch größere Zerstörungen an. Das Blut ergoß sich über den Wagen und die beiden Huren, die, völlig verblüfft, zu begreifen suchten: das von ihrem Begleiter ausgestoßene Röcheln, vor allem die Berührung mit dem lauen und zähflüssigen Blut und dessen widerlichen Geruch; sie ließen alles fahren und schrien aus Leibeskräften. Abia, das zweite Mädchen, rannte, von Entsetzen gepackt, so schnell sie die Beine nur trugen, davon und verstreute Tasche, Hut und Schuhe auf ihrem Weg.

Wie eine Katze ließ sich Atumbi vom Baum herunter, bewegte sich schrittchenweise auf die nächste Gasse zu, schlug die Richtung zum nahen Ozean ein und ging im Schutze des Halbdunkels ein paar Meter den Sandstrand entlang; seine Schritte waren gemessen. Auf der Höhe des Armenviertels Bougosso stieg er zu der auf den Felsen liegenden Uferstraße empor, überquerte sie und verschwand im Labyrinth der Holz-und Wellblechhütten.

Inspektor Sarré vom Kommissariat des 9. Reviers erhob sich sofort von seinem Platz, als er die Schreie der Mädchen hörte. Andere Kunden der *Schwemme*, die noch nicht betrunken waren, taten es ihm nach. Der Ansturm auf den Ausgang war gewaltig. Das Durcheinander schreckte einige Kunden hoch, die vom Alkohol schon halb abgestumpft waren. Manche stießen zu der kleinen Schar draußen vor. Der Schauplatz des Dramas war schnell gefunden. Neben der Leiche heulte Kandimi; zum Zeichen großen Unglücks hielt sie beide Hände über den Kopf. Inspektor Sarré traf als erster ein, warf einen kurzen Blick auf Szenerie und Umgebung und kniete sich neben die Leiche.

„Nichts zu machen“, sagte er und schaute den Ankommenden entgegen.

Er bat den Barmann, im Kommissariat anzurufen, man möge ihm zwei Männer zur Aufnahme des Tatbestands schicken. Dann stand er auf und gab den Schaulustigen zu verstehen, sie müßten zur Überprüfung ihrer Personalien zurück in die Bar. Als es Proteste gab, zog er seinen Dienstausweis heraus, und niemand wagte mehr, durch ein unpassendes Wort oder eine Bewegung – wie z.B. den Versuch, sich heimlich aus dem Staub zu machen – als verdächtig zu erscheinen. Die athletische Statur des Inspektors machte Eindruck, und es war für alle augenscheinlich, daß jegliche Art von Flucht rasch vereitelt und der Flüchtende als Hauptschuldiger überführt würde. Als Sarré mit seinem kleinen Gefolge wieder in der *Schwemme* eintraf, fand er nur noch den telefonierenden Barmann, eine Kellnerin, die dumm mit ihrem leeren Tablett dastand, und einen Trunkenbold vor, der unter lautem Schnarchen seinen Rausch ausschlief. Alle Huren waren verschwunden, mit ihnen die gewitzten Kunden der Bar. Beim ersten Signal hatten sie den Braten gerochen und die Segel gesetzt. Viele von ihnen waren ehrbare Familienväter, die man zu dieser Stunde woanders wähnte als in diesem Prostituiertenlokal. Die vier Kunden, die die Neugier zum Schauplatz des Verbrechens getrieben hatte, zeigten ihre Personalausweise und wurden schnell durchsucht. Dann bekam jeder eine Vorladung für den nächsten Vormittag ins Kommissariat. Vergeblich war Sarrés Versuch, den Trunkenbold wachzurütteln. Durch das Schütteln plumpste der Schläfer von der Bank, und als er erst einmal auf dem schmierigen Fußboden in sich zusammengesackt war, gab er ein zufriedenes Grunzen von sich und schnalzte genüßlerisch mit der Zunge, als hätte er da sein Bett gefunden. Und sägte auch schon in höchsten Tönen weiter. Für wenigstens vierundzwanzig Stunden schien er für die Menschheit verloren.

Der Polizist bemühte sich nicht weiter. Nachdem er sich von dem Barmann den Namen des Kunden hatte geben lassen, stellte er eine Vorladung aus und schob sie dem Säufer in die Tasche.

Kommissar Mbaye lockerte sich mit nervösen Handbewegungen die Krawatte, um es sich bequemer zu machen. Die heiße Jahreszeit hatte schon begonnen, und der Ventilator machte mehr Krach als frische Luft. Schließlich legte er das Jackett seines marineblauen Anzuges ab – er hatte es gerade übergezogen, um nach Hause zu gehen – und hängte es einfach über den Stuhl. Dann wischte er sich seine breite Stirn, die einen Anflug von Kahlköpfigkeit verriet. „Wie können einem mit fünfunddreißig die Haare ausgehen!“ sagte er bekümmert in sich hinein. „Na ja, bei der Arbeit, die ich mir aufhalse, und meine Eheprobleme kommen auch noch dazu, ist das kein Wunder“, folgerte er. In der Tat, zum großen Kummer seiner Frau hatte er schon zwei Nächte hintereinander nicht zu Hause geschlafen und auch wenig gegessen. Er war einer Drogenaffäre auf der Spur und gedachte sie bald zum Abschluß zu bringen. Wie so oft bei solchen Fällen, wird die Front bei voranschreitender Arbeit immer breiter. Nach den Geständnissen derer, die verhaftet worden waren, mußte man verschiedene Vorladungen veranlassen. Das ergab einen ziemlichen Haufen Leute, die verhört werden mußten, die meisten wurden wieder auf freien Fuß gesetzt. Alle aber wurden in eine Kartei eingetragen. Mbaye wurde dadurch bis 4.00 Uhr aufgehalten. Als er gerade nach Hause gehen wollte, meldete man ihm den Mord auf dem Boulevard de la République. Die Nachricht verursachte einen erneuten Schweißausbruch. Er entledigte sich endgültig der Krawatte. „Da haben wir's", murmelte er, „Safi wird mich schon wieder anschreien!" Als das Telefon läutete, fuhr er leicht zusammen, nahm sich aber Zeit, um seine Fassung wiederzugewinnen, zählte bis zum fünften Rufzeichen mit und nahm den Hörer ab.

„Was wirst du dir heute ausdenken", schrie eine Frauenstimme. „Es ist immer dasselbe: Ich koche, es ist aber niemand da, der ißt. Ich mache das Bett, gehe aber allein schlafen. Wozu bin ich eigentlich verheiratet? Madame Mbaye, ist das vielleicht nur zur Zierde?"

„Aber nein, Liebste!" Mbaye versuchte, ruhig zu bleiben. „Heute abend ist es etwas Ernstes, ich habe einen Mord am Hals."

„Einen Mord? Das kann man leicht erfinden. Hast du nicht eher ein Mädchen um den Hals?"

„Aber woher denn?" verwahrte er sich. „Du hast zuviel Phantasie."

„Ich höre Frauenstimmen", konterte sie.

„Ein paar Prostituierte aus einer Razzia, die sich unterhalten."

„Sie unterhalten sich in deinem Büro!"

„Aber nein, auf dem Flur!"

„Sie sind sehr wohl in deinem Büro. Ich höre deutlich ihre Stimmen. Du demütigst mich, indem du mich mit Freudenmädchen betrügst. Ich bedeute dir also gar nichts mehr?"

Sie brach in Schluchzen aus, was ihren Mann derart erbitterte, daß er den Hörer nicht gerade sanft auflegte. „Die Polygamisten sind vielleicht verrückt! Mit meiner einen Ehefrau steht es mir schon bis hier!" dachte er laut.

„Bringt eines der Mädchen rein", brüllte er in Richtung Tür.

Auf der Schwelle erschien Abia, hinter ihr ein Polizist in Uniform. In der Hand hielt sie die Gegenstände, die sie bei ihrer Flucht verloren hatte. Sie waren gefunden und ihr ausgehändigt worden. Sie wirkte niedergeschlagen, nahm aber eine abweisende, aggressive Haltung an, als man sie sich setzen hieß. Ihr langes Kleid aus grünem Synthetikstoff war an einigen Stellen zerrissen, da sie bei der Flucht mehrmals hingefallen war. Sie kam jeglicher Aufforderung zuvor, öffnete ihre Tasche, zog ihren Personalausweis und den Gesundheitspaß heraus und legte beides auf den Schreibtisch.

„Ihr Name ist also Abia?" fragte Mbaye, als er die Dokumente an sich nahm.

Das Mädchen antwortete nicht.

„Gut", murmelte der Kommissar und setzte seine Lektüre fort: sechsundzwanzig Jahre; 1,70 m; helle Gesichtsfarbe; Beruf: Sekretärin.

Er schaute sie an und stellte bei sich fest: Stimmt, sie hat etwas Intellektuelles.

„Eine fakultative Frage: Wie haben Sie es vom Büro zur Prostitution geschafft?"

„Ich hatte es satt, zwei Jobs zu machen und nur für einen bezahlt zu werden", gab sie trotzig zurück.

„Gut, Mademoiselle, Ihre Papiere sind in Ordnung, Ihr Gesundheitspaß ist auf dem letzten Stand. Erzählen Sie mir jetzt, was sich auf dem Boulevard de la République zugetragen hat?"

„Ich habe schon alles dem Inspektor gesagt."

„Ich weiß."

Mbaye warf einen kurzen Blick auf die rechte Ecke des Schreibtischs – handgeschriebener Bericht und der Pfeil unter dem Zellophan, ein mit Widerhaken und zwei asymetrischen Harpunenspitzen versehener Pfeil. „Erzählen Sie trotzdem. Was ist passiert, nachdem Sie mit Ladji herauskamen?"

„Er hat uns zu seinem Auto gebracht, und dort ist er gestorben", sagte sie ruhig.

„Sie sehen nicht so aus, als hätte Sie sein Tod berührt."

„Zwischen uns gab es nur Geldbeziehungen."

„Was ist passiert, als Sie zu Ladjis Auto kamen?"

„Ich sagte es Ihnen bereits, er wurde von einem Pfeil getötet."

„Woher kam dieser Pfeil?"

„Das weiß ich nicht. Ich hörte nur ein Zischen, und ein Pfeil traf meinen Kunden in die Brust."

„Was ist passiert, als der Pfeil traf?"

„Ich schrie und ergriff die Flucht."

„Warum waren Sie die einzige, die die Flucht ergriff? Dachten Sie, daß sich der Zorn vielleicht auch gegen Sie richtete?"

„Was wollen Sie damit sagen?" fragte das Mädchen mißtrauisch.

„Sie waren für Ladji mehr als eine Bettgespielin. Man hat sie seit mehreren Wochen zusammen gesehen. Welcher Art waren Ihre Beziehungen wirklich?"

„Ich habe es Ihnen gesagt!" Sie schrie es fast heraus. „Zwischen uns gab es nur Beziehungen zwischen Prostituierter und Kunden!"

„Kandimi war neu in der *Schwemme*. Haben Sie sie mit Ladji bekannt gemacht?"

„Ich kenne dieses Mädchen nicht!"

Sie klapperte mit den Augen wie jemand, der hastig nach Worten sucht.

„Zum ersten Mal gesehen habe ich sie gestern."

„Ich habe Gründe anzunehmen, daß Sie sie vorgestellt haben. Sicher, Sie sind auch Prostituierte, aber Sie verwalten auch, wenn man so sagen darf, eine kleine Truppe von Mädchen."

„Das ist nicht wahr." Abia schien ehrlich beleidigt zu sein. „Ich arbeite auf eigene Rechnung, das ist alles."

„Trotzdem waren Sie an jenem Abend mit der kleinen Kandimi zusammen!"

„Das stimmt, aber dem Kunden steht es frei, sich so viele Mädchen auszusuchen, wie er will, wenn er die Mittel dazu hat. Und für mich selbst ist es die Hauptsache, daß er bezahlt, was er mir schuldet; alles übrige geht mich nichts an.

„Gut. Sagen Sie mir jetzt, ob Sie jemanden kennen, der Gründe hatte, Sérigne Ladji nach dem Leben zu trachten."

„Das Privatleben meiner Kunden geht mich nichts an."

„Ja, vielleicht. Aber Ladji war kein gewöhnlicher Kunde. Das läßt mich vermuten, daß Sie mehr wissen, als Sie vorgeben. Ich gebe Ihnen einen Rat: Wenn Sie sich in dieser Affäre nichts vorzuwerfen haben, liegt es in Ihrem Interesse, mit uns zu kooperieren. Wir haben Ihre Akte bald zusammen. Da können Sie sich ganz auf uns verlassen." Er machte eine Pause. Sie können gehen, aber halten Sie sich für Vorladungen ständig zur Verfügung."

Abia stand auf und ging. Wortlos.

„Bringt das andere Mädchen herein!“ Trotz Abias Haltung hatte Mbaye seine Ruhe bewahrt. Er hatte sogar zu den Gesten und Reaktionen zurückgefunden, wie sie Routine waren, und konnte dadurch seine Frau vergessen.

Der junge diensthabende Polizist stieß Kandimi in den Raum hinein.

„Hinein mit dir, Matrosenliebchen!“ zischte er zwischen den Zähnen.

Das Mädchen flüsterte ihm die Antwort zwar leise, aber in so giftigem Ton ins Ohr, daß der Polizist nervös zu seiner Pistole griff, die er auf der Hüfte trug. Als müßte er einen bewaffneten Angriff abwehren! Dann hielt er in seiner Bewegung inne und säuselte der kleinen Hure drohend ins Ohr:

„Mit dir werde ich mich später befassen. Mit dir und deiner Geldbüchse. Du wirst mir schon was erzählen!“

„Personalausweis! Gesundheitspaß!“

Als der Kommissar sie nach ihren Papieren fragte, nahm sie erst einmal Platz.

„Habe ich nicht“, antwortete ruhig Kandimi.

Mbaye musterte sie gründlich und wunderte sich zunächst über ihr jugendliches Alter: fünfzehn oder sechzehn Jahre; er schätzte sie kaum größer als 1,55 m. Ihr Gesicht mit den fleischigen, aufgeworfenen Lippen und den hin und her wandernden Augen eines lauernden Tieres hatte keinen wirklichen Reiz. In den Augen, die einen verängstigten Eindruck machen sollten, glaubte der Kommissar Gerissenheit und sogar Dreistigkeit zu entdecken. Er hatte die Reinlichkeit ihrer Kleidung bemerkt. Er wußte, daß sie nach Hause gegangen war, um ihr blutbeflecktes Kleid gegen eine Leinenhose und eine einfache Spitzenbluse auszutauschen. Ihr „Zuhause“ war eine elende Bude im Bougosso-Viertel, die sie mit zwei anderen Nachtfaltern teilte. Dort befand sich ein einfaches Bett, in dem sie schliefen, wenn auch selten zu dritt; denn möglichst richteten sie es sich ein, die Nacht mit dem letzten Kunden zu verbringen, entweder im Hotel oder in dessen Wohnung. Dort konnten sie in aller Bequemlichkeit schlafen, richtig duschen und ordentlich frühstücken.

„Weißt du, daß die Nichtvorlage des Gesundheitspasses eine

Bestrafung nach sich ziehen kann?“ sagte Mbaye und versuchte, den erforderlichen drohenden Ton zu finden.

„Setzen Sie mich fest, wenn Sie wollen! Ich war schon fünfmal im Knast.“

Die scheinbare Ängstlichkeit war einer offenen Agressivität gewichen. Agressivität ist sicherlich das Schutzschild dieser Mädchen, dachte Mbaye.

„Darüber denken wir später nach. Wie heißt du?“

„Sie heißt Kandimi, Chef“, mischte sich der Wachtposten vor der Tür ein. „Ihr Name bedeutet ‘Steifhals’, weil sie seit ihrem zwölften Lebensjahr nicht mehr mit dem Kopf geschüttelt hat, wenn sie einen Mann vor sich hatte.“

„Immer langsam, Youssou“, unterbrach ihn der Kommissar. „Du redest nur, wenn ich dich etwas frage!“

„In Ordnung, Chef, aber wenn ich jetzt nichts sage, kriegt sie es fertig, Ihnen Lügenmärchen aufzutischen.“

„Das überlaß mal mir und versuche, den Mund zu halten.“

„In Ordnung, Chef!“

Der junge Polizist nahm wieder seinen Platz an der Tür ein. Die Kränkung stand ihm im Gesicht.

„Stimmt es, daß du Kandimi heißt? Ich mache dich darauf aufmerksam, daß du mich mit deinen Antworten nicht täuschen kannst“, sagte Mbaye.

„So werde ich genannt. Mein richtiger Name ist Kandima, das bedeutet ‘schöne Stimme’. Aber ich ziehe Kandimi vor, es gefällt den Kunden.“

„Auf jeden Fall werden wir deine Personalien noch überprüfen. Sag mal, hat Sérigne Ladji etwas gesagt, bevor er starb?“

„Ja.“

„Was?“

„Als der Pfeil ihn traf und er sah, daß es ein Pfeil war, sagte er ‘Scheiße’!“

„Und was noch?“

„Er sagte noch mit schwacher Stimme: ‘Der Schuft, ich hätte mich in acht nehmen müssen!’“

Der Kommissar zeigte plötzlich größtes Interesse.

„Nannte er einen Namen?“

„Weiß ich nicht. Ich habe gesagt, was ich gehört habe."

„Was hast du noch gehört?"

„Er stöhnte noch 'aaaah' und fiel dann zu Boden."

„Ist das alles?"

„Ja, das ist alles."

„Hast du jemanden in der Nähe gesehen? Hast du etwas Ungewöhnliches bemerkt?"

„Nein, ich habe niemanden gesehen und nichts Ungewöhnliches bemerkt, außer dem Pfeil."

„Gut. Sag mir jetzt, ob du jemanden kennst, der so zornig auf Ladji war, daß er ihn hätte töten können?"

„Nein!" Die Antwort kam so schnell, als hätte sie sich schnell ihrer entledigen wollen.

Mbaye war die flüchtige Gefühlsregung des Mädchens aufgefallen.

„Für wen arbeitest du?"

„Ich? Na, für mich selbst!"

Mbaye verstand, daß sie an dieser Antwort hartnäckig festhalten würde. Er bedrängte sie nicht weiter und behielt sich vor, diesen Punkt durch eine entsprechende Ermittlung zu klären.

„Wie kommt es, daß du bei der Leiche allein bliebst, wohingegen Abia weggelaufen war?"

„Ich bin an Tod und Leichen gewöhnt. In meinem Dorf unten in der Savanne tötete die Hungersnot Tiere und Menschen. Manchmal gab es eine Beerdigung am Morgen und eine am Abend. Die Dürre entvölkerte das Dorf, und die Hilfsgüter kamen nicht."

„Und so geschah es", fuhr Mbaye mit ungespieltem Mitgefühl fort, „daß die jungen Leute sich eine Arbeit in der Stadt suchten und du dich in der Hauptstadt wiederfandest. Von der Arbeit als Hausmädchen oder ambulante Händlerin zur Prostitution ist es nur ein kleiner Sprung, den du schnell geschafft hast. Du mußtest um jeden Preis Lebensmittel ins Dorf schicken. Ist es nicht so?" Kandimi stimmte verlegen zu. „Meine Kleine, den Leuten geht es massenweise so wie dir. Auch das ist ein Teil der Dürrekatastrophe: die Landflucht der Mädchen, die fast ausnahmslos zur Prostitution verdammt sind."

Das junge Mädchen unterdrückte die Tränen. Zu viele schmerzliche Erinnerungen, Entbehrungen und Demütigungen stiegen in ihr auf.

„Ja, das ist gar nicht lustig. Aber wir müssen auf den Fall zurückkommen, der uns beschäftigt. Wie wurde Ladji dein Kunde?"

Das Mädchen erkannte sofort die Fangfrage.

„Ich war in der *Schwemme*, und er suchte mich für die Nacht aus. Ich habe großen Erfolg, müssen Sie wissen."

Pfiffig, die Kleine, dachte Mbaye.

„Du kamst zum erstenmal in die *Schwemme*, und man sah dich mit Abia hineingehen. Stimmt's?"

„Das war Zufall. Ich kannte sie vorher nicht. Als uns Sérigne Ladji zusammen kommen sah, entschloß er sich, uns zusammen für die Nacht mitzunehmen."

Mbaye lächelte. Die Antwort hatte er erwartet. Das Mädchen war wirklich zäh. Er war sich jedoch sicher, daß sie zu Abias Truppe gehörte.

„Ich muß dir noch eine Frage stellen", sagte der Kommissar und ließ nun sein Lächeln und den nachsichtigen Ton fallen.

Kandimi fuhr bei der plötzlichen Änderung des Tons vor Schreck zusammen.

„Sérigne Ladji hatte die Einnahme von drei Tagen aus der Bar bei sich, fast eine halbe Million. Der Barmann, der ihm die Summe übergeben hatte, und mehrere Kunden, die als Zeugen anwesend waren, halten sich zurück. Dieses Geld ist nun verschwunden. Wo ist es deiner Meinung nach hingekommen?"

„Darüber weiß ich nichts, ich habe nichts angerührt!" Die lebhafter gewordenen Augen und die Nervosität in ihrer hohen Stimme verrieten die Verwirrung des jungen Mädchens.

„Du warst immerhin zwei oder drei Minuten allein bei der Leiche. Das ist doch mehr als hinreichend, um in eine Tasche zu langen."

„Wenn ich bei ihm blieb, so nur um Hilfe zu leisten."

„Du weißt wirklich auf alles eine Antwort", sagte Mbaye, der sich nun doch aufzuregen begann. „Da du nicht gestehen willst, werde ich dich durchsuchen lassen."

Youssou, dem nicht ein Wort des Verhörs entgangen war, sprang mit vergnüglich funkelnden Augen in den Raum.

„Nein, nicht du, Youssou. Bring sie zu Bané, sie muß mit der Durchsuchung der Mädchen fertig sein, die an ihre Kunden Drogen verkauften."

Der Polizist ließ sich das nicht zweimal sagen. Er packte Kandimi am Arm und stieß sie vorwärts. Auf dem Flur, konnte er sich nicht beherrschen, sie zu beschimpfen. „Du Nutte", knurrte er. Die kleine Prostituierte fand zu ihrer Agressivität zurück und konterte:

„Deine Mutter war 'ne Nutte!" schrie sie ihm ins Gesicht. „Deine Mutter war ein Hürchen zu zehn Francs, alle Männer des Viertels haben sie bestiegen. Ich bin eine Prostituierte, die was auf sich hält: Ich suche mir meine Kunden selbst aus."

Youssou erstickte vor Wut. Er hatte nicht übel Lust, das Mädchen sofort fertigzumachen. Aber er wußte, sein Vergnügen wäre nur von kurzer Dauer, die Strafe aber unmittelbar und hart. Bei ungerechtfertigter Gewaltanwendung pflegte der Kommissar nicht zu scherzen.

„Du weißt, was ich mit dir mache, wenn ich dich erwische?" Seine Stimme war leise, fast vertraulich, aber drohend.

„Du wirst gar nichts machen", versicherte Kandimi heftig. „Wenn du mich nämlich erwischst, reiße ich dir als erstes die Eier ab!"

In diesem Moment erschien Bané, die Polizeigehilfin, in der Tür eines Büros. Kandimi erschrak bei ihrem Anblick. Die Frau war von massivem Körperbau und äußerst muskulös. Auch ihr Kleid mit den lila Streifen täuschte darüber nicht hinweg. Ihre kleinen Schweinsäuglein unterstrichen das Brutale ihrer Erscheinung. Kandimi beruhigte sich durch die Anwesenheit dieser Frau keineswegs, und sie nahm sich vor, keine Dummheiten zu machen, schließlich wollte sie keine Schläge einstecken. Die Gehilfin schickte den Polizisten weg, der sich mit einem schmutzigen Lächeln schon in Positur brachte, um die Szene zu genießen. Als sie dann die Tür zugemacht hatte, befahl sie dem Mädchen ohne jedwede Milde, sich vollständig auszuziehen. Als das getan war und sie den jugendfrischen, wohlproportionierten und gesunden

Körper sah, pfiff sie bewundernd durch die Zähne. Die Frau durchsuchte mit raschen Handbewegungen Tasche und Kleidung der Prostituierten und ging dann an die Leibesvisitation.

„Mach die Beine auseinander“, forderte sie sie auf und half mit einem plötzlichen Griff auf die Schenkel nach.

„Sie sehen doch, daß ich nichts gestohlen habe. Wie sollte ich denn hier“ – und sie wies mit dem Finger auf ihr Geschlecht – „eine halbe Million versteckt haben und mich dann noch frei bewegen. Sie haben jetzt genug an mir herumgefummelt!“

„Ach so?“ gab die Frau ironisch von sich. „Abia hat sicher ein bißchen mehr mit dir angestellt. Sie hat einen Haufen Kerle, ist aber auch kein Kostverächter bei den kleinen Extras mit ihren Mädchen. Du willst mir doch wohl nicht weismachen, daß du für sie arbeitest, ohne nicht auch durch ihr Bett gegangen zu sein?“

„Ich kenne diese Abia nicht. Gestern nacht habe ich sie zum erstenmal gesehen.“ Dann mit weicher, fast flehender Stimme: „Lassen Sie mich gehen, bitte. Ich bin nur ein armes Ding in einer Affäre, die mich nichts angeht.“

Die Frau gab einige wütende Grunztöne von sich. Sie durchsuchte erneut Kandimis Tasche und Kleidung. Dann kritzelte sie eine Notiz, öffnete die Tür und übergab das Papier Youssou. Als der Kommissar die Notiz las, flüsterte er seinem Untergebenen ins Ohr: „Laß sie gehen und beschatte sie. Unauffällig, das laß dir gesagt sein. Und mach keine Dummkeiten.“ Wachtmeister Youssou fühlte sich wie im siebten Himmel.

2

Es war 7.30 Uhr, als sich die vier Inspektoren im Büro des Kommissars Mbaye versammelten, der jetzt größte Mühe hatte, die Augen offen zu halten. Die ganze Nacht war eine Tasse Kaffee der anderen gefolgt und doch übermannte ihn die Müdigkeit mehr und mehr.

„Wir haben es hier mit einem Mord besonderer Art zu tun", begann er. Seine Stimme war rauh, vorher hatte er lange gegähnt. „Ein Barbesitzer, den ich übrigens wegen Zuhälterei stark im Verdacht habe, hat sich am Boulevard de la République mit einem Pfeil niederstrecken lassen. Hören Sie gut zu: mit einem Pfeil. Diese Affäre geht meiner Meinung nach über das lokale Interesse hinaus. Sie ist beispiellos, und die Untersuchung wird nicht einfach sein. Gehen wir also methodisch vor, um Erfolg zu haben. Bei den Ermittlungen verfahren wir wie folgt: Du, Marou, kümmerst dich um den Pfeil. Du klapperst alle Museen und Antiquitätenhändler ab, gehst auch in die Universität, besuchst alle, die dir aufgrund ihres Wissens etwas über die Herkunft des Pfeils sagen können. Ich hoffe, du begreifst die Bedeutung deiner Aufgabe. Sie ist die eigentliche Basis der Untersuchung. Wenn wir die Herkunft des Pfeils feststellen, haben wir eine präzise Spur, die uns zum Mörder führen könnte."

Inspektor Marou Diaby nahm den in Zellophanpapier gehüllten Pfeil und verschwand nach einem kurzen Gruß.

„Du, Djiby", sagte Mbaye zu Sarré gewandt, „stattest Mélanie einen Besuch ab. Du fragst sie nach der Akte Sérigne Ladji und lädst mir für 15.00 Uhr alle vor, deren Namen auf der Liste stehen."

Auf einen Zettel kritzelte er ein paar Ziffern und Buchstaben: Mélanies Code. Sarré nahm das Stück Papier an sich und entfernte sich ebenfalls.

Mélanie war der Name für das im Senderaum untergebrachte Computerterminal. Sie hatte Zugang zur geheimen Sonderdatei mit den Namen der dreihundert bedeutenden Persönlichkeiten der Hauptstadt Kionda. Und hinter jedem von ihnen standen die Namen der drei Leute, die am meisten Grund hatten, ihnen nach dem Leben zu trachten. Alle Namen waren verschlüsselt, und der Code wechselte bei jeder Benutzung Mélanies. Die Datei wurde mit Informationen aus den Archiven der Polizei, speziell durchgeführten Untersuchungen, Zeugenaussagen und Hinweisen der Polizeispitzel gespeist. Die Anschaffung des Terminals und die Erstellung der Datei waren durch die Unterbeschäftigung des zentralen Datenspeichers im Innenministerium möglich gewesen, der für die geringen Anforderungen viel zu groß war. Dort hätte ein Gerät von zehnmal geringerer Leistung ausgereicht. Dieser Glücksumstand kam Mbaye zupaß. Er hatte für Mélanie noch andere Verwendungszwecke im Sinn. Sie war sein ganzer Stolz. Sie brachte einen Hauch der Moderne in das alte, im Kolonialstil gebaute Gemäuer des Kommissariats, wo nicht einmal das Telefon richtig funktionierte.

„Du, Prosper" – Inspektor Prosper Ndiago merkte noch mehr auf – „machst bei deinen Spitzeln die Runde. Kein Hinweis darf unberücksichtigt bleiben."

Ndiago stand nun seinerseits auf, ging zu den Toiletten und kam als perfekt verkleideter Strolch wieder heraus: wirres Haar, an den Ellenbogen durchgescheuerte Jacke, dunkle Brille. Alles war stimmig. Um seine Maskerade vollkommen zu machen, setzte er ein hartgesottenes Grinsen auf, das seine bei einer jugendlichen Schlägerei eingefangene Narbe in Positur brachte. Er war ein richtiger Schauspieler. Er bestieg ein altes Motarrad, das auf dem Hof herumstand und fuhr knatternd zum „Markt der Diebe" in der Nähe des Hafens. Dorthin kamen die kleinen Gauner und Schmuggler, um die Ausbeute ihrer Handstreiche abzusetzen. Unter sie hatte sich einer von Ndiagos Spitzeln gemischt.

Mbaye wandte sich Inspektor Diallo zu, der sich schon fragte, wie sein Auftrag lauten würde, und bei dem Gedanken, zum Ort des Verbrechens gehen zu dürfen, ungeduldig hin und her rutschte.

„Nun zu dir, Diallo. Du verhörst die von Sarré vorgeladenen Zeugen aus der Bar. Er hat sie schon verhört, aber nur sehr kurz. An dir ist es jetzt, das Verhör zu vertiefen. Versuche, mehr über die Natur der Beziehungen Ladji-Abia und Abia-Kandimi zu erfahren.

Du schreibst mir ein Protokoll. Es fällt übrigens auf dich, das Haus zu hüten. Du bist der Diensthöchste der Inspektoren. Du triffst die für den Fortgang der Untersuchung notwendigen Entscheidungen. Ich gehe jetzt nach Hause, mich frisch machen und eine Runde schlafen. Dieser Fall scheint mir, soweit kann man jetzt schon gehen, von großer Bedeutung. Ich muß ihn in guter geistiger und körperlicher Verfassung angehen. Um 15.00 Uhr bin ich zurück. Zögere nicht, mich anzurufen, wenn etwas ist."

„Jawohl, Kommissar!" sagte Diallo, stand auf und hob die Hand an die Mütze.

„Nicht nötig aufzustehen. Bleib hier sitzen. In meiner Abwesenheit nimmst du die Mitteilungen deiner Kollegen entgegen. Und ich sag es noch einmal: Zögere nicht, mich anzurufen."

3

Inspektor Marou Diaby war voller Optimismus, als er die Gittertore des altafrikanischen Museums durchschritt. Er dachte, er brauche nur den Konservator zu fragen, um Auskunft über den Pfeil zu erlangen. Diese Erwartungen mußte er bald zurückschrauben. Die Einrichtung zeigte praktisch nur Waffen allgemeinen Typs. Ungeläufige Modelle waren selten. Man zeigte Diaby einen Katalog mit Wurfwaffen: Bogen und Pfeile, Speere und Harpunen. Aber der Pfeil, der ihn interessierte, war nicht dabei. Dann begab er sich zu den Antiquitätenhändlern im Stadtzentrum. Dort stellte man Vergleiche an und wies auf entfernte Ähnlichkeiten zu verschiedensten Pfeiltypen hin. Nichts aber war genau umrissen und greifbar. Andererseits gaben alle Antiquitätenhändler ein eindeutiges Interesse am Pfeil zu erkennen. Alle wollten sie ihn kaufen und machten Angebote zur Anfertigung einer Kopie. Danach setzte sich Diaby mit Historikern und Ethnologen in Verbindung. Aus Angst, etwa eine falsche Auskunft zu geben, machten sie sich Skizzen von der Waffe, notierten ihre wichtigsten Merkmale und versprachen, ihm das Ergebnis ihrer Recherchen zukommen zu lassen.

Diaby schrieb einen Bericht und übergab ihn Diallo.

Inspektor Ndiago rief im Kommissariat an, er sei auf einer Spur. Er sagte Diallo, er habe die Absicht, eine Operation gegen eine Dorfschmiede zu starten, die insgeheim Pfeile und Buschmesser für die Dangala-Bande fabriziere. Er bat um die Bereitstellung eines Fahrzeugs, Sidi und Bangoura sollten sich für die Aktion bereithalten.

Sarré hatte Mélanie befragt. Für den Fall eines plötzlichen Todes von Ladji gab der Rechner drei Hauptverdächtige an. Es handelte sich um Habibou Mingoro, Badou Traoré und die Dame Sita Dinta. Er gab Inspektor Diallo Bescheid, er werde die Vorladungen ausschreiben und die drei fraglichen Personen persönlich vorführen.

Als Kommissar Mbaye um 15.00 Uhr kam, fand er im Flur, der als Warteraum genutzt wurde, einen Mann und eine Frau vor, die nur auf ihn zu warten schienen. Den Gruß des Mannes – es war so ein Dünner in Saharajacke – erwiderte er mit einem Kopfnicken. Dann drückte er die Hand der geschminkten und parfümierten Frau, die sie ihm mit gekünsteltem Charme entgegenstreckte. Diallo erhob sich beim Eintreten seines Chefs, nahm tadellos Haltung an und überließ ihm den Sessel. Er referierte sehr konzentriert die Ergebnisse, die seine Kollegen bei der Erfüllung ihrer Mission hatten erzielen können, und gab ein kurzes Resümee vom Verhör der Zeugen aus der Bar.

„Der Barmann und die Kellnerin erklärten, sie hätten in der Mordnacht kein ungewöhnliches Verhalten bei Sérigne Ladji bemerkt", begann er. „Bei Ladji gab es keinerlei Anzeichen von Unruhe oder gar von Angst. Im Gegenteil, er war recht fröhlich. Er trank eine halbe Flasche Gin und belästigte die Kunden an der Theke mit seinem Radau. Irgendwann forderte er den Barmann ostentativ zur Herausgabe des Kasseninhalts auf. Der wollte ihm das Geld unauffällig im Umschlag überreichen. Er aber machte ihn auf – jeder konnte zusehen –, zählte laut das Geld vor und plauderte, was er damit machen würde. Einige Banknoten hatte er herausgezogen. Mit ihnen werde er ficken, gab er hämisch grinsend von sich, er müsse ein sehr zutrauliches neues Mädchen ausprobieren. Danach legte er ein Geldbündel beiseite und erklärte, diese Summe sei für seine Kinder bestimmt. „Mir kann man alles mögliche nachsagen, aber nicht, daß ich ein schlechter Vater bin." Er redete auch über eine Frau, die ihn zu Hause erwarte. Er bezeichnete sie als dicke Kuh, die gerade mal Heu fressen könne. Auf die Frage nach den Beziehungen Ladji-Abia versicherte der Barmann, darüber wisse er nichts, zumal er neu auf dem Posten wäre. Die vier anderen Zeugen, alles Studenten, die mit den Örtlichkeiten vertraut schienen, bestätigten die Aussagen der beiden Angestellten hinsichtlich Radau und Übergabe des Geldes. Alle Zeugen sind sich in einer Sache völlig einig: Abia kam in Begleitung von Kandimi in die Bar. Sie schienen sich zu kennen und gingen direkt auf Ladji zu, der sie offensichtlich erwartete.

Mbaye beglückwünschte Diallo und nahm hinter dem Schreibtisch Platz. Die wenigen Stunden der Erholung hatten genügt, die vorangegangenen Tage wettzumachen, an denen er nicht hatte schlafen können.

Mingoro erhob sich mit einem Satz von der Bank auf dem Flur, als man ihn rief. Der Mann war vom Alkohol zerrüttet. Die Geißel hatte ihm die Lebenskräfte genommen, und von seiner schönen Leibesfülle blieb nicht mehr viel übrig. Seit sechs oder sieben Monaten wurde er nicht mehr nüchtern. Das war der Trunkenbold, der in der *Schwemme* unter den Tisch gerollt war. Er kramte in den Taschen seiner Saharajacke, zog eine Flasche mit billigem Whisky heraus, setzte sie sofort an und nuckelte gierig. Als er die Flasche wieder zugekorkt und verstaut hatte, nahm er eine forsche Gangart an.

Mbaye erwiderte weder sein werbendes Lächeln noch den stark nach Schnaps riechenden Gruß und befahl ihm, sich zu setzen. Leise, aber deutlich vernehmbar stieß er einen Fluch aus. Er nahm sich vor, dem Polizisten, der zugelassen hatte, daß ein Vorgeladener in einem solchen Zustand zum Verhör kam, eine ordentliche Gardinenpredigt zu halten.

„Es ist ausdrücklich verboten, auf dem Gelände des Kommissariats zu trinken. Hast du verstanden? Ausdrücklich verboten!"

„Ich bitte um Verzeihung, Kommissar. Das ist meine letzte Flasche. Sie soll mein Säuferleben zu Grabe tragen und die frohe Botschaft hochleben lassen."

„Was für eine frohe Botschaft?"

„Der Tod der Hyäne! Krepiert ist das Biest, nach allen Regeln der Kunst!"

Er lachte in ungetrübter Freude. Seine vom Alkohol angegriffene Stimme hatte einen ausgesprochen kreischenden Klang, der dem Kommissar auf die Nerven ging.

„Von welcher Hyäne redest du?"

„Aber deswegen bin ich doch hier, Kommissar. Es gab eine Hyäne in Menschengestalt namens Sérigne Ladji. Sie ist gestorben, wie ein solcher Abschaum sterben sollte: Ein sauberes Loch, und daraus fließen Blut und Scheiße." Mbaye, der völlig überrascht war, rollte mißbilligend mit den Augen. „Unglücklicherweise war ich ein wenig eingenickt", fuhr der Säufer fort, „als das Ereignis" – dieses Wort betonte er – „auf der Straße vonstatten ging. Ich würde gern den treffen und beglückwünschen, der dieses Werk der öffentlichen Hygiene vollbracht hat. Haben Sie ihn gefunden?"

„Du bist vorgeladen worden, um verhört zu werden", sagte Mbaye trocken. „Du tätest besser daran, auf Fragen zu antworten, anstatt sie zu stellen. Du gehörst zu den Zeugen und bist vor allem einer der Hauptverdächtigen."

„Ich?" Erstaunen in den Augen und dem weit geöffneten Mund.

„Natürlich! Du hast in letzter Zeit mehrmals öffentlich damit gedroht, deinen ehemaligen Chef Sérigne Ladji zu töten. Du warst zwar immer in einem fortgeschrittenen Stadium der Trunkenheit, als du diese Drohungen ausgestoßen hast, aber eines ist sicher: Du hattest die Absicht, Ladji umzubringen. Siehst du nun, in welche Richtung der Verdacht geht, jetzt wo er tot ist? Was war dein Motiv, ihn zu töten?"

Bei dieser Frage hatte sich Mingoro wieder völlig in der Gewalt. Der Haß auf seinen ehemaligen Chef schien seine ganze Lebenskraft auszumachen. Und die Frage, die man ihm gerade gestellt hatte, schürte diesen Haß, denn sie ließ die Gründe seines Ressentiments erneut lebendig werden. Jeder Anflug von Trunkenheit verschwand aus seinem Gesicht. Er gab sich einen Ruck, um ruhig zu bleiben, und sagte mit fester Stimme:

„Vielen Dank, Kommissar, daß Sie mir eine solche Frage stellen. Es ist das erste Mal, daß sich jemand für meine Probleme interessiert."

„Behalte dein Gequatsche für dich und beantworte meine Frage!"

„Hören Sie, Kommissar, Sie können sich gar nicht vorstellen, was dieser Kerl mir alles angetan hat. Sie ... Sie ..." – vor Zorn geriet er ins Stottern – "Sie können es gar nicht ahnen. Er ließ mich ein Jahr und fünf Monate für sich arbeiten, ohne mir einen einzigen Tag zu bezahlen," – zur Untermalung reckte er seinen Zeigefinger in die Luft. „Siebzehn Monate arbeiten und für ihn schindern, seine Schikanen und Demütigungen ertragen, um schließlich ohne eine bezahlte Arbeitsstunde auf der Straße zu landen. Können Sie sich das vorstellen?"

„Die Fragen stelle ich!“ Die Hand fuhr wie ein Messer nach unten, um seinen Worten mehr Konsistenz zu geben. „Halt du dich mal an die Antworten, dann geht alles seinen gewöhnlichen Gang. Also, du gibst zu, daß du die Arbeit bei Ladji nach siebzehn Monaten aufgegeben hast?“

„Aufgegeben? Nein, nicht aufgegeben! Ich wurde wie ein Hund verjagt. Er hat einen kleinen Fehler ausgenutzt, um mir zu kündigen. Aber in Wirklichkeit war sein Plan schon vorher fix und fertig. Mit anderen ist er vorher ebenso umgegangen.“

„Worin bestand deine Arbeit bei Sérigne Ladji?“

„Ich war sein Barmann. Ich kümmerte mich um *Die Schwemme*. Barmann, das ist noch untertrieben! In Wirklichkeit war ich überall! An der Theke, bei der Tischbedienung. Ich kümmerte mich um die Buchhaltung, und außerdem halste ich mir meistens auch noch das Reinemachen der Bar auf, denn nur selten nahm er jemanden für diese Arbeit. Er ließ mich alle möglichen Dinge erledigen, die mit der Arbeit in der Bar nichts zu tun hatten, wie zum Beispiel das Weißen der Wände seiner Villa.“

„Hattest du einen Vertrag unterschrieben?“

„Einen Vertrag?“ Ein bitteres Lächeln verzerrte seine Züge. „Er unterzeichnete nie irgend etwas. Und wenn er zufällig mal ein Schreiben über die Einstellung auf Probe aufsetzte, hielt er die Klauseln, die er selbst hineinschrieb, nicht ein. Mir hatte er für den Fall einer Einstellung nach Ablauf der Probezeit mündlich einen Vertrag zugesagt.“

„Warum hast du ihn nicht verklagt, als du gesehen hast, daß er nicht bezahlt?“

„Na, er hatte mir doch gesagt, daß ich erst einmal eine Probezeit mache. Diese Probezeit verlängerte sich, denn siebzehn Monate später war ich immer noch auf demselben Stand. Er wich allen Rücksprachen aus, die ich mit ihm zu diesem Thema haben wollte. Ladji agierte so, weil er sicher war, daß er straffrei ausgehen würde. Ehrlich, Kommissar, denken Sie wirklich, ich hätte einen Prozeß gewinnen können, wo ich nicht den geringsten Beweis für eine Einstellung vorweisen konnte? Und selbst mit einem ordentlichen Vertrag, welche Chance habe ich heutzutage, gegen einen Chef zu gewinnen?“

Mbaye deutete eine Verlegenheitsgeste an und fuhr dann fort:

„Warum hast du denn dann die Arbeit nicht aufgegeben, die dir nach deinen Worten keinerlei Lohn einbrachte?"

„Aus einem ganz einfachen Grund, Kommissar. Es war nicht einfach, einen anderen Arbeitsplatz zu finden, und so klammerte ich mich an diesem fest. Ich war mir natürlich darüber im klaren, daß diese Einstellung auf Probe nicht regulär war, aber ich dachte, es ist besser, nichts zu forcieren, bis ich einen Vertrag erwirke, so unvollständig er auch sein möge. Ich mußte Geduld vorspiegeln, um eine feste Anstellung zu erwirken, und dann hätte ich auch Ansprüche geltend machen können."

Mingoro befühlte seine Taschen, aber Mbaye hielt ihn sofort zurück:

„Ich habe dir doch schon gesagt, daß das Trinken hier nicht gestattet ist!"

„Ich suche meine Zigaretten", protestierte Mingoro.

„Du rauchst nach dem Verhör!" Eine Pause trat ein.

„Unter welchen Umständen hast du bei Ladji aufgehört zu arbeiten?"

„Eines Tages beschuldigte er mich, ich hätte in die Kasse gegriffen. Aber es stimmte nicht! Ich wagte gar nicht, den Kasseninhalt anzurühren, weil ich in dieser Hinsicht streng überwacht wurde, und über meinem Kopf schwebte die Gefahr der Probe mit fristloser Entlassung. Ich hielt mich tadelfrei, weil ich hoffte, es würde mich in Gunst bringen. Aber nichts war! Was er mir angehext hat: Diebstahl und Mord! Diese Person war ein Krimineller! Denn wovon konnte ich denn leben? Nichts da! Wie die Familie unterstützen, die im Dorf zurückblieb und in der Hungersnot vor sich hin starb? Durch die Trinkgelder, die ich in der Bar einnahm, konnte ich überleben. Wenn ich daran denke, daß mich alle vor Ladjis Machenschaften warnten. Diese unwürdige Person mußte wirklich liquidiert werden!"

„Also hast du ihn getötet!" bestätigte Mbaye.

„Nicht doch, nicht ich!" schrie Mingoro. „Da war einer, dessen Zorn noch größer war. Und dieser Jemand war weit entschiedener als ich. Aber eines ist klar, dieser Typ hat viele Leute in Kionda gerächt und vielen anderen die Ruhe zurückgegeben."

„Wenn du die Gelegenheit gehabt hättest, Ladji zu töten, hättest du es dann getan?"

„Er ist jetzt tot, Kommissar, die Frage stellt sich nicht mehr ..."

„Eben gerade doch! Antworte auf meine Frage!"

„Oh, ja! Ich hätte ihn erschlagen, wenn ich die Gelegenheit gehabt hätte."

„Da haben wir's", verkündete Mbaye mit Siegermiene. „Mingoro, wir setzen dich ein paar Tage fest, bis die Untersuchung handfeste Beweise für deine Schuld erbringt."

„Aber ich habe doch nichts getan! Sie können mich nicht einsperren!" Mingoro hatte sich plötzlich erhoben.

„Genau das werde ich tun. Bei diesem Fall bist du verdächtig, und zwar an vorderster Stelle. Du gibst nicht nur zu, das Opfer mit dem Tode bedroht zu haben, sondern du gestehst außerdem, daß du fähig wärest, diese Drohung in die Tat umzusetzen. Das sind Vermutungen, die ausreichen, um einen Verdächtigen unter Anklage zu stellen. Sicher, du warst zum Zeitpunkt des Verbrechens völlig betrunken. Aber es kann eine Inszenierung gewesen sein, nachdem du die Sache einem anderen anvertraut hast."

„Aber mit welchem Geld hätte ich denn eine solche Gefälligkeit bezahlen können?" Er hatte nun völlig die Nerven verloren und gestikulierte wild umher.

„Es muß ja nicht unbedingt mit Geld verbunden gewesen sein. Du hast dich vielleicht mit irgendeinem Feind von Ladji verständigt, dem du Beihilfe leistetest, zum Beispiel durch die Übermittlung von Informationen über die Gewohnheiten und den Tagesablauf Ladjis. Die Untersuchung wird deine Rolle genau feststellen. Koloba!"

Er rief einen seiner Männer. Ein Koloß mit niedriger Stirn und zusammenstehenden Augen meldete sich geräuschvoll zur Stelle.

„Koloba, sperr ihn ins Loch und kümmere dich um ihn." Mingoros Augen kullerten vor Schreck fast heraus, aber Mbaye beruhigte ihn. „Koloba tut dir nichts, wenn du vernünftig bleibst. Er wird für eine bescheidene Mahlzeit sorgen. Morgen geht es dann mit dem Verhör weiter."

Auf dem Flur holte Mingoro erneut seine Flasche Whisky heraus, nahm ein paar Schluck und fing an zu singen: „Gott lebt!

Gestern abend ging er über den Boulevard de la République! Gelobt sei seine göttliche Gerechtigkeit!“ Erneutes Gluckern gab seinem Gesang den Rhythmus. Der Polizist konfiszierte die Flasche, und mit einem Stiefeltritt in den Hintern machte er ihm Beine.

4

Ihre vierzig Jahre konnte man Sita Dinta an den Altersfältchen um die Augen erraten. Es waren Augen, die den Gesprächspartner in die Zange nahmen und ständig belauerten. Schläue und Berechnung verliehen ihr einen stechenden Blick. Davon abgesehen, machte ihr Gesicht sie jünger. Unter einem leichten Make-up strahlte es Gesundheit und Frische aus. Ihre Hand glitt oft über ihr entkräuseltes Haar, als wollte sie es glätten. In Wirklichkeit vergewisserte sie sich, ob ihre Perücke auch richtig saß. Auf ihrem Kostüm stellte sie eine goldene Brosche zur Schau. Sie schwebte in der meterweiten Wolke eines penetranten Parfüms. Alles an dieser Frau schien zu beeindrucken, ihre Schönheit, ihre Eleganz und ihr Reichtum. Als sie das Büro betrat, markierte sie mit dem strahlenden Weiß ihrer Zähne ein Lächeln, das Mbaye der Höflichkeit halber erwiderte. Voller Zuvorkommenheit bot er ihr einen Stuhl an. Und doch sagte er sich, daß er diese Frau mit Vergnügen festsetzen würde, sollte sich herausstellen, daß sie hinter dem Mord von Ladji steckte. Schon lange versuchte er sie wegen ihrer undurchsichtigen Machenschaften zu fassen, die etwas mit Kuppelei und Drogenhandel zu tun hatten, aber schwer zu beweisen waren. Ihre schnelle Auffassungsgabe, ihre Tricks und Verbindungen hatten ihr immer aus der Patsche geholfen, manchmal sogar in heikelsten Situationen.

Bevor Mbaye überhaupt den Mund aufmachen konnte, trug sie ruhig und in glaubwürdigem Ton ihren Protest vor:

„Ich weiß nicht, was das soll, Kommissar. Man zitiert mich zur Polizei wegen einer Affäre, mit der ich weder direkt noch indirekt etwas zu tun habe. Ich sehe nichts, aber auch gar nichts, weswegen ich in eine Affäre verwickelt werden sollte, die mit einem gewissen Sérigne Ladji im Zusammenhang steht. Ich kenne diesen Mann nicht einmal, diesen Sérigne Ladji."

Mbaye fand an dem Spiel der Dame sofort Gefallen.

„Sie kennen ihn also nicht“, sagte er in der Lokalsprache.

„Da ich doch noch nie von ihm gehört habe“, erwiderte Sita Dinta, immer noch auf französisch.

„Wenn dem so ist, haben wir einen schwerwiegenden Fehler begangen“, fuhr er in der schon zuvor verwendeten Sprache und im Ton tiefsten Bedauerns fort. „Eine ehrbare Bürgerin ohne jeden Fehl und Tadel zu behelligen, das ist unverzeihlich. Wir bringen das sofort in Ordnung. Koloba!“

„Ja, Chef!“ Zackig machte er Meldung.

„Ich möchte das Verhör dieses Engels in deine Hände legen.“

„Das werden Sie doch nicht tun“, stieß die Frau, plötzlich ängstlich, hervor. „Nein“, vergewisserte sie sich, „Sie wollen mich nur zum Reden bringen. Das habe ich ziemlich schnell begriffen, bitte!“ In ihrer Angst war sie in ihre Muttersprache zurückgefallen.

„Koloba.“

„Ja, Chef!“

„Vollstrecken!“

Wie ein Automat und mit bösem Blick wandte er sich Sita Dinta zu. „Na komm, Puppe. Das wird ein Spaß für dich. Bei mir welken die Blumen schnell!“

Er packte sie so grob beim Handgelenk, daß sie einen Schreckensschrei ausstieß. Mit einer heftigen Bewegung machte sie sich los.

„So ein brutaler Kerl“, zischte sie und rieb sich die verletzte Hand.

Koloba machte Miene, erneut ihre Hand zu ergreifen. Völlig in Panik, wich sie zurück und riß dabei den Stuhl mit.

„Halten Sie ihn auf, Kommissar“, flehte sie und streckte Schutz suchend die Hände aus. Es wirkte ziemlich komisch.

„Koloba.“

„Ja, Chef!“

„Aufhören!“

„Jawohl, Chef!“ Der riesige Polizist knallte die Hacken zusammen und ging hinaus.

„Madame Dinta, hatten Sie die Absicht, Sérigne Ladji zu töten?“

„Ich und Sérigne Ladji töten? Ich könnte nicht einmal einer Fliege etwas zuleide tun. Aber wer ist denn dieser Ladji überhaupt?“

„Koloba!“

„Nein, rufen Sie ihn nicht. Warten Sie!“

„Na gut, ich warte“, sagte Mbaye und verschränkte die Arme über der Brust, nachdem er Koloba einen heimlichen Wink gegeben hatte, draußen zu bleiben.

„Ich wollte Sérigne Ladji nicht töten“, erklärte Sita Dinta.

„Ja, aber Ihre Art, ihm zu drohen, war äußerst originell. In der Tat, Sie sagten, Sie würden ihn von der ermüdenden Übung des Atmens befreien. Ende des Zitats. Ich könnte Ort, Zeit und andere Details nennen. Wie Sie sehen, war Ihre Taktik, die Unschuld in Person zu spielen, äußerst ungeschickt.“

„Sie sind gut informiert, wie ich sehe. Gratuliere!“

„Jetzt ist Ladji kalt. Er atmet nicht mehr. Ich glaube, er war zu müde, um damit fortzufahren. Und sicher haben Sie ihm geholfen, damit er sich ausruhen kann.“

„Nein, nein, nein!“ Instinktiv bog sie ihren Oberkörper zurück, um ihrem „nein“ Nachdruck zu verleihen, ihre Augen weiteten sich vor Schreck. „Ich habe mit dieser Affäre nichts zu tun. Jedenfalls war der Streit, der uns entzweite, auf dem Wege der Schlichtung.“

„So, so!“ Der Tonfall des Kommissars ließ sein Interesse erkennen. „Erläutern Sie mir doch, worum es in diesem Streitfall ging!“

„Sérigne Ladji führte einen unlauteren Wettbewerb gegen meine Bar *Sahel*, die im gleichen Viertel liegt wie die *Schwemme*.“

„In welcher Hinsicht war der Wettbewerb unlauter?“

In den Augen der Frau glitzerte der Zorn.

„Diese gemeine Person ließ überall verbreiten, daß das Bier, dessen Exklusivrechte ich hatte, die Männer impotent macht. Es war eine neue Marke, und anfangs hatte sie einen durchschlagenden Erfolg. Aber aufgrund dieser Verleumdung verlor ich innerhalb weniger Tage fast meine gesamte Kundschaft. Er wollte mich auf diese Weise zwingen zuzumachen, sich meine Kundschaft aneignen, oder vielleicht einfach meine Bar. Aber seine Aktion scheiterte, ich stieg von Bier auf Rotwein um; zugegeben, es ist nicht so rentabel. Dadurch konnte ich eine gewisse Kundschaft halten und meinen Laden weiterbetreiben. Die andauernde Abwanderung der Gäste und vor allem die Aufkündigung meines Exklusivvertrages haben mir einen finanziellen Schaden zugefügt, von dem ich mich noch nicht erholt habe."

„Und Ihr Groll ist auch nicht von schlechten Eltern."

„Ich wollte es ihm mit gleicher Münze heimzahlen."

„Wo haben Sie das Geld aufgetrieben, um Ihre finanziellen Probleme zu lösen und" – sein musternder Blick blieb auf dem Kostüm und dem Schmuck hängen – „Ihren persönlichen Standard zu halten?"

„Die Banken haben mir gewisse Summen vorgeschossen."

„Die Banken oder ... die Bankiers?"

„Das ist doch dasselbe, oder?"

„Keineswegs! Der Teufel liegt im Detail. Eine Bank verlangt zwangsläufig Sicherheiten, die Sie damals nicht zu bieten hatten, da die Bar vor dem Bankrott stand."

„Sagen wir also, daß mir die Bankiers geholfen haben."

„Einfach so, um Ihrer schönen Augen willen?"

„Warum nicht? Meine Augen flößen Vertrauen ein. Finden Sie das vielleicht nicht?"

„Bleiben wir doch sachlich! Haben Ihnen die Bankiers nicht die kleinste Sicherheit abverlangt?"

„Ich gab ihnen mein Wort!"

„Wenn das so ist", bemerkte er ironisch, „muß der Mund, der dieses Wort gegeben hat, sehr tief sitzen". Sita Dinta nahm den Hieb hin, ohne sich irgendeine Gefühlsaufwallung anmerken zu lassen. „Und wo spielten sich die Transaktionen ab?" Bei dieser Frage wandte sie ihren Blick ab. „Im Bett natürlich, ist doch ganz klar! Aber das ist nebensächlich. Kommen wir auf den Mord zurück. Sagen Sie mir, wo Sie sich am Freitag in der Zeit von Mitternacht bis vier Uhr aufgehalten haben."

„Ich habe meine Bar den ganzen Tag und in der Nacht zum Freitag nicht verlassen", sagte sie ruhig. „Es war der Tag, an dem der Name vom *Sahel* geändert wurde. Es war renoviert und in *Oase* umbenannt worden. Meine Angestellten können bezeugen, daß ich bei der Eröffnung um 20.00 Uhr zugegen war, daß ich Kunden und Gäste empfing und die Bedienung bis 6.00 Uhr morgens überwachte."

„Wir werden es überprüfen, da können Sie sicher sein."

Mbaye verschränkte die Hände auf dem Tisch und sah der Dame mitten ins Gesicht.

„Vor drei Wochen sind Sie in den Busch gefahren. Was hat Sie zu dieser Reise ins Dorf veranlaßt?"

„Wahrhaftig, Sie wissen wirklich alles. Ich wollte eine Tante besuchen. Ich gehe immer zu ihr, wenn ich in Schwierigkeiten gerate. Sie tröstet mich und gibt mir gute Ratschläge. Sie kennt sich mit Zauberei aus und hat einen gesunden Menschenverstand. Zu ihr habe ich Vertrauen. Sie gab mir die Kraft zurück, die ich brauchte, um den Kampf mit Ladji aufzunehmen und um mich für das Überleben meiner Bar einzusetzen."

„Haben Sie Tongeschirr aus dem Dorf mitgebracht?"

„Ja, meine Tante ist Töpferin."

„Sehr aufschlußreich. Das besagt, daß ihr Mann, d.h. Ihr Onkel, Schmied ist. Denn traditionell ist der Beruf der Töpferin den Frauen der Schmiede vorbehalten."

„Das stimmt. Aber wo ist der Zusammenhang?"

„Der Zusammenhang? Unterziehen wir ihn einer Betrachtung! Was stellt ein Schmied her?"

„Werkzeuge"

„Und was noch?"

„Worauf wollen Sie hinaus?"

„Auf folgendes: Ein Schmied stellt auch Waffen her, unter anderem Pfeile und Bogen. Stimmt doch, oder? Also, Ihr Onkel ist Schmied. Er kann also ohne weiteres Pfeile herstellen und sich ihrer bedienen. Und das bringt uns zum Mord auf dem Boulevard de la République zurück."

„Mein Onkel soll sich eines Bogens bedienen? Er ist mindestens so um die fünfundsechzig."

„Gehen wir von folgender Annahme aus! Ein Jüngerer, ein Cousin zum Beispiel, oder irgendein anderer Helfershelfer kann das erledigt haben. Ganz einfach – Sie zahlen, und er übernimmt es, Sérigne Ladji umzulegen. Hat es sich so abgespielt?"

„Nein, so etwas hat es nicht gegeben!" Aus ihrer Tasche zog sie ein rosafarbenes, parfümiertes Taschentuch und wischte sich die Stirn ab, auf der ihr die Schweißperlen standen. „Ich versichere, daß ich mit Ladjis Tod nichts zu tun habe. Ich schwöre es!"

„Schwören können Sie im Gerichtssaal. Hier ist es unzulässig."

„Ich flehe Sie an, Kommissar, glauben Sie mir: Ich habe mit dieser Affäre nichts zu tun."

„Sie wollten Ladji töten!"

„Ich habe es aber nicht getan. Es stimmt, daß wir einen Streit miteinander hatten. Man hat uns rechtzeitig voneinander getrennt, andernfalls, das ist wahr, hatte ich ernsthaft vor, ihn abzustechen. An jenem Tag hätte ich ihn zehnfach töten mögen. Da es für meine Bar einen recht aussichtsreichen Neubeginn gab, so daß ich die überstandenen Schicksalsschläge vergessen konnte, habe ich letztendlich auf meine Rache verzichtet und mich entschlossen zu vergessen. Glauben Sie mir, Kommissar Mbaye, ich fühle mich von der Polizei viel zu sehr bedroht, um mich in eine Mordaffäre verwickeln zu lassen."

„Davon ist mir nichts bekannt. Sie können jetzt frei über sich verfügen. Morgen setzen wir das Verhör fort. Werden Sie also vorstellig, sobald man Sie vorlädt. Versuchen Sie nicht zu fliehen oder sich zu verstecken. Für uns wäre das ein Beweis, und ich würde es nicht versäumen, diesen glücklichen Umstand zu nutzen, um Sie suchen zu lassen und Sie bis zum Abschluß der Untersuchung einzusperren. Verstanden?"

„Verstanden, Kommissar! Vielen Dank, Kommissar!" sprudelte sie heraus und stand auf.

Auf dem Flur traf sie Koloba, dem die Bosheit immer noch im Gesicht stand. Er stieß ein wildes Gebrüll aus. Und diese Frau, die mit der ganzen Bravour ihrer Arroganz hierher gekommen war, reagierte mit erschrecktem Hühnergegacker und strebte schleunigen Schrittes dem Ausgang zu.

In seinem Büro drückte Mbaye auf einen Knopf der Haussprechanlage und gab einem seiner Männer den Auftrag, Sita Dinta zu beschatten.

5

Inspektor Sarré fuhr von der Hauptstraße herunter und bog in die nicht asphaltierte Straße ein, die am Stadtausgang zum Friedhof führte. Sérigne Ladjis Beerdigung hatte eine große Menge von Barinhabern, Restaurantbesitzern, Getränkelieferanten und treuen Kunden angezogen, unter ihnen auch ein halbes Dutzend Prostituierte, die in völliger Selbstsicherheit gegen das islamische Gebot über die Anwesenheit von Frauen beim Begräbnis verstießen. Als Sarré so zwischen den Gräbern hindurchging, wunderte er sich über ihr unterschiedliches Aussehen. Jedesmal wenn er zum Friedhof kam, hatte er den gleichen Gedanken. Er war der Auffassung, daß der Islam es ausdrücklich untersagte, die Grabstätten der Gläubigen durch Symbole des Reichtums voneinander abzuheben. Manche Gräber waren mit Marmor und anderen kostbaren Materialien bedeckt, um der Liebe oder der Verehrung Ausdruck zu verleihen, die man dem Verstorbenen entgegenbrachte, oder aber auch nur der Prunksucht der Familie wegen. Alle Menschen sind gleich, wenn sie sich dem Gericht Gottes stellen. So jedenfalls erschien es Sarré in seiner Erinnerung an die in der Koranschule verbrachte Zeit. Er nahm sich vor, das Problem mit einem seiner islamkundigen Freunde eingehend zu erörtern.

Er stieß zur Trauergemeinde, die um das frische Grab versammelt war, gerade als die Leichenrede zu Ende ging. Den Sprecher sah man nicht, seine Stimme aber war feierlich und deutlich vernehmbar: „Sérigne Ladji war ein Freund des Volkes. Er glaubte an das Volk und das Land. Volk und Land bedeuteten ihm alles." Sarré verzog das Gesicht zu einer Grimasse, an der man erkennen konnte, wie sehr er an der Liebe Ladjis zum Volk zweifelte.

Badou Traoré fiel durch seine Größe und die ziegelrote Chechia auf. Serré schlängelte sich zu ihm durch.

„Monsieur Badou Traoré?" fragte der Polizist.

„Wer sind Sie?" gab Traoré, sofort mißtrauisch, zurück.

„Inspektor Sarré vom Kommissariat im neunten Revier."

Der Name Sarré sagte Traoré etwas, er war sich dessen sicher, daß er ihm schon irgendwo begegnet war. Da er sich aber nicht erinnnern konnte, wo, entschied er, daß Sarré kein Mann von Bedeutung war, und verzichtete darauf, weiter in seinem Gedächtnis zu graben.

„Monsieur Traoré, ich habe hier für Sie eine Vorladung." Er gab ihm ein Papier in die Hand und fügte noch hinzu: „Sie ist für sofort."

„Was habe ich getan?" Traoré war ernstlich beunruhigt.

„Das weiß ich nicht. Aber folgen Sie mir bitte zum Kommissariat. Wir haben Fragen an Sie zum Mord an Sérigne Ladji. Ich empfehle Ihnen, mir zu folgen, um jede Unannehmlichkeit zu vermeiden. Wenn wir nichts gegen Sie finden, halten wir Sie auch nicht fest."

Sarré wies seine Karte vor, um jeden Zweifel an seiner Legitimation auszuräumen. Die beiden Männer stiegen in das Dienstfahrzeug des Polizisten.

„Machen Sie sich keine Sorgen wegen Ihres Wagens", sagte er zu Traoré, „ich habe dafür gesorgt, daß er zum Kommissariat gefahren wird."

Als sie im Kommissariat anlangten, kam die Dame Sita gerade heraus; sie saß bequem auf dem gepolsterten Rücksitz ihres Wagens und hatte zu ihrer gerissenen und auftrumpfenden Art zurückgefunden.

Traoré meldete sich am Eingang des Büros, grüßte, bevor er hineinging und streckte beim Weitergehen die Hand hin. Dabei musterte er scharf den jungen Kommissar, der nicht – jedenfalls noch nicht – auf der Liste seiner Beziehungen stand. Im Bruchteil weniger Sekunden schätzte er ihn ab. „Nicht leicht zu handhaben", sagte er sich. Und er nahm sich vor, seine Beziehungen auszubreiten, um Eindruck auf ihn zu machen. Sobald er sich hingesetzt hatte, schaute er sich im Zimmer um.

„Ach", gab er in weltgewandtem Ton von sich, „Sie haben die Dogon Maske abgenommen, die Ihr Vorgänger, Kommissar Cissoko, dort aufgehängt hatte." Mit dem Finger wies er auf eine bestimmte Stelle an der Wand und fuhr fort, ohne eine Antwort abzuwarten. „Den guten alten Ibra kenne ich gut. Seit meiner

Kindheit sind wir befreundet. Er ist jetzt ein aufgehender Stern am Firmament der Verwaltung. Im Augenblick bekleidet er einen der Direktorenposten bei der Polizei. Bald wird er in der Hierarchie des Innenministeriums aufsteigen, wie er mir zu verstehen gab, um Erfahrungen zu sammeln, bis er auf einen Ministerposten berufen wird. Den wird er bekommen, dessen bin ich mir ganz sicher."

Mbaye dachte, daß Traoré ihn für einen Dummkopf hielt oder aber Traoré selbst ein völliger Dummkopf war. Immerhin ließ er ihn seinen Monolog beenden. Er stand auf und ging langsam auf ihn zu, die Hände hinter dem Rücken verschränkt. Trotz seiner beachtlichen Größe fühlte sich Traoré im Sitzen unterlegen. Die Inszenierung war kläglich gescheitert.

„Aus welchem Grunde wollten Sie Sérigne Ladji töten?"

Die unvermittelt gestellte Frage brachte Badou Traoré aus der Fassung.

„Ich und Ladji töten? Ich komme doch gerade von seiner Beerdigung."

„Was für ein schöner Zufall! Hören Sie, Traoré, ich habe nicht viel Zeit, Sie sicherlich auch nicht. Deshalb werden wir uns über einen Punkt einigen, der die Dinge beschleunigt: Ich stelle die Fragen, und Sie geben die Antworten. Sinnvolle Antworten. Wenn Sie versuchen, mir etwas vorzuspielen, behalte ich Sie bis auf weiteres hier."

„Völlig einverstanden, Kommissar!" Insgeheim fluchte Traoré; viel hätte er dafür gegeben, Cissoko in dieses Büro kommen zu lassen. „Wissen Sie", fuhr er in vertrauensseligem Ton fort, der Tod von Sérigne Ladji hat mich tief berührt; er war für mich so etwas wie ein Bruder."

„Ein feindlicher Bruder also."

„Feindlich?"

Mbaye nahm die eine Hand vom Rücken und hielt Traoré eine Briefkopie unter die Nase.

„Dieser Brief ist von vor zwei Monaten." Er schwenkte ihn vor den erstaunten Blicken Traorés hin und her. „Er wurde uns – recht unfreiwillig – von Mademoiselle Abia zugänglich gemacht, die Sie gut, sogar sehr gut kennen. Sie hatte ihn in der Tasche, die sie gestern verlor. Einer unserer Beamten kam auf die gute Idee, sie zu durchsuchen. Dieser Brief enthält Drohungen und ist mit Ihrer Unterschrift versehen. Es gibt da gar keinen Zweifel, wir haben es überprüft."

Von dem unerwarteten Angriff überrascht, rutschte Traoré auf dem Stuhl hin und her, als suchte er einen Fluchtweg. Seine kugelrunden Augen rollten in ihren Höhlen.

Mbaye lächelte. Er hatte ins Schwarze getroffen. Der Mann vor ihm war reif für das Geständnis. Im gleichen ironischen Ton fuhr er fort:

„Sie stecken immerfort in Weibergeschichten. Und hier handelt es sich in der Tat um eine Weibergeschichte. Sie sammeln leichte Mädchen und ruinieren sich dabei, sie auszuhalten. Aber das ist schließlich Ihr Problem."

Mbaye richtete sich auf, machte ein paar Schritte durchs Zimmer und kehrte dann zu dem Verdächtigen zurück.

„Fassen wir die Situation zusammen, mit der die Dinge ins Rollen kamen, das wird Ihr Gedächtnis auffrischen. Gedächtnislücken sind uns hier bei der Polizei am meisten verhaßt. Also: Vor ein paar Monaten entführte Ihnen Sérigne Ladji eine junge Schönheit namens Abia. Wie er das angestellt hat, ist ein Geheimnis. Warum sie einverstanden war, mit ihm mitzugehen? Noch ein Geheimnis! Wir haben zwar unsere eigene Meinung darüber, aber ohne Beweis ist sie nichts wert. Weiter! Dann also waren Ladji und Abia zusammen. Und das haben Sie ihm nie verziehen. Diese Geschichte beleidigte ihren Stolz und gab Sie der Lächerlichkeit preis. Ihre Versuche, sie wiederzugewinnen, ließen die ganze Stadt in Hohngelächter ausbrechen. Als Sie begriffen, daß Sie sie nicht zurückbekommen können, haben Sie beschlossen, Ihren Rivalen zu beseitigen. Physisch zu beseitigen."

„Aber nein, Kommissar", protestierte Traoré höflich. „An dieser Geschichte ist nichts Ernsthaftes dran. Abia war nur so eine kleine Freundin, nicht für die Dauer, das stand von vornherein fest. Sie war nicht meine Frau, wo denken Sie hin? Sicher, es hat mich schon ein bißchen durcheinandergebracht, daß ich ihrer so schnell verlustig ging, aber alles in allem war es eine Liaison ohne Perspektive, wie sonst auch."

„Dieser Brief sagt das Gegenteil. Hier schreiben Sie: 'Liebste Abia, komm wieder zu mir. Ich halte an Dir fest, komm zurück', etc. 'Wenn Du nicht zurückkommst, töte ich Ladji, um Dich wieder in Besitz zu nehmen!' Und das ist noch nicht alles", fuhr Mbaye fort. „Gehen wir zum zweiten Brief über, denn hier ist noch ein zweiter. Dieser war an Ladji gerichtet, ein paar Tage vor seinem Tod. Wir haben ihn bei ihm gefunden. Hier ist ein Auszug: 'Gib sie frei, sonst töte ich Dich wie einen Hund, der Du auch bist!' Beide Briefe enthalten erdrückende Beweise gegen Sie, und es war dumm von Ihnen, sie zu schreiben. Geschriebenes ist von Dauer. Jedenfalls können diese konkreten Drohungen für Sie die sofortige Verhaftung nach sich ziehen."

Traoré senkte den Kopf, er war völlig zerschmettert.

„Ja, es war ein schwerer Fehler. Nie hätte ich diese Briefe schreiben sollen. Eines muß ich Ihnen aber sagen, Kommissar, ich hatte nicht die Absicht, ihn mit meinen eigenen Händen zu töten."

„Wie sonst?" fragte Mbaye.

„Ich wollte magische Kräfte gegen ihn einsetzen."

Er blickte hoch und starrte den Polizisten an.

„Es ist wahr, ich versichere es Ihnen", fuhr er fort.

„Möglich, daß es wahr ist. Jedenfalls ist es originell und amüsant. Weiter!"

„Ich hatte die Angelegenheit einem Fetischeur anvertraut. Ich hatte ihn gebeten, von Abia den Zauber zu nehmen und sie zu mir zurückzubringen. Denn er hatte mir gesagt, daß sie verhext worden sei. Ich hatte ihn außerdem gebeten, Ladji mit einem bösen Fluch zu belegen. Der Tod aus der Ferne, das ist wirksam und gleichzeitig unauffällig."

„Unauffällig, vielleicht, aber es sei mir gestattet, an der Wirksamkeit zu zweifeln", sagte Mbaye. „Sicher haben Sie in punkto Wirksamkeit mit einem gut gezielten Pfeil nachgeholfen. Sagen Sie, wo waren Sie in der Nacht des Verbrechens?"

„Bei mir zu Hause! Um 19.00 Uhr kam ich heim. Den Wagen ließ ich die ganze Nacht draußen stehen. Viele Leute haben ihn sehen können. Um Mitternacht hatte ich übrigens mit meiner Frau eine ernsthafte Auseinandersetzung, die gegen 4.00 Uhr wieder von vorne losging, das ganze Viertel hat es gehört; denn schreien kann Counda wie keine andere. Aber trotz dieses Streits kann sie bezeugen, daß ich die ganze Nacht im Haus war."

„Und wenn es ein Alibi infolge einer geschickten Inszenierung war?" suggerierte der Kommissar. „Sie kaufen sich einen Killer und gehen schön nach Hause, um in aller Ruhe abzuwarten, wie es ausgeht ..."

„Aber warum wollen Sie mir denn unbedingt diesen Mord anhängen? Eine Menge Leute kann bezeugen, daß ich mich die ganze Nacht nicht vom Fleck gerührt habe. Und warum sollte ich denn einen Bogenschützen anheuern, der sich mit seiner unhandlichen Waffe schnell erwischen lassen würde? Es gibt weniger auffällige Mittel. Schließlich und endlich habe ich Ladji nicht getötet. Machen Sie Ihre Arbeit, Kommissar. Beginnen Sie doch, meine Aussagen über den Verlauf der gestrigen Nacht zu überprüfen. Gehen Sie zu meinem Fetischeur. Mit meiner Zustimmung sagt er Ihnen alles, was Sie wissen möchten. Wenn Sie etwas gegen mich herausfinden, dann können Sie mich unter Anklage stellen."

„Genau das werde ich tun. Sie können gehen. Aber stehen Sie uns zur Verfügung, wann immer es sich als notwendig erweist."

Traoré grüßte den Polizeioffizier und ging hinaus. Auf dem Flur nahm er die einstudierte Haltung einer bedeutenden Persönlichkeit an, die erhobenen Hauptes und über jeden Zweifel erhaben das Haus verläßt. Er beschloß, Kommissar Cissoko anzurufen und ihn um Protektion zu bitten.

Mbaye stellte die Haussprechanlage an und befahl Sarré, sich um Traoré zu kümmern.

6

Am späten Nachmittag führte Wachtmeister Youssou Kandimi in Handschellen vor. Mit lächelnder Siegermiene präsentierte er das Mädchen seinem Chef.

„Ich habe sie bei einer ihrer Freundinnen aufgegriffen. Sie wohnt in einer Bruchbude, die von der ihren nicht sehr weit entfernt ist. Ich überraschte sie, als sie gerade das Geld unter sich aufteilten."

Auf den Schreibtisch legte er ein dickes Bündel Geldscheine, das von einem Gummi zusammengehalten wurde.

„Das ist nicht wahr!" protestierte Kandimi. „Wir zählten gerade das Geld, um uns zu vergewissern, daß nichts fehlt, bevor wir es dann Kommissar Mbaye zurückgeben."

„Ach so ist das!" gab Mbaye verdutzt von sich. „Merkwürdig!"

„Ich hatte Gewissensbisse, Kommissar", sagte Kandimi, „die Worte, die Sie für mich übrig hatten, haben mich gerührt. Deshalb habe ich mich entschlossen, Ihnen das Geld, das ich von Sérigne Ladjis Leiche weggenommen hatte, zurückzubringen."

„Unglaublich! Ist mir noch nie vorgekommen!" Mbaye war ernstlich überrascht. „Aber nun sag mir doch, warum du das Geld überhaupt gezählt hast, du wußtest doch schon, wie hoch die Summe war, oder? Sicher hattest du doch zugehört, wie Ladji es gezählt hatte."

„Das stimmt, ich wußte, wie hoch die Summe ist. Aber die Scheine hatten Blutflecken. Wir mußten sie waschen und sie am Öfchen meiner Freundin zum Trocknen ausbreiten. Ihr hatte ich das Bündel anvertraut, als ich mich umziehen ging. Nach dem Trocknen haben wir das Geld gezählt, um uns zu vergewissern, daß nichts fehlt."

„Ist das möglich!" Er glaubte ihr kein Wort. „Du siehst aber ganz so aus, als seist du nicht so freiwillig hergekommen, um das Geld herzubringen, wie du behauptest. Gutwilligen Leuten legt man doch keine Handschellen an. Nimm sie ihr ab, Youssou!"

„Vielen Dank, Kommissar", sagte sie erleichtert und massierte sich die Handgelenke. Sie nutzte die Gelegenheit, um ihre Hose, an der der oberste Knopf fehlte, wieder zurechtzuziehen. „Die Handschellen sind ein Teil von Youssous Plan. So wollte er vortäuschen, daß ich das Geld nicht zurückgeben wollte."

„Es stimmt aber, was ich sage!" schrie der junge Polizist. „Ich habe sie ertappt, als sie die Summe gerade unter sich aufteilten!"

„Immer mit der Ruhe, Youssou", schritt der Kommissar ein, „laß sie reden."

„Als Youssou bei meiner Freundin ankam, drückte er mit der Schulter sofort die Tür ein. Er fand uns vor, wie wir das Geld sortierten und zählten."

„Untereinander aufteilten!"

„Wachtmeister Youssou, halten Sie den Mund, das ist ein Befehl!"

„Jawohl, Chef."

Mbaye gab Kandimi zu verstehen, sie sollte weiterreden.

„Youssou kam direkt auf mich zu – wir saßen auf dem Bett –, legte mir die Handschellen an und beschimpfte mich. Meine Freundin nutzte die Gelegenheit und ergriff die Flucht ... Dann hat er die Tür wieder verschlossen und mich vergewaltigt."

„Das ist nicht wahr!" Youssou heulte fast auf. Und batsch, haute er dem Mädchen eine runter, daß sie taumelte.

Kandimi war so an Schläge gewöhnt, daß sie gar nicht weinen wollte, aber es überkam sie, und die Tränen flossen ihr über das Gesicht. Wenn die Tränendrüsen von einem solchen Schlag erschüttert werden, öffnen sich die Schleusen wie von selbst, vor allem, wenn noch Zorn und Ärger hinzukommen.

Mbaye schrieb etwas in sein Notizbuch und befahl Youssou nachdrücklich, den Raum zu verlassen. Unter Tränen fuhr Kandimi mit ihrem Bericht fort.

„Ich habe versucht zu schreien, als er mich vergewaltigte, aber er schlug mich und drohte mir mit dem Gefängnis, wenn ich es jemandem erzählen sollte. Danach sammelte er die Geldscheine ein und sagte mir, wir könnten Freunde werden, wenn ich damit einverstanden wäre, das Geld mit ihm zu teilen. Unter dieser Bedingung würde er in seinem Bericht schreiben, er hätte bei mir nichts gefunden. Er wollte fünf Teile daraus machen: einen für mich, einen für meine Freundin und die drei anderen für sich. Aber ich lehnte ab. Da wurde er wütend, schlug mich wieder und vergewaltigte mich ein zweites Mal."

Mbaye gab zornige „Also, das ist ja!" von sich.

„Dann brachte er mich hierher", schloß Kandimi ihren Bericht.

„Gut, ich habe dich angehört. Du gehst jetzt auf den Flur und wartest. Wachtmeister Youssou!" rief er.

Youssou machte Meldung; er war nicht sehr stolz auf sich.

„Entspricht es der Wahrheit, was sie über die Vergewaltigung und das Geld gesagt hat? Paß gut auf, was du sagst, du stehst unter Eid."

Der junge Polizist kam sehr ins Stottern, bis er schließlich leise sagte: „Es stimmt nicht!"

„Wenn ich dein Stammeln sehe, schließe ich daraus, daß es richtig sein könnte, was das Mädchen sagt. Wachtmeister, du hast es verdient, aus der Polizei ausgeschlossen und hinter Gitter gebracht zu werden."

„Bitte nicht, Chef, haben Sie Mitleid! Ich habe zwei Kinder zu versorgen. Was sollte ich dann tun?"

„Ja, eben, ich denke an deine Kinder. Das allein hält mich davon ab, meine Entscheidung in die Tat umzusetzen. Als ich dich beauftragte, die Kleine zu beschatten, habe ich dir extra eingeschärft, du sollst keine Dummheiten machen. Du hast sie nicht nur mißbraucht und geschlagen, sondern dir auch noch das Geld angeeignet, das du zurückholen solltest." Er legte die Hand auf das Bündel. „Nun ja, belassen wir es bei dem Verdacht. Aber wenn das wahr wäre, du stündest noch tiefer als dieses Mädchen. Die Vergewaltigung hingegen kann man nachweisen. Aber ich will der Polizei eine solche Schande ersparen. Die Ohrfeige, die du dem Mädchen vor meinen Augen gegeben hast, ist ein Zeichen mangelnden Respekts im Hinblick auf meine Person. Folgende Sanktionen werde ich dir auferlegen: einen Monat Suspendierung vom Dienst, einen Verweis mit Aktenvermerk und ein halbes Jahr Streifendienst. Du wirst den Verkehr regeln. Hoffen wir, daß dich das zum Nachdenken bringt, es ist in deinem eigenen Interesse.

Jedenfalls kannst du dich als entlassen mit Strafaufschub betrachten, denn beim nächsten Ausrutscher ziehst du die Uniform aus. Ich gebe dir eine Chance. Schätze dich also glücklich, wenn du dich so leicht aus der Affäre ziehen kannst."

„Ja, Chef!"

„Sag der Kleinen, daß sie nach Hause gehen kann."

Kandimi wartete auf dem verlassenen Flur.

„Du kannst gehen", bellte Youssou sie an. „Und daß du mir nicht mehr über den Weg läufst."

Dann ging er dicht an das Mädchen heran, in der festen Absicht, sie ein letztes Mal zu demütigen.

„Übrigens", sagte er mit einem sarkastischen Lachen, „wieviel bin ich dir für die beiden Nummern schuldig?"

Kandimi wurde starr vor Wut.

„Du schuldest mir nichts", antwortete sie. „Ich habe dir sogar eine kleine Zulage aufgehoben."

Sie ließ dem Polizisten keine Sekunde, auch nur in irgendeiner Form zu reagieren, sondern verpaßte ihm mit dem Knie einen so gut gezielten Hieb in die Hodengegend, daß er sich zusammenkrümmte und rücklings auf einem Haufen alter Stühle landete. Kandimi atmete tief auf, so zufrieden war sie über die gelungene Rache. Als sie die Gittertür des Kommissariats durchschritt, fühlte sie sich leicht. Sie mischte sich unter die Fußgänger auf der Straße und ließ den Wachtmeister Youssou hinter sich, der leise wimmerte, kraftlos vor Schmerz.

Die Abenddämmerung brach herein, als der Polizeibeamte Bâ, der wegen seines Stotterns den Spitznamen Verzerrter Mund trug, Mbayes Büro betrat. Er war in Begleitung einer jungen Frau, die er vor sich her schob.

„Ich ... ich ... ha ... habe ... s ... sie ... bei ..."

„Du hast sie bei der Durchsuchung von Ladjis Haus gefunden", unterbrach ihn Mbaye, um der Not des Polizisten ein Ende zu bereiten. „Ich hoffe, du hast ein Protokoll angefertigt."

„Na ... natürlich, Ch ... Chef."

Mbaye schaute auf den Stotterer und nahm sich vor, für ihn eine Stelle ausfindig zu machen, an der er bis zu seiner Heilung so wenig wie möglich sprechen mußte. Zwei Monate war es her, daß

Bâ eines Morgens nach dem Aufwachen zu stottern begonnen hatte. Alle bisherigen Heilungsversuche waren gescheitert, aber er gab die Hoffnung, doch noch zu genesen, nicht auf.

Die Frau hielt sich aufrecht. Der Anflug von Bitterkeit in den Mundwinkeln machte Mbaye betroffen. Sie ist bestimmt nicht glücklich, sagte er sich. Reich auch nicht. Schnitt und Stoffart ihrer Kleidung waren schon seit Jahren aus der Mode. Die Frau war etwas dicklich und hatte runde Wangen wie ein junges Mädchen. Eine tiefe Ehrlichkeit sprach aus ihrem Gesicht. Sie mußte so um die dreiundzwanzig sein.

„Man hat mir den Tod meines Mannes mitgeteilt. Übergeben Sie mir seinen Leichnam, bitte."

Sie hatte ohne Aufforderung gesprochen, blieb aber höflich.

„Wer ist Ihr Mann?"

Sie war peinlich berührt, denn die Tradition verbot es ihr, den Namen ihres Ehemannes auszusprechen. Sie holte tief Luft und sagte:

„Er heißt Maka Lomo."

Als sie das erschrockene Gesicht des Kommissars bemerkte, fügte sie hinzu:

„Hier in Kionda ließ er sich Sérigne Ladji nennen."

„Aber Sérigne Ladji war nicht verheiratet!"

Die Frau knüpfte das Taschentuch auf, das sie umklammerte, und nahm Ausweispapiere sowie Fotos heraus. Mbaye bot ihr nun einen Stuhl an. Sie legte die Dokumente auf den Tisch. Sie konnte man auf den Fotos leicht erkennen. Bei genauem Hinsehen erkannte man auch den Mann, mit dem sie sich beim Fotografen zum Familienfoto eingefunden hatte. Es war wirklich Sérigne Ladji von vor ein paar Jahren, er hatte ein vom Fotografen anbefohlenes Lächeln aufgesetzt. Auf dem Bild war er nicht so arrogant und sehr viel weniger vom Alkohol aufgeschwemmt.

„Und dieser Mann heißt Maka Lomo?" sagte Mbaye und zeigte auf die Fotos.

Die Frau zog unter den Dokumenten einen Personalausweis hervor und übergab ihn. Er war abgelaufen, aber das Siegel war echt. Sie wies auch ihren eigenen Personalausweis und die Heiratsurkunde des Paares vor.

„Hören Sie, Madame, dieser Mann ist vielleicht Sérigne Ladji und Maka Lomo in einer Person. Können Sie mir die Ausweispapiere überlassen? Nach Überprüfung gebe ich sie Ihnen zurück."

Ohne zu zögern, gab sie sie ihm.

„Und der Leichnam?"

„Es tut mir aufrichtig leid, daß man Sie so spät benachrichtigt hat. Er wurde am frühen Nachmittag beigesetzt."

„So haben wir also nicht einmal seinen Leichnam?"

Sie unterdrückte ein Schluchzen.

„Was haben Sie vorzubringen?"

„Vor neun Jahren ließ er mich in Kénédougou mit der Bemerkung sitzen, er würde nach Kionda hochfahren, um ein wichtiges Geschäft zu erledigen. Er sagte mir, daß er vorhätte, sich dort niederzulassen und er uns, unser Kind und mich, nachkommen lassen würde. Die Geburt unseres zweiten Kindes, die noch für die gleiche Woche in Aussicht stand, wollte er nicht abwarten. Vier Monate vergingen, und ich blieb ohne jede Nachricht. Mehrmals kam ich nach Kionda, um ihn zu suchen. Als ich ihn dann schließlich ausfindig machen konnte, speiste er gerade in einem zentral gelegenen Restaurant der Stadt in Begleitung eines jungen Mädchens zu Mittag. Er war reich geworden und ließ sich Sérigne Ladji nennen. Als er mich sah, bekam er einen heftigen Wutanfall und ließ mich aus dem Restaurant werfen. Er schrie mir nach, er wolle mich nicht mehr sehen. Sein Verhalten überraschte mich, ich schämte mich, ich schämte mich so sehr, daß ich weinen mußte. Danach schickte er ein paar Überweisungen nach Kénédougou mit der Bemerkung, sie seien für die Kinder. Dann wurden die Überweisungen seltener. Seit drei Jahren erhielten wir gar nichts mehr. Ich verkaufte Sauermilch, um für unseren Lebensunterhalt aufzukommen. Außerdem hatte ich einen Teil des Hauses vermietet, aber es reichte nicht ... Gestern kam ich her, um ihn ein letztes Mal zu bitten, nach Hause zurückzukehren. Die Kinder fragen mich fortwährend nach ihrem Vater. Der Große hat ihn seit neun Jahren nicht gesehen. Die Kleine weiß nicht einmal, wie er aussieht ... Wie soll ich ihnen sagen, daß er uns verlassen hat, daß er sich dem Alkohol und dem Laster hingibt?"

„Haben Sie ihn noch einmal gesehen, als Sie gestern hierher zurückkamen?“

„Ja, ich sah ihn wieder.“

Und wie in einem Film sah sie das Gespräch abrollen, das sie mit ihrem Mann gehabt hatte. Endlich hatte sie seine Adresse ausfindig gemacht und war hingegangen. Es muß 9.00 Uhr gewesen sein, als sie die Schwelle der Villa im vornehmen Viertel Badala überschritt. Sérigne Ladji schlief, vollständig angekleidet, in seinem Bett. Sie hatte ihn wachgerüttelt.

„Ich habe doch gesagt, daß ich vor 12.00 Uhr nicht geweckt werden möchte“, grunzte er in sein Kopfkissen. Er glaubte, die Hausangestellte vor sich zu haben, und gab Anweisungen für das Menü zum Mittagessen.

„Ich bin es, Diaka“, hatte sie schüchtern gesagt.

Da hatte er sich mit einer heftigen Bewegung umgedreht.

„Diaka! Was machst du denn hier? Hatte ich dir nicht gesagt, du sollst aus meinem Leben verschwinden? Da ist die Tür, mach, daß du wegkommst, ich will schlafen.“

Diaka aber war voller Entschlußkraft zur Villa gekommen. Sie antwortete ihm in resolutem Ton und streifte all ihre Schüchternheit ab.

„Ich gehe von hier nicht fort. Ich bin gekommen, um dich zu holen und nach Hause zu bringen. Die Kinder wollen dich sehen.“

Da hatte er die Hand nach einer Flasche ausgestreckt, die auf einem Tischchen neben dem Bett stand. Er wollte Alkohol trinken, ganz automatisch, vielleicht auch, um sich zu fassen. Sie aber hatte die Flasche Whisky vor ihm zu packen bekommen und sie auf dem gefliesten Fußboden zerschmettert. Ohne seine Flasche schien er wie verloren.

„Was hast du getan, Diaka? Mein Whisky, mein schöner Whisky.“ Er wimmerte, als er die Scherben sah.

„Du mußt nach Hause zurückkommen!“

„Ich kann nicht. Ich will nicht. Siehst du nicht, was aus mir geworden ist? Ein Alkoholiker, dem Laster ergeben. Willst du mich so den Kindern als Vater präsentieren?“

„Die Kinder wollen dich sehen. Ihr Anblick wird dich sicher verändern.“

„Ich kann nicht! Ich kann nicht!" winselte er und schüttelte den Kopf hin und her.

Dann hatte er, auf der Suche nach Alkohol, überall herumgewühlt. Es war ihm anzusehen, daß er Entzugserscheinungen hatte. Aber sie war ihm zuvorgekommen. Sie hatte Gin ausfindig gemacht, den sie aus dem Fenster schüttete, und dann den Kühlschrank geöffnet. Dort hatte sie Flaschen mit Bier gefunden, die sie in die Küche trug und im Ausguß zerbrach. Da hatte dann Ladji einen Weinkrampf bekommen. Er hatte das Gefühl, vernichtet zu sein, und war nicht in der Lage, seiner Frau entgegenzutreten.

„Du hast gesiegt! Du hast gesiegt, Diaka. Aber ich muß mich darauf einstellen. Gesteh mir eine Woche zu, damit ich anfange, meine Gewohnheiten zu ändern, und vorzeigbar werde für die Kinder. Dann hole ich dich und die Kinder ab, ich bringe euch hierher und wir leben zusammen."

Diaka hatte gedacht, daß es sich um ein Ablenkungsmanöver handelte.

„Ich gehe nicht allein von hier fort. Du mußt mich begleiten."

Der entschiedene Ton der Frau hatte die Niederlage des Mannes besiegelt.

„Sie fährt nicht allein! Mein Whisky, ich habe keinen Whisky mehr."

Er war kraftlos und jämmerlich, weinte wie ein Kind, dem man ein Spielzeug weggenommen hatte. Er hatte sich auf den Bettrand gesetzt und hielt sich die heftig zitternden Hände fest.

„Laß mich dir das erklären, Diaka. Ich habe nichts mehr bei mir. Ich muß in die Bar gehen und die Einnahmen abholen, verstehst du?" Er hatte die Arme ausgebreitet. Ich muß doch mit etwas nach Hause kommen. Du und die Kinder brauchen etwas zum Anziehen. Sieh dir doch an, was du jetzt trägst. Diese Camisole und diesen Pagne stellt man doch seit Jahren schon nicht mehr her. Trotz allem, das ist wahr, bist du begehrenswert geblieben."

Seine Stimme hatte sich verändert. Er hatte ein wenig die Selbstsicherheit des Ehemannes wiedergewonnen, der sich seiner traditionellen Autorität gegenüber seiner Frau bewußt ist. Er stand auf und näherte sich ihr, sah sie begehrend an. Er faßte sie bei der Hand und zog sie zum Bett. Die junge Frau war durch die herrische Begierde ihres Mannes verwirrt. Dennoch wehrte sie sich, wenn auch ohne Überzeugung.

„Diaka, meine Frau, meine geliebte Frau."

Lange Jahre hatte sie auf diese Worte gewartet. Das Gefühl überkam sie, und sie fand sich auf dem Bett liegend wieder, der Pagne war zerwühlt. Und schon liefen ihr die Tränen über das Gesicht.

Diese Bilder hatten sie aus der Wirklichkeit davongetragen. Sie träumte, und ihre Augen starrten ins Leere. Mbaye rüttelte sie leicht am Arm.

„He, was ist los? Sie sagen, daß Sie ihn wiedergesehen haben, was hat er Ihnen denn gesagt?"

Zwei Tränen rollten über die Wangen des jungen Mädchens.

„Er hat mir gesagt, ich sollte in der Villa bleiben und warten, bis er zurückkommt. Aber ich sollte ihn nicht mehr widersehen. Jetzt ist alles vorbei." Sie schüttelte den Kopf und schniefte, als sie sich die Tränen abwischte.

Kommissar Mbaye war so bewegt, daß er nicht wußte, was er sagen sollte. Diese Frau war ein weiteres Mal von ihrem Mann betrogen worden. Als er sich freigemacht hatte, war er verschwunden und hatte, wie man durch die Untersuchung herausfand, ein Hotelzimmer gemietet, um sein gewohntes Leben fortzuführen. Er hätte auch einen Trick gefunden, um seine Frau mit ein bißchen Geld und Versprechungen nach Kénédougou zurückzuschicken. Da fiel Mbaye das Bündel Geldscheine in der Schublade ein. Er nahm es heraus und hielt es ihr hin.

„Da, nehmen Sie, Madame. Das hatte er bei sich, als er starb." Da sie zögerte, drückte er es ihr in die Hand. „Nehmen Sie es doch. Es ist das Geld Ihres Mannes, also gehört es Ihnen. Nehmen Sie es für sich und Ihre Kinder. Es waren Leute dabei, als er sagte, daß dieses Geld für seine Familie bestimmt ist."

Mbaye dachte an Ladjis Worte: „Niemand soll über mich sagen, ich sei ein schlechter Vater." Als er an den anderen Satz dachte, wurde er allerdings starr vor Wut: „In meinem Haus ist eine dicke Kuh." Wie kann man ein so achtbares, treues und kluges Wesen als Kuh bezeichnen! „Saukerl", dachte er. Kurz überflog er die Papiere, die Diaka vorgelegt hatte. „Ihre Überprüfung ist eine reine Formalität."

Diaka schaute voller Dankbarkeit zum Kommissar auf. Sie wollte etwas sagen.

„Nein, das ist nicht nötig“, sagte er. „Eilen Sie zu Ihren Kindern. Wir werden feststellen, ob er ein Testament hinterlassen hat, und geben Ihnen dann Bescheid. Nur Mut! Sie sind jung. Mit dreiundzwanzig Jahren hat man das ganze Leben noch vor sich, und ich bin sicher, daß es viele Männer geben wird, die eine so tüchtige Frau wie Sie heiraten möchten.“

Sie versuchte ein schüchternes Lächeln und ging.

7

Als Badou Traoré aus dem Kabré-Hochhaus trat, trafen ihn die blendenden Sonnenstrahlen des späten Vormittags wie ein Peitschenhieb. Einen Augenblick blieb er im Eingang stehen, um die Ausschweifungen zu genießen, denen sich das Licht und der vom nicht allzu fernen Meer hereindringende frische Wind hingaben. Es war Sonntag, und es herrschte nicht soviel Verkehr wie an Geschäftstagen. Nur wenige Autos waren auf der Straße. Tief atmete er durch die Nüstern ein, die ihr Negertum nicht verleugneten, und spürte, wie ein herrliches Wohlbefinden in ihm aufstieg. Er war trunken vor Glück. Alles lief bestens. Gerade war er dreiunddreißig geworden. In die Kassen seiner Unternehmen floß das Geld. Sérigne Ladji war tot, und er hatte Abia wieder in Besitz genommen. Er kam aus der Wohnung der jungen Frau und hatte in der luxuriös ausgestatteten Drei-Zimmer-Wohnung, die er für sie in dem Hochhaus gekauft hatte, mit ihr die Nacht verbracht. Er schenkte ihr einen kurzen Gedanken; als sie sich verabschiedet hatten, nahm sie noch ihr Bad. Er rülpste vor glücklicher Zufriedenheit, schüttelte mit einer weitausholenden Handbewegung die Ärmel seines reich gestickten Boubous aus kostbarem Stoff zurecht und machte die paar Schritte zur Treppe, die zum Parkplatz am Rande der Straße hinunterführte.

Da sah er Atumbi in einer Ecke der kleinen Bretterbude, die als Zeitungskiosk genutzt wurde. Heute, am Sonntag, war sie leer. Beim Anblick des jungen Mannes stockte Traoré kurz und verzog verächtlich sein Gesicht. „Schon wieder so ein Hungerleider, der mich um Geld anbetteln wird", und schaute in eine andere Richtung. Gleich danach hatte der Bogenschütze sein Ziel schon im Visier. Im Bruchteil weniger Sekunden sah er eine Szene vor sich, die seine Entschlossenheit steigerte, den Bogen bis zum Zerreißen zu spannen. Er sah diesen Mann: gut genährt, gut gekleidet und bei bester Gesundheit. Zu seinen Füßen knieten zwei ausgehungerte Frauen. Die kleinen Kinder, die an ihren Körpern hingen, saugten an schlaffen Brüsten. Mit hohlem, fieberndem Blick hielten sie ihm schmutzige, leere Näpfe hin und flehten ihn an: etwas, um zu überleben. Statt einer Antwort verpaßte er ihnen mit verächtlicher Miene einen kräftigen Fußtritt. Die beiden Frauen fielen in den Staub – immer noch hingen die Kinder an ihren Körpern – und begannen, sich in den Tod zu weinen.

Der Pfeil schnellte von der Sehne des Bogens los, als hätte die Bildsequenz die Bewegung ausgelöst. Auf seinem kurzen Weg gab er einen klagenden Ton von sich, hatte Eile, sein Ziel zu erreichen. Kraftvoll grub er sich in die Kehle ein und durchschlug mühelos den Sternokleidomastoideus-Muskel. Er rief tödliche Verletzungen des Versorgungssystems hervor, das auf dieser Höhe aus der rechten Halsschlagader, der rechten Drosselvene, der Speiseröhre und der Luftröhre besteht. Das Blut stieg nicht mehr zum Gehirn auf, und die Atmung wurde durch die rote Flut unterbrochen, die die Bronchien zuschwemmte. Traoré versuchte, den Pfeil herauszuziehen. Es zerriß dabei aber nur sein grüner Boubou. Er versuchte zu schreien. Vergeblich. Immerhin hielt er sich aufrecht, ging taumelnd die Treppe hinunter und machte matte Handbewegungen zur Straße hin. Es dauerte einige lange Sekunden, wie in den Filmen, in denen die Schauspieler übertreiben und eine endlose Zeit brauchen, um zu sterben. Traoré beendete seinen Totentanz am Ende der Treppe, wo er der ganzen Länge nach hinstürzte. Nun floß das Blut, als hätte man einen Hammel abgestochen.

Atumbi verstaute den Bogen in dem dazugehörigen Karton, den er mit leichtem Fingerdruck verschloß. Mit dem Koffer unter dem Arm ging er seelenruhig zum ein paar Straßen weiter unten gelegenen Bougosso-Viertel.

Einen Zeugen hatte es für das Drama gegeben, einen einzigen. Gordo, ein junger Koch, taubstumm, hatte vom Fenster einer Wohnung im fünfzehnten Stock aus gesehen, wie Traoré taumelte und hinfiel. Er hatte auch gesehen, wie Atumbi seine Waffe verpackte.

Ein Taxi, das an dem Hochhaus vorbeifuhr, bremste und blieb mit einem Ruck stehen. Der Chauffeur sprang heraus, nachdem er automatisch die Handbremse gezogen hatte. Von zwei Passagieren gefolgt, war er eins fix drei bei der Leiche.

„Das ist mein Chef", sagte er mit schmerzerfülltem Gesicht. „Er ist der Besitzer von *Traoré Taxi und Transporte*. Nehmen Sie ein anderes Taxi und fahren Sie weiter", sagte er zu seinen Fahrgästen. „Ich alarmiere die Polizei und überbringe die Nachricht Madame Traoré."

Indessen klopfte Gordo wie wahnsinnig an die Nachbartür, es war die Tür Abias, und versuchte, ihr mitzuteilen, was gerade geschehen war.

Badou Traorés Tod löste einen schönen Weiberstreit aus. Als Counda vom Tod ihres Mannes erfuhr, brach sie in Schluchzen aus. Aber es war nur vorgetäuscht. Aus diesem ausgetrockneten Körper, der eine ebenso ausgetrocknete Seele beherbergte, konnte kein Schmerzenslaut mehr herausdringen. Er war ein Bündel Nerven aus Gerissenheit, Rachsucht und Streitlust. Da sie keine Tränen herausquetschen konnte, entschied sie sich dafür, das Gesicht einer tapfer durchstandenen Trauer aufzusetzen, die Miene einer bedauernswerten Witwe, die ihren Schmerz mit Würde trägt. Durch ihren Kopf sausten schon die als Erbe hinterlassenen Taxis, Häuser und Geschäfte. Dafür lohnte sich das Schauspiel, das sie sich für ihre Witwenschaft vorgenommen hatte. Sie bedauerte nur, keine richtigen Tränen weinen zu können, es hätte echter ausgesehen.

Als sie allerdings vom Ort der Tragödie erfuhr, war ihr alles verdorben. Das Kabré-Hochhaus war Abias Residenz, eine Residenz, die Traoré eingerichtet hatte, als seine Liaison mit der Konkubine begann. Counda wußte davon. Und sie konnte den Namen Abia, die das Herz ihres Mannes erobert hatte, nicht hören. Abia war es gewesen, die ihren Mann gedemütigt und dazu angestachelt hatte, sich in der ganzen Stadt lächerlich zu machen. Auch sie war dabei komprimittiert worden. Angesichts der jetzigen Befürchtungen war es für Counda allerdings nur noch von geringfügiger Bedeutung. Sie fragte sich, was die Konkubine angestellt hatte, um sich die Rückkehr zu Traoré entgelten zu lassen. Sicher hatte Traoré ihr ein Papier unterzeichnet, mit dem er ihr Häuser oder Läden überschrieb, kurz gesagt, ein Stück von dem Kuchen, von ihrem Kuchen. Es konnte sich nur darum handeln. Sérigne Ladjis Tod erklärte nicht alles.

Als sie sich ins Taxi schwang, war der Schein der gespielten Trauer schon von ihr abgefallen. Sie stachelte sich mit ihren eigenen Worten an, die sie laut vor sich hin sprach. „Zu dieser Hündin ist er gegangen, um zu sterben", sagte sie giftig. „Er hat mich verlassen, um bei dieser Frau zu sterben, diesem Nichts." Und sie nährte ihre Wut mit allen möglichen Vermutungen über das Testament, die Tricks und die Heimtücke ihrer Rivalin.

Am Fuße der Treppe lag immer noch Traorés Leiche. Man hatte sie mit einem Tuch zugedeckt. Die Polizisten hatten ihre Arbeit getan und waren ins Kommissariat zurückgefahren. Die Leiche sollte vom Wagen des Leichenschauhauses abgeholt werden. Abia, die durch die beiden Todesfälle innerhalb von zwei Tagen völlig mit den Nerven fertig war, weinte heiße Tränen. Man versuchte, sie nach Hause zu bringen. Da trat Counda auf den Plan und begann mit der Herausforderung ihrer Rivalin. Für alle Anwesenden war es klar, daß es nach dem Mord einen zweiten Zwischenfall geben würde.

„Du hast ihn umgebracht, du Männerdiebin! Du Nutte! Wenn du eine Frau bist, die was auf sich hält, dann komm' und kämpfe. Gott wird uns richten!"

Da Abia auf die Herausforderung nicht einging, provozierte Counda noch mehr.

„Anstelle meines Mannes müßtest du in diesem Blut liegen. Du hast mir meinen Mann weggenommen und ihn getötet. Hinterhältiges Gesindel, ich werde ihn rächen, hier an diesem Ort! Du Dreckstück!"

Da Abia immer noch nicht antwortete, schloß Counda daraus, daß sie aus Traoré keinen nennenswerten materiellen Vorteil herausgeschlagen hatte. Sonst hätte sie sich sicher nicht die Gelegenheit entgehen lassen, es stolz in aller Öffentlichkeit auszuposaunen. Als der rachsüchtigen Ehefrau das klar wurde, ließ sie ihrer Streitlust freien Lauf.

„Nutte, Hündin, Ausgeburt des Bösen!" Die Beschimpfungen waren die Begleitmusik für eine regelrechte Tracht Prügel, mit der sie auf Abia losging. Diese wurde blitzschnell umklammert und mit einem kräftigen Hüftschwung brutal auf die Erde geschleudert.

Alles, was Abia anhatte, war ein Bademantel, den sie hastig übergestreift hatte, um herauszubekommen, was Gordo wollte. Und in diesem Aufzug war sie zum Vorplatz des Hochhauses hinuntergegangen. Jetzt lag sie auf der Erde, mit Counda auf dem Bauch, die sie mit Schlägen und Schimpfwörtern bombardierte, sie schrie und zappelte mit den Beinen. Die Gaffer hatten schon einen Kreis gebildet. Das Schauspiel zweier Frauen, die sich schlagen, und der weit offene Bademantel, der alle weiblichen Reize Abias bloßlegte, hatte offensichtlich das Interesse der Männer geweckt. Und um das Vergnügen auszudehnen, gestikulierten die Mieslinge herum; sie hielten die Friedfertigen davon ab, die beiden zu trennen.

Counda hörte nicht damit auf zu schlagen, zu kratzen und Beschimpfungen auszustoßen. Und Abia schrie immer weiter und stellte ihre Nacktheit zur Schau. „Hier hast du's!" geiferte die Furie, die rittlings auf ihrer Rivalin saß. „Und noch das!" Sie rief die Menge als Zeugen an: „Schaut richtig hin, seht, was sie zwischen den Beinen hat. Damit hat sie mir meinen Mann abspenstig gemacht, damit hat sie ihn getötet. Hier, du Lockvogel! Nie wird sie sich von dieser Schande erholen!"

Die männlichen Zuschauer bedurften nicht dieser Einladung, um ihre Voyeur-Gelüste zu befriedigen. Sie geilten sich an dem Schauspiel auf, rissen schmutzige Witze und begleiteten das Duell mit gepfefferten Kommentaren. Einer war der Auffassung, daß bei der Szenerie noch etwas fehlte. Er griff nach Coundas Pagne, schlug ihn mit einer kräftigen Handbewegung hoch und legte so ein mageres Fahrgestell frei, ohne jeglichen Reiz. Ein gewaltiges Gelächter ging durch die Menge der Gaffer. Manche fielen sogar um vor Lachen. Diesen kurzen Schwebezustand nutzte Abia aus, um ihrer Rivalin rückhaltlos in die Nase zu beißen. Sie tat es mit einer solchen Verve, daß die Hälfte des Organs in ihrem Mund steckenblieb. Jetzt ging die Runde an Counda, aus vollem Halse zu schreien.

An diesem Punkt der Ereignisse traf das Fahrzeug des Leichenschauhauses ein. Man lud die Leiche auf, nahm die Verletzte mit, und schon sauste der Wagen in Richtung Krankenhaus.

Kommissar Mbaye hatte es sich zur Gewohnheit gemacht, seine Siesta am Sonntagnachmittag im kleinen Garten seiner Villa zu verbringen. Safi hingegen zog die Kühle des klimatisierten Wohnzimmers vor. Dort verschlang sie, in einen weichen Sessel gekuschelt, ganze Berge von Fotoromanen. Ihrem Mann war es recht, denn so brauchte er nicht unter der Geistlosigkeit seiner Frau zu leiden, wenn es zu Gesprächen kam. Am heutigen Sonntag trank er den Tee mit seinem Freund Simon Dia, einem Journalisten beim Staatlichen Rundfunk. Dieser trat gerade seinen Jahresurlaub an, den er nutzte, um ein Dossier über den Transport und die Verteilung der Lebensmittel, die für die von der Dürrekatastrophe des Landes Betroffenen bestimmt waren, zusammenzustellen. Mit der Untersuchung war er von einer regierungsunabhängigen europäischen Organisation für humanitäre Hilfe beauftragt worden. Er wollte sich bei seinem Freund entspannen, bevor er gleich am nächsten Tag seine Reportage in Angriff nahm. Bei ihnen war noch ein dritter Mann, ein gewisser Solou. Er war Büroangestellter und Mbayes Nachbar. Den grünen Tee bereitete Mbaye auf einem kleinen Gaskocher selbst zu.

Als die erste Runde serviert war, erhob Solou sofort Protest:

„Sag mal, Mbaye, dein Tee ist wirklich zu stark! Du mußt mehr Pfefferminze nehmen und weniger Tee. Was du uns auf den Tisch bringst, ist Gift."

Mbaye gab es ihm sofort zurück:

„Mein lieber Solou, die erste Runde ist nichts für Weibsen. Laß ihn stehen, wenn du ihn nicht trinken kannst. Ich mache damit den zweiten Aufguß stärker."

„Mit deinen Betrachtungen über Weibsen kannst du mich nicht beeindrucken", gab Sorou zurück, der bequem auf der Matte lag und sein Glas ausschlürfte. „Deine tiefe Unkenntnis vom Tee kannst du mit deinem Gerede über Männlichkeit nicht verbergen. Nimm zur Kenntnis, mein Bester", fügte er sentenziös hinzu, „daß die Mauren, die von jedermann als die größten Teekenner der Sahel anerkannt werden, dieses warme Getränk so dosieren, daß es für den Organismus nicht zum Gift wird. Nimm dir ein Beispiel an ihnen. So kannst du gesundheitlichen Schäden vorbeugen, für dich und für andere."

„Es ist allgemein bekannt, daß die Mauren einen sehr schwachen Tee zu sich nehmen. Sie trinken ihn nämlich den lieben langen Tag. Ich hingegen trinke nur einmal in der Woche Tee. Und um bei dieser Gelegenheit meinen Durst zu löschen, muß er schon ein wenig stark sein. Tee wirkt gesundheitsschädigend, wenn man ihn jeden Tag trinkt wie die Mauren, ohne dabei so weise zu sein wie die Mauren."

Die Diskussion ging zu einem anderen Gegenstand über, bei dessen Abhandlung jeder der drei jungen Männer seinen Senf dazu gab. Verschiedene Themen wurden auf diese Art durchdiskutiert. Diese Momente am Sonntagnachmittag ließen sie Sorgen und Nöte vergessen.

Beim zweiten Aufguß brachte Mbaye seiner Frau ein Glas von dem Pfefferminztee. Er stellte ihr das kleine Glas auf das mit Zeitschriften überladene Tischchen.

„Dein Verhalten ist unangemessen", sagte er streng. „Wenn du schon nicht an unseren Tisch kommst, könntest du dir wenigstens die Mühe machen, guten Tag zu sagen."

„An deinen Freunden wäre es, guten Tag zu sagen. Ich bin hier zu Hause." Safi hatte dabei nicht einmal von ihrer Zeitung aufgeschaut. „Jedenfalls ist es für mich unterträglich, wenn sie hier sind."

„Auch Simon?"

„Simon, das ist etwas anderes. Aber es geht um's Prinzip. Deine Freunde haben nicht das Recht, dir die paar freien Stunden zu stehlen, die dir nach deiner Arbeit bleiben und die unserem Eheleben vorbehalten sind."

„Hör mir mal gut zu", wütete Mbaye los. „Ich hab es dir schon tausendmal gesagt. Unser Leben kann sich nicht ausschließlich auf eine Zweierbeziehung in Wohn- und Schlafzimmer beschränken. Ich habe dir zu verstehen gegeben, daß du öfter deine Verwandten und Freundinnen besuchen und vor allem an gesellschaftlichen und kulturellen Veranstaltungen teilhaben könntest und solltest. Kurzum, ein reicheres Leben führen, Dinge, die dich bilden und die zu deiner Persönlichkeitsentwicklung beitragen. Du machst das genaue Gegenteil. Du willst dein Leben unbedingt nach diesen Albernheiten ausrichten, die du in den Fotoromanen siehst."

„Was soll ich denn anderes lesen? Vielleicht die Bücher aus deiner Kriminalbibliothek?"

Beim Läuten des Telefons richtete sie sich sofort von ihrem Sitz auf. Sie war zuerst am Ziel. Mbaye, der das gleiche zu tun beabsichtigte, mußte es seiner Frau überlassen, den Hörer abzunehmen.

„Nein, Sie sind hier falsch. Sie haben sich verwählt."

Mbaye war überzeugt, daß der Anruf für ihn war. Er setzte sich neben den Apparat und fuhr fort:

„Was deine Lektüre anbetrifft, so verlange ich nichts Außergewöhnliches von dir. Ich will nur, daß du diese hirnrissige Literatur sein läßt, die deinen Geist und unsere Ehe vergiftet."

Als es läutete, brauchte Mbaye nur die Hand auszustrecken.

„Hallo, ja, am Apparat. Bist du es, Djiby?"

Zornentbrannt, daß sie es diesmal verpaßt hatte, drückte Safi auf den Unterbrechungsknopf und trennte das Gespräch. Ihr Mann wütete schnaufend herum, stampfte mit dem Fuß auf, haute dann seiner Gattin eine runter, so daß sie in die Kissen ihres Sessels zurückfiel. Einmal dabei, riß er unter lautem Gemurre den Stapel Fotoromane herunter.

Irritiert, zog Safi ihre Schuhe an und schrie:

„Wenn das so ist, gehe ich. Wenn du mich nicht achtest, siehst du mich nicht mehr wieder. Ich bin für dich nichts, hier in diesem Haus. Irgendein Möbelstück ist dir viel mehr wert als ich. Ich kehre zu meiner Familie zurück."

„Geh doch, hau doch ab!" In seiner Wut atmete er schwer. „Hör mir mal gut zu! Du hast nichts von meiner Arbeit begriffen. Ich glaube, wir haben nur durch ein Mißverständnis geheiratet, und es wird Zeit, die Schlußfolgerungen daraus zu ziehen. Wir haben keine Kinder, es ist also alles ganz einfach zu regeln. Weder bin ich ein Prinz, noch bin ich charmant. Such dir doch so einen, von dem du täglich träumst."

„Also wirklich", sagte er, als er allein war, „immer wenn ich die schwierigsten Probleme zu lösen habe, macht sie mir die meisten Schwierigkeiten."

Er nahm den Hörer ab und wählte die Nummer des Kommissariats."

„Hallo, Djiby! Gibt es Neuigkeiten?"

„Ja, Chef"

Das Gesicht des Kommissars heiterte sich auf: „Das bringt die Untersuchung voran“, gleich darauf aber redete er wie ein Maschinengewehr:

“Was? Badou Traoré? Wo? Aber, mein Gott, wann ist es denn passiert?“

„Etwa vor einer halben Stunde. Ich habe versucht, Sie zu erreichen, aber das Telefon war immer besetzt.“

„Noch so ein Anschlag von Safi, während ich Tee trank“, schimpfte er wütend vor sich hin. „Okay, Djibi, ich komme sofort!“

8

Als Mbaye in Begleitung des höchst interessierten Simon Dia das Kommissariat betrat, fand er auf seinem Schreibtisch einen knappen, von Sarré unterzeichneten Bericht vor, der den kurz vor 12.00 Uhr stattgefundenen Mord an Badou Traoré, Präsident der Firma *3 T - Traoré Taxis und Transporte*, festhielt. Die Tatwaffe war ein mit Widerhaken und zwei Harpunenspitzen versehener Pfeil.

„Es ist genau der gleiche, mit dem Sérigne Ladji getötet wurde“, kommentierte der Polizeioffizier. „Also haben wir es sicher mit dem gleichen Mörder zu tun. Das sagt allerdings noch nichts darüber aus, wer der Bogenschütze ist. Und es wird schwer sein, die Hand auf ihn zu legen, solange wir nicht den Ursprung der Pfeile festgestellt haben. Das muß festgestellt werden. Wo ist Sarré?“

„M-M-Mélanie, Ch-Ch-Chef!“ stotterte Bâ.

„Hervorragend“, sagte Mbaye. „Dieser Sarré hat eine schnelle Auffassungsgabe. Er ist flexibel und entwickelt Initiative. Und Ndiago? Ach, was ist nur mit meinem Gedächtnis los? Prosper ist unterwegs zum Unternehmen ‘geheime Pfeilfabrikation für die Dangala-Bande’. Marou! Bâ, sieh nach, ob Inspektor Diaby da ist.“

Diaby meldete sich ein paar Minuten später mit einem dicken Buch unter dem Arm.

„Ich wollte den Sonntag nutzen, um den Ursprung der Pfeile weiter zu recherchieren. Deshalb habe ich diesen Wälzer angeschleppt, den ich in der Staatsbibliothek ausgeliehen habe.“

„Laß doch das Buch. Es war sicher eine gute Idee, jetzt aber habe ich für dich einen Auftrag, bei dem du zehnmal mehr Pfeile findest als in diesem Wälzer.“ Dann in vertraulichem Ton: „Weißt du, wo man in Kionda Pfeile findet?“

„Außer Museen und Antiquitätenhändlern sehe ich niemanden, der sich für diesen Waffentyp interessieren könnte.“

„Also, dann hör mir gut zu, ich werde es dir sagen. Eigentlich weißt du es, bist aber nicht drauf gekommen, ich übrigens auch nicht. Nun, ganz einfach, die Krämer. Unsere eigenen Krämer:

Eigentlich sind es Straßenhändler, die sich in einem Holzschuppen oder einer Garage etabliert haben, Mehl und Seife nebeneinander ins Regal legen und ihre ganze Buchführung nur im Kopf haben. Diese Leute sind heute ein zentraler Punkt für uns. Ihre Methoden der Verteidigung sind nämlich genauso archaisch wie ihr Marketing und der Umgang mit dem Ersparten. Sie nehmen Säbel, Messer und Bogen. Du verstehst jetzt, worauf ich hinauswill. In dieser Richtung startest du eine Operation. Greif dir ein paar Männer und durchsucht alle Krämerläden von Bougosso. Durchkämmt den ganzen Abschnitt, konfisziert Bogen und Pfeile und bringt sie hierher. Stellt eine Liste auf, klassifiziert sie, vielleicht entdeckt ihr die Zwillingsbrüder unserer Pfeile."

Diaby legte das Buch auf eine Ecke des Schreibtischs, und bald hörte man ihn auf dem Flur herumschreien, um die Polizisten, die ihn begleiten sollten, einen nach dem anderen heranzitieren. Mbaye wandte sich Bâ zu:

„Sag Koloba, er soll Mingoro auf freien Fuß setzen. Sein kurzer Aufenthalt im Knast hat seine Unschuld erwiesen. Von seiner Zelle aus konnte er wohl nicht Traoré töten, das ist evident." Erneut unterzog er den Pfeil einer Untersuchung. „Verdammt, wenn ich nur den Ursprung dieses Projektils herausfinden könnte! Hoffen wir, daß Marou uns ein Detail liefert, das uns der Sache näherkommen läßt."

Simon, der bei der ganzen Aufregung nur zugeschaut hatte, schaltete sich ein:

„Ich weiß nicht, ob ich dir helfen kann, aber ..."

Mbaye bemerkte sein Zögern und drängte ihn weiterzusprechen.

„Nun sag es schon, Simon. Du bist zwar nicht bei der Polizei, aber du bist Journalist. Eure Recherchiermethoden sind den unseren oft vergleichbar, wenn wir auch entgegengesetzte Zwecke verfolgen. Ja, ihr macht es öffentlich, während wir recht verdeckt arbeiten. Sicher warst du auch schon in der Situation, der Polizei zuzuarbeiten, wie jeder normale Bürger. Also, schieß los!"

„Ich weiß nicht, was hinter dieser ganzen Sache steckt", begann der Journalist. „Bis jetzt jedenfalls habe ich keine genaue Vorstellung. Es kann sich um einen ganz gewöhnlichen Fall handeln oder aber um eine großangelegte Operation, in die zahlreiche Personen verwickelt sind. Aber aus Freundschaft zu dir möchte ich etwas tun. Ich schlage dir also folgendes vor: Du begleitest mich zu einem alten Mann, er ist blind und außerdem Analphabet, aber vielleicht der einzige, der dir brauchbare Hinweise zu diesem Pfeil geben kann."

„Wo wohnt dein Alter?"

„Im Höhenviertel."

„Gut, fahren wir. In dieser Affäre darf man nichts unversucht lassen."

Er griff sich die Wagenschlüssel. Auf dem Hof des Kommissariats kam ein Polizist in Uniform auf sie zu. Er führte einen etwa zwanzigjährigen jungen Mann an der Hand. Er war dick, seine Haut war schwarz, seine Lippen wulstig. In seinem Gesicht lag etwas Naives, zumal ein friedliches Lächeln über seine Züge ging.

„Chef, sagte der Polizist, „dieser junge Mann hat uns klarzumachen versucht, daß er aus einer Wohnung im achtzehnten Stock, in der er als Koch und Boy arbeitet, den Mörder gesehen hat."

„Ein Augenzeuge?" rief Mbaye begeistert aus. „Bring ihn in mein Büro, ich werde ihn vernehmen."

„Aber er ist stumm, Chef, darin liegt das Problem. Er ist stumm und zu allem Übel auch noch taub."

„Das ist kein unüberwindbares Hindernis. Ein Taubstummer versteht in diesem Alter recht gut die Zeichensprache, manche lesen ihren Gesprächspartnern auch die Worte von den Lippen ab."

„Stimmt, Chef, aber man hat mir zu verstehen gegeben, daß er nur Peul versteht."

„Wenn es so ist, übergib ihn Inspektor Diallo. Er ist Peul."

„Das geht nicht, Chef. In Diallos Familie wird schon seit zwei Generationen kein Peul mehr gesprochen, seit der Großvater in die Hauptstadt abgewandert ist."

„Aber in diesem Kommissariat muß doch einer sein, der Peul spricht!" Er begann sich aufzuregen.

„Ja, Chef! Brigadier Laye Bâ."

„Bâ, der Stotterer?" sagte er und verzog das Gesicht. „Gut, bring ihn her. Er soll ihn mit aller Sorgfalt vernehmen und Erkenntnisse über den Mörder gewinnen, soviel wie möglich. Er soll dabei kein Detail außerachtlassen. Und sag ihm, er soll ein Protokoll für mich anfertigen. In einer Stunde bin ich da, ich sehe ihn gleich nach meiner Rückkehr."

Die Straßen des Höhenviertels waren schwer zugänglich. Mit ihrer krummen Linienführung, den vielen Schlaglöchern und den fehlenden Bürgersteigen waren sie ein Tummelplatz für Fußgänger, Karrenbesitzer, ambulante Händler, spielende Kinder und frei umherlaufende Tiere. Nur wenige Autos wagten sich bis hierher, so gefährlich war es, hier zu fahren. Der arme Autofahrer aus den reichen Vierteln, der hier ein Kind überfuhr oder aber ein Haustier zerquetschte! Er wurde von den Bewohnern, die sich in ihrer Bitterkeit und ihrem Groll gegen die Fettsäcke darüber einig waren, daß diese nur bis zum Schauplatz ihres Elends vordrangen, um sie zu demütigen, sofort überfallen und durchgeprügelt. Simon machte der mühseligen Fahrt mit dem Auto ein Ende.

„Du biegst jetzt rechts in die kleine Straße ein und läßt den Wagen stehen. Den Rest gehen wir zu Fuß, wir müssen nur noch einen Abhang hinauf."

Während Mbaye die Türen verriegelte, machte sein Freund eine Bemerkung über sein mürrisch und nervös aussehendes Gesicht.

„Seit wir vom Kommissariat weg sind, bist du stumm wie ein Fisch und nervös. Macht das der Tee? Hat Solou vielleicht doch recht?"

„Nein, es liegt nicht am Tee, auch nicht an der verfluchten Untersuchung, die ich am Hals habe." Er dachte einen Augenblick nach. „Ich glaube, ich werde mich von Safi trennen."

„Ach ja?"

„Ich frage mich, ob wir füreinander geschaffen sind. Sie versteht mich überhaupt nicht. Und sie gibt sich auch überhaupt keine Mühe, mich zu verstehen. Ich nehme ihr übel, daß sie nicht den Versuch unternimmt, eine eigenständige Persönlichkeit zu werden. Ihr steht nur der Sinn danach, das Verhalten dieser Mädchen nachzuahmen, die sie in ihren dümmlichen Leselektüren vorfindet. Ich meinerseits bin zu der Auffassung gelangt, daß es so nicht weitergehen kann."

Sie stiegen die kleine Gasse hinauf und mußten bei jedem Schritt auf die Auslagen der Straßenhändler, die Tiere und die Einkriegezeck spielenden Kinder achten.

„Eh du, das geht mir zu schnell. Als du sie geheiratet hast, schienst du mir doch unsterblich in sie verliebt."

„Ja, so war es anfangs. Aber sieh sie dir jetzt an. Glaubst du ernsthaft, daß ich ihr immer noch die gleichen Gefühle entgegenbringen kann? Sie tut überhaupt nichts, weder zu Hause noch anderswo. Kannst du dir das vorstellen? Sie ist gerade erst zweiundzwanzig, und Madame beschäftigt zwei Hausmädchen, eine für den Haushalt, die andere in der Küche. So sichert sie sich ab, daß für sie keinerlei Arbeit übrigbleibt. Deshalb kann sie den lieben langen Tag Fotoromane lesen und vor sich hin träumen. Dabei mangelt es ihr nicht an Fähigkeiten. Ich habe ihr eine ganze Menge Arbeitsplätze und Ausbildungsstellen vorgeschlagen, sie aber lehnte alles ab. Außerdem, hast du gesehen, wie sie sich zu meiner Arbeit stellt?"

„Alles, was du so erzählst, mein Lieber, ist die reinste Selbstanklage. Ich meine, ich hätte dir schon gesagt, daß du selbst ihre Neigung für diese Art von Lektüre gefördert hast, und das, seit sie sechzehn war, in diesem Alter lerntest du sie ja kennen. Du hast dich für sie umgebracht. Du kauftest ihr alle Fotoromane, die sie haben wollte, dazu Schallplatten und Kleider. Eben, du wolltest ihr das Gefühl geben, sie selbst erlebte die Geschichte eines Fotoromans. Damals gingen alle deine Ersparnisse dabei drauf. Aber was noch schlimmer ist, du hattest zu ihr gesagt, sie würde, erst einmal mit dir verheiratet, ihr Hausmädchen haben und brauchte nicht mehr zu arbeiten, denn du seist mit deinem Beamtengehalt fähig, für alles aufzukommen, was ihr bräuchtet ... Erinnere dich an dieses Wort: ‘fähig’. Mit deiner Arroganz und deiner Angeberei hast du sie kaputtgemacht. Für Safi war die Ehe ein Lebensziel, ein Zweck in sich. Ja, wie in den Fotoromanen, die meist mit der Verlobung oder der Eheschließung enden. Die Ehe ist für sie - wie für viele der jungen Mädchen unserer Städte, die so deformiert sind wie sie - zunächst erst einmal die Zeremonie und der damit verbundene Volksbrauch: weißer Schleier nach westlichem Vorbild, die Bewirtung der Gäste, das Ausbreiten dessen, was man hat. Ist das Fest erst einmal vorbei, richtet man sich in den 'Zustand des Verheiratetseins' ein, in dem einem alles ohne Anstrengung zufliegt. Aber du weißt das alles bereits."

„Nein, Simon, verurteile mich doch nicht, jedenfalls nicht nur mich. Gib wenigstens zu, daß die Männer unserer wie auch der vorangegangenen Generation ihren Freundinnen und Verlobten dadurch den Hof machten, daß sie sie bei ihren Schwächen nahmen: die Lust auf schöne Kleider und Schmuck, der Wunsch auszugehen und natürlich das Streben nach Geld. Auf diese Weise verleiteten wir sie zum geistigen Nichtstun, denn aus Furcht, sie könnten sich emanzipieren und uns dadurch entgleiten, konnte gar nicht die Rede davon sein, ihren Ehrgeiz anzustacheln."

„Nein, nein und nochmals nein, mein Lieber. Du solltest nicht verallgemeinern. Ich fühle mich da keineswegs einbezogen und kann dir auch mit Sicherheit sagen, daß ich damit nicht alleine dastehe. Um bei der Wahrheit zu bleiben, du gehörtest zu den Schwächlingen, die zwar Arroganz an den Tag legten, aber unter mangelndem Selbstvertrauen litten. Ihr dachtet, ihr könntet die Herzen der Mädchen nicht durch die für sie empfundene Liebe oder euren eigenen Charakter erobern, sondern nur durch unangemessene Geschenke und phantastische Versprechungen. Wenn das Mädchen dann erst einmal verheiratet ist, ergibt sie sich dem Nichtstun. Du hast Safi jeglichen Ehrgeiz kaputtgemacht, darin besteht wohl die Crux. Und jetzt willst du sie anstacheln, aber das geht nicht mehr. Eines kann ich dir sagen, von allen Mädchen, mit denen wir verkehrten, war Safi sicher die intelligenteste. Aber die Liebe zu dir hat sie gefügig gemacht, so daß es dir gelungen ist, sie in einen hirnlosen Gegenstand deines Wohnzimmers zu verwandeln. Sprich mit ihr, versuche, sie zu ändern. Das wird dich glücklich machen."

Simon blieb stehen und sah nach rechts und nach links.

„Ich glaube, wir sind schon am Haus vorbei. Die Tür ist aus braunem Holz." Er blickte angestrengt. „Da ist es, das zweite Haus weiter unten."

Sie stießen die kleine Brettertür auf, die gerade noch von einer Angel gehalten wurde, und gelangten auf einen kleinen Hof. Das Haus, ein niedriges Bauwerk mit einem Dach aus Wellblech, schien menschenleer. Obwohl Sonntag war, gingen wohl alle am Nachmittag draußen einer Beschäftigung nach, verkauften etwas und mühten sich, irgendetwas nach Hause mitzubringen. Trotzdem, aus der Küche hörte man deutlich das Geräusch von Geschirr, das gerade abgewaschen wird. Den beiden Freunden stieg ein charakteristischer Duft in die Nase: Ein Mafè, ein in der Gegend sehr beliebtes Gericht, köchelte vor sich hin. „Salamaleikum!"

Als Christ hatte Simon mit diesem muslimischen Gruß, der in den islamisierten Ethnien ein regelrechtes Paßwort war, manchmal seine Schwierigkeiten. Für eine freundschaftliche und gastliche Atmosphäre bereitete er aber den Boden.

„Aleikumasalam", wurde ihm aus der Küche geantwortet. Im Fenster des Verschlages aus ungebrannten Ziegeln, der als Küche genutzt wurde, tauchte der Kopf einer Frau auf. Er war mit einem bunten Taschentuch bedeckt. Ihr Gesicht war schweißglänzend, die Augen gerötet durch Dampf und Rauch.

„Bist du es, Simon? Großvater ist auf dem großen Hof, auf der anderen Seite."

„He, Sabouna, dein Mafè riecht wahnsinnig gut. Was hast du denn drin?"

„Es ist Hirse mit einer Sauce aus geräuchertem Kapitänsfisch und Erdnüssen." Simon und sein Freund gaben ein bewunderndes Pfeifen von sich. „Wenn du bis zum Abend bleibst, kannst du nach Herzenslust davon essen."

„Ich würde schon gern, aber heute haben wir es eilig, und ich muß die Einladung leider ausschlagen. Vielleicht ein andermal. Wir gehen jetzt, wir wollen zum Alten."

Sie gingen an einer kleinen Einfriedung entlang, in der vier Schafe vor Hunger blökten. Als die Besucher vorbeikamen, wurde das Blöken lauter, und weckte einen alten Mann, eingenickt auf einem Liegestuhl im Schatten eines Mangobaums, der auf den Innenhöfen recht häufig ist. Er stand auf und setzte sich aufrecht hin. Sein glasiger Blick schaute ins Leere. Die Ohren aber horchten auf den geringsten Laut, die Nüstern nahmen verschiedenste Gerüche wahr, die flach auf den Boden gestellten Füße spürten die Vibrationen: Empfindungen, die ein immer noch wacher Geist aufnahm, klassifizierte und analysierte.

Der alte Sambou hatte einen massigen und muskulösen Körper, es war augenscheinlich, daß er sein ganzes Leben lang körperlich tätig gewesen war. Er hatte ein volles Gebiß und dichte Haare, die, wenn auch weiß geworden, das Bild von einem Mann bei vollster Gesundheit komplett machten. Blind war er vor fast zwanzig Jahren durch den grauen Star geworden.

Simon war nicht überrascht, als er seinen Namen hörte, bevor er überhaupt guten Tag gesagt hatte.

„Nun, mein Freund, wen bringst du heute mit? Ich weiß, daß es nicht Malika ist."

„Es ist mein Freund Mbaye, der Sohn des Lehrers."

Jetzt grüßte der Offizier.

„Ja, es ist die Stimme seines verstorbenen Vaters. Was machst du, Söhnchen. Bist du auch Schulmeister geworden?"

„Nein, ich bin bei der Polizei."

„Er ist Kommissar", fügte Simon hinzu.

„Kommissar? In Uniform? Mit Tressen? Eine Uniform, das gibt Haltung und macht Eindruck", sagte Sambou in halb bewunderndem, halb ironischem Ton.

„So ist es", sagte Simon, „aber heute ist er in Zivil."

„Jungchen", nahm der alte Sambou, plötzlich ernst geworden, seine Rede wieder auf, „du wirst sicher meinen, ich schwätze dummes Zeug. Aber du übst einen gefährlichen Beruf aus. Er könnte voller Würde sein, sieh nur: der Bevölkerung Schutz bieten, eine Ordnung durchsetzen, über die sich die Mehrheit geeinigt hat. Leider ist meistens das Gegenteil der Fall. Vielleicht ist es für euch Polizisten verführerisch, sich an der Ausplünderung und der Unterdrückung des Volkes zu beteiligen, um dem Streben nach Macht und Reichtum seiner schlimmsten Feinde Genüge zu tun. Die Ordnung, die man in diesem Lande aufrecht erhält, beruht keineswegs auf einem Konsens, sondern auf dem Willen einiger Autokraten. Und all die Reden unserer Führer über ihre vermeintliche Liebe zum Volk täuschen darüber nicht hinweg. Das Volk läßt sich nicht an der Nase herumführen, nur weil es nichts sagt. Im Sprichwort heißt es, daß die Hyäne ein bewohntes Dorf von einem verfallenen Dorf zu unterscheiden weiß. In der Tat, die Masse des Volkes mag stumpf erscheinen, aber es weiß sehr wohl, was ihm nützt und was nicht, wer das Volk wirklich liebt und wer es verachtet."

Simon, der die Offenheit Sambous kannte, unterbrach die Tiradedes Alten, um, gleich zu Anfang, einen Streit zu vermeiden, der schnell hochexplosiv zu werden drohte und ihr eigentliches Anliegen gefährdete.

„In dieser Hinsicht brauchst du dir keine Sorgen zu machen, Großvater. Mbaye ist die Redlichkeit in Person. An solchen Verbrechen, die du zu Recht kritisierst, beteiligt er sich nicht. Stimmt doch, Mbaye?" Er redete gleich weiter. „Großvater, wir sind wegen einer sehr wichtigen Sache zu dir gekommen, die Mbaye aufzuklären hat. Ich dachte, daß du uns helfen kannst, Licht reinzubringen. Gib den Pfeil her, Mbaye!" Er nahm die Waffe und übergab sie dem Alten. „Also: Zwei Händler wurden innerhalb von zwei Tagen auf die gleiche Weise getötet. Der Mörder verwendete Pfeile, die die Fachleute nicht kennen. Weißt du etwas über diese Art von Pfeilen?"

Sambou hielt sich den Pfeil zuerst unter die Nase und beroch ihn gründlich. Argwöhnisch verzog er dabei das Gesicht. Die beiden jungen Leute schauten neugierig zu.

„Er ist nicht vergiftet", gab er von sich. Sein Gesicht hellte sich auf. „Man riecht nur das geronnene Blut, das sich auf dem Kupfer befindet." Als er dann die Pfeilspitze befühlte, gab er ein bestätigendes Jaja von sich und nickte mit dem Kopf.

„Dieser Pfeil kommt aus dem Bassari-Land", sagte er. „Er ist auch für diese Region etwas Besonderes, aber er kommt daher. Es handelt sich um einen Bassari-Pfeil, Kinder."

Für Simon gab es an der Richtigkeit dieser Feststellung keinerlei Zweifel. Als Dioula-Händler hatte der alte Sambou die Gesamtheit der Sahel und der Savanne sowie einen Teil der Waldgebiete bereist. Seine beiden mit Salz, Tuch, Zucker, Werkzeugen, Waffen und Glasperlen beladenen Esel, das war einmal ein richtiger fahrender Laden. Sein ganzes Leben war er Hausierer gewesen. Und vor ihm sein Vater und vor seinem Vater sein Großvater, seit Generationen, lange bevor die Europäer gekommen waren.

Mbaye hingegen war nicht überzeugt. Berufsbedingte Skepsis. Er brauchte eine Gegenexpertise, um daran glauben zu können. Er setzte Simon bei Malika ab und begab sich zu einem Historiker, den er gut kannte. Der hatte verschiedene Ethnien des Landes untersucht. Der junge Wissenschaftler blieb formal: Für ihn war es auf keinen Fall ein Bassari-Pfeil. Er versicherte, daß die Bassari keine solchen Pfeile herstellen und zeigte Bassari-Modelle mit Harpunenspitzen. Er erklärte, daß der von Mbaye mitgebrachte Pfeil aufgrund der Widerhaken eher den Waffentypen der westlicheren Ethnien entsprach.

Deshalb gab Mbaye die Bassari-Spur auf.

Als Mbaye im Kommissariat ankam, erwartete ihn schon Inspektor Sarré. Er übergab ihm die Aufstellung von Mélanie und informierte ihn kurz über die Vernehmung von Abia und Counda. Die Namen, die Mélanie ausgeworfen hatte, waren nicht von Bedeutung. Einer der Feinde von Traoré war Sérigne Ladji. Der zweite auf der Liste hatte sich auf spektakuläre Weise mit Traoré versöhnt und mit ihm gemeinsam verschiedene Geschäfte abgewikkelt. Seitdem hatte es keinen Zwist mehr zwischen ihnen gegeben. Der dritte Verdächtige im Computerausdruck war Madame Traoré selbst. Aber Mélanie erklärte, daß die Counda an einem perfekten Verbrechen interessiert sei und nicht an einem so blutigen und so wenig diskreten Mord. Außerdem – und das war ein entscheidendes Detail – hatte Counda nichts gegen Ladji. Sie zollte ihm eher Anerkennung, weil er Abia von ihrem Mann abgebracht hätte. Und Ladji ist genau auf die gleiche Weise gestorben wie Traoré. Jedenfalls stand Coundas Name nicht auf Ladjis Liste.

Das Verhör der beiden Frauen hatte nicht viel ergeben. Abia hatte zwei herausgebrochene Zähne sowie Kratz- und Bißwunden am ganzen Körper. Man hatte ihr ein Beruhigungsmittel verabreicht, so daß sie erst einmal für ein paar Stunden schlief. Counda hingegen hatte bei der Geschichte ihre Nase verloren, konnte aber sprechen, wenn auch in einem sehr näselnden Ton. Sie willigte ein zu sprechen, aber nur um die Polizisten als Dummköpfe zu beschimpfen. Wie konnten sie einen Mörder suchen, wenn sie ihn in Gestalt dieser Männerdiebin und Nutte bereits vor sich hatten. Sie nahm sich vor, Abias Schicksal nach Verlassen des Kommissariats endgültig in die Hand zu nehmen, eine Information, die sofort in den Computer eingespeist wurde.

Unter dem Vorwand, sie könne nicht normal sprechen, verweigerte Traorés Witwe danach jedwede Aussage.

Bâ hatte gerade das erste und wahrscheinlich schwierigste Verhör seiner Polizistenlaufbahn durchgeführt. Der junge taubstumme Mann mit dem Vornamen Gordo war nicht leicht zu handhaben. Der Küchenbulle antwortete mit einem Blöken, das waren die einzigen Töne, die er aus seiner gelähmten Kehle herausbringen konnte. Um Ja zu sagen, blökte er, um Nein zu sagen, blökte er ebenfalls. Mit geringfügigen Unterschieden. Er untermalte aber die Bestätigungen mit einem Kopfnicken, während die Verneinungen von einer entsprechenden heftigen Kopfbewegung begleitet waren. Außerdem lachte Gordo nach jeder Antwort, die Bâ zufriedenstellte, mit einem längeren Blöken. Wenn Bâ hingegen nicht verstand, was er ausdrücken wollte, nahm er es tragisch, hielt sich die Hand vor die Augen und stieß das Heulen eines weinenden Kindes aus.

Je länger das Verhör dauerte, desto mehr wurde Bâ von dem Blöken gereizt, er selbst kam dabei immer mehr ins Stottern.

Kommissar Mbaye betrat den Raum und fand seinen Dienstunterstellten vor, wie er schweißgebadet herumhantierte und stotterte, um sich verständlich zu machen.

„Und?“ fragte er voller Hoffnung.

Bâ, in dessen Ohren noch die Schallworte des Verhörs dröhnten, antwortete automatisch mit einem Blöken, stotternd obendrein.

„Na gut“, gab Mbaye von sich, „gib mir deinen Bericht schriftlich, in einer Viertelstunde habe ich ihn auf meinem Schreibtisch.“

Bâs Protokoll war recht knapp. Gordo erklärte, er habe den Mörder mit einem Bogen gesehen, nachdem dieser geschossen hätte. Zuerst hatte er gesehen, wie Traoré zusammenbrach, dann bemerkte er den Bogenschützen am Kiosk, wie er gerade seine Waffe verstaute. Der Mann war so alt wie Bâ, d.h. zwischen zweiundzwanzig und vierundzwanzig. Nach Aussage des Taubstummen war er stämmig und trug eine kurze, handgemachte Tunika in Ocker mit stilisierten Figuren: Eidechsen, Männer mit erhobener Hand und anderes. „Wir können es hier gut und gern mit Ideogrammen der Mandingo zu tun haben“, dachte Mbaye.

„Hat er zum Zeitpunkt des Mordes oder danach noch jemand anderen in der Nähe gesehen?"

„N-nn-nein, n-n-nie-nie ..."

„Gut, er hat niemand gesehen. Er sagt, daß der Mörder stämmig war. Wie hast du ihm die Frage zur Größe gestellt?"

„S-s-s-o!" gab Bâ von sich und zeigte in der Waagerechten zum Fußboden erst auf eine größere, dann auf eine kleinere Höhe.

„Er hat also die kleine Größe gewählt. Und zur Dicke?"

Der Polizist breitete die Arme aus, um die Breite eines Körpers anzudeuten.

„Hervorragend! Klein und dick, das kann stämmig bedeuten. Nun gut, nehmen wir uns aber unter die Lupe, wie er Traoré gesehen hat."

„Ggggegegenauso, Chef!"

„Stämmig?"

„Ja, Chchef!"

„Unter diesen Umständen streiche ich die Angaben zur Größe. Traoré war ziemlich groß. Der Eindruck, Menschen kleiner Größe vor sich zu haben, ist durch die Höhe der Wohnung im achtzehnten Stock entstanden. Da er nicht daran gewöhnt ist, von einer solchen Höhe herunterzusehen, hat er für diesen Einzelfall keine genaue Vorstellung von der Perspektive. Fazit: Es bleibt uns nur ein konkretes Indiz, die Kleidung des Mörders. Glückwunsch, Bâ!"

„Danke, Chchchef!"

„Du gehst jetzt mit Gordo auf den Markt und kaufst die gleiche Tunika, wie sie der Mörder trug."

Um 17.30 Uhr rief Inspektor Diaby an, um über den Stand der Operation bei den Krämern zu berichten. Mit seinen Männern hatte er elf Buden in Augenschein genommen, die als Laden genutzt wurden. Die meisten Händler hatten äußerste Zurückhaltung an den Tag gelegt, als sie die versteckten Waffen zeigen und gar freiwillig herausgeben sollten. Für sie war es eine neue Form der Erpressung durch die Polizei. Es hatte demzufolge handgreifliche Auseinandersetzungen gegeben: Prügelstrafen wegen ausdrücklicher Verweigerung und Beamtenbeleidigung. Das Ergebnis war nicht berühmt. Keiner der Dutzenden von Pfeilen, die konfisziert worden waren, ähnelte dem des Mörders. Ihre Spitzen waren übrigens aus gewöhnlichem Eisen oder hartem Holz. Ein gutes Dutzend Krämerläden blieb noch zu durchsuchen. Aber das Gerücht von der Polizeirazzia hatte sich schon verbreitet, die vorgewarnten Händler hatten ihre Buden zugemacht und waren verschwunden.

Inspektor Ndiago seinerseits kam von seiner Operation „geheime Fabrikation von Pfeilen im Dorf Congoni" zurück. Er fertigte einen detaillierten Bericht an.

Prosper Ndiago hatte von einem Spitzel auf dem „Markt der Diebe" erfahren, daß die Dangala-Bande sich dazu entschlossen hatte, aufzustocken und die Neuzugänge mit Buschmessern, Bogen und Pfeilen auszustatten. Diese billigen Waffen, die man sich leicht beschaffen konnte, waren in den Händen der jungen Männer, die durch den Exodus vom Lande vertrieben worden waren, äußerst wirksam.

Das Dorf Congoni war 150 km von der Hauptstadt entfernt. Ndiago und die vier Polizisten seiner Gruppe kamen in einem Geländefahrzeug im Lauf des Vormittags dort an. Bei ihrer Razzia in der Schmiede bedienten sie sich des Überraschungsmoments. Die Werkstatt bestand aus zwei Teilen: einem offenen Teil zur Herstellung und Reparatur von Ackergeräten und anderen Werkzeugen aus Metall und einem anderen, weiter entfernt liegenden Teil, verborgen hinter einer kleinen Mauer. Hier wurden Pfeile, Messer und Beile fabriziert. Dem Schmiedemeister – es war ein hagerer Mann um die sechzig mit grauen Haaren – gingen zwei junge Gehilfen zur Hand. Die Arbeit wurde von zwei Leuten aus der Dangala-Bande überwacht. Als der Schmied inmitten des Geklirrs von Hammer und Amboß die quietschenden Reifen des Polizeiwagens wahrnahm, griff er mit einer heftigen Bewegung zum Steingewehr, das er selbst hergestellt hatte. Da er sehr nervös damit hantierte, ging der Schuß los, bevor er überhaupt hatte zielen können. Die herausregnenden Schrotkugeln rissen ein Stück vom Strohdach der Werkstatt herunter. Lautes Fluchen des Schmiedes. Die Gangster waren vor Schreck wie gelähmt, als die Polizisten an einem Ort auftauchten, den sie für vollkommen sicher gehalten hatten. Dennoch kam einer der beiden, der gerade einen fertiggestellten Pfeil begutachtete, zu sich und wollte sich dessen als Mini-Lanze bedienen. Er nahm den ersten Polizisten ins Visier. Bei der Kugelsalve aus der Maschinenpistole gab er einen Schluckauf von sich und sackte mitten im Schmiedefeuer in sich zusammen. Inspektor Ndiago und einer seiner Männer warfen sich auf den Schmied und den zweiten Banditen. Schnell hatten sie ihnen die Handschellen angelegt. Einer der Arbeiter konnte entkommen. Er machte sich die Wolke aus Asche zunutze, die durch das Hinstürzen des Körpers des ersten Banditen aufgewirbelt worden war. Die anderen aber wurden ohne Gnade gefesselt und mit Handschellen dingfest gemacht.

Am Schluß des Protokolls wurde festgestllt, daß die Pfeile aus der Schmiede von Congoni Widerhaken hatten, aber nicht mit asymetrischen Harpunenspitzen versehen waren. Was auszuschließen schien, daß Congoni der Ursprungsort für die Pfeile des Bogenschützen war. Dennoch entschied Ndiago, den Schmied und den Verbrecher im Hinblick auf ein gründliches Verhör über die Operationen der Dangala-Bande festzuhalten.

Als Mbaye die Unterlagen der Untersuchung zur Kenntnis genommen hatte, bedachte er die Lage und stellte fest, daß er nicht weitergekommen war. Er klammerte sich an die Hoffnung, die Tunika mit den Mandingo-Ideogrammen werde eine Wende herbeiführen.

Der erste wütende Anruf kam kurz nach 18.00 Uhr.

„Kommissar Mbaye!“ Die Stimme war hart und angsteinflößend. „Worauf warten Sie noch, um dieses Schwein zu verhaften?“

„Wer ist am Apparat?“

„Wieviel muß er noch töten, bis Sie sich entschließen, ihn zu verhaften?“ Hastig wurde aufgehängt.

Ein anderer Anruf kam gleich danach.

„Kommissar, lieben Sie das Volk? Lieben Sie die Freunde des Volkes? Badou Traoré war ein Freund des Volkes, ein wahrer Verfechter der Wohltätigkeit für das Volk. Sein Mörder ist deshalb ein Feind des Volkes, sind wir uns darüber einig? Verhaften Sie ihn also, ein Dutzend Kugeln soll man ihm überbrennen.“ Es wurde aufgehängt.

Der dritte Anruf war auch nicht freundlicher.

„Taugenichts! Deine Aufgabe ist es, die Verbrecher daran zu hindern, ehrbare Leute umzubringen, anstatt sie frei in der Stadt herumlaufen zu lassen."

Die Anrufe danach waren von gleicher Natur. Sie waren vor allem ein Indiz für die Panik, die sich nach und nach all derer bemächtigte, die sich Vorwürfe darüber zu machen hatten, wie sie zu Reichtum gelangt waren. Nie zuvor hatten die Fetischeure soviel Besucher empfangen. Nie hatten sie soviel schützende Amulette und geweihtes Wasser zur Verfügung gestellt, soviel Ratschläge erteilt. Vorzeitig nahmen die Leute ihren Urlaub und jetteten in fremde Länder. Manche, die im Ausland waren, um ihre Geschäfte abzuwickeln oder aber in politischer Mission, verlängerten ihren Aufenthalt unter Angabe verschiedenster Gründe.

Auf alle Amtsbereiche, die mit dem Fall des Bogenschützen zu tun hatten, vom Kommissariat des 9. Reviers bis zum Innenministerium, wurde entschiedenster Druck ausgeübt. Es bildeten sich richtige Vereinigungen, die für Informationen über den Bogenschützen jedermann eine Belohnung versprachen. Als Einflußreiche drohten sie, in der Verwaltung Köpfe rollen zu lassen, sollte der Mörder nicht binnen kürzester Frist verhaftet werden. Die ultimativen Forderungen wurden den Chefs der Staatspolizei zugesandt. Diese wiederum mahnten Kommissar Mbaye an, den Bogenschützen innerhalb von drei Tagen zu verhaften, anderenfalls würde er in den Busch strafversetzt, was den jungen Offizier eher ärgerte denn erschreckte.

Seine Wut erreichte ihren Höhepunkt, als die „Stimme" ihm Befehle erteilte. Die „Stimme" war anonym, ging von keiner öffentlich bekannten Person aus, und doch war sie allgegenwärtig, mächtig und schreckenerregend. Die hohen Beamten kannten sie. Sie schien über alles informiert und sprach laut, als käme sie von jemandem, der es gewohnt ist, laut zu sprechen. Mbaye hatte davon gehört, wie alle anderen auch, ohne daß er ihr ein Gesicht oder einen Namen hätte zuordnen können. Ihm ging es wie jedermann. Alle waren der Auffassung, daß es eine halboffizielle, geheimnisvolle und sehr mächtige Persönlichkeit sein mußte. Nach Verlautbarung der „Stimme" richtete sich der Zorn des

Bogenschützen gegen die Reichen, und sie erteilte den ausdrücklichen Befehl, ihn nach Verhaftung sofort zu erschlagen. Ein etwaiger Prozeß könnte möglicherweise zu Unruhen führen, wenn die stattgehabten Enthüllungen zu den Ohren des Volkes drangen.

In den drei darauf folgenden Tagen trat die Untersuchung auf der Stelle. Nirgendwo ließ sich der Bogenschütze in einer mit Mandingo-Ideogrammen versehenen Tunika in Ocker sehen. Diese Art traditioneller Kleidung war selten geworden, und es wäre ein Leichtes gewesen, jemanden zu entdecken, der sie trug.

Um einem neuerlichen Mord vorzubeugen, wurde beschlossen, den hohen Beamten und den wichtigsten Geschäftsleuten bewaffneten Geleitschutz zu gewähren. Der allgemeinen Meinung nach, hatte es der Bogenschütze nur auf diese beiden Gruppen abgesehen.

9

Der Einzug des Büffels in die Kampfarena erregte wie gewohnt großes Aufsehen. Einige zehntausend Kehlen hechelten von den Rängen eine tosende Ovation. Die großen Holztrommeln, die vor seiner Ankunft wie erstorben schienen, rasselten plötzlich los, und der Büffel deutete die ersten Schritte eines Kriegstanzes an, sein Trainer und die Helfer taten es ihm nach. Die Zuschauer rasten. „Sigi!“ riefen sie. „Sigi Büffel!“ In höchsten Tönen rief man immer wieder seinen Namen und seine Beinamen. Er war der wildeste unter den Ringern, der gerissenste und wagemutigste. Seine notorische Disziplinlosigkeit und der Hang zur Possenreißerei steigerten die Vergötterung bei seinen Fans.

Heute stand ihm eine Begegnung mit Sama Elefant bevor. Dieser war bisher ungeschlagen. Eigentlich war es klar, daß er wieder siegen würde, war er doch größer und kräftiger, beherrschte die Technik und improvisierte – im Unterschied zu seinem Gegner – nie. Allerdings mußte er mit der Beweglichkeit des Büffels rechnen, mit seiner Aggressivität, seiner Einfühlungsgabe und seinem unverschämten Glück.

Auf der Ehrentribüne gab es einen Mann, der sich vor Nervosität nicht zu lassen wußte. Lieber wäre er anderswo, das sah man deutlich. Er hieß Papa André Koh und war Leiter der Staatlichen Hungerhilfe.

Der Frauenbund des Verwaltungsbezirks Hauptstadt hatte die nachmittägliche Begegnung zwischen den beiden besten Ringern des Landes organisiert. Die Schirmherrschaft hingegen hatte die Nationale Leitung der Staatlichen Hungerhilfe. Die Einnahmen sollten auf das Hilfekonto für die Opfer der Dürrekatastrophe fließen, das der von Koh geleiteten Institution unterstand. In dieser Eigenschaft hatte er auch den Vorsitz für diese Sportveranstaltung inne.

Nach einer Reihe von kurzen Zweikämpfen wurde endlich das Duell der beiden Stars angekündigt. Ein Freudengeschrei ging durch die Ränge. Mit lautem Pfeifen rief der Schiedsrichter die Kämpfer in den Ring. Die beiden Rivalen beendeten gerade ihre magischen Kampfvorbereitungen. Die Neutralisierung der bösen Flüche des Gegners sollte helfen, den Sieg herbeizuführen. Sie rieben sich mit magischen Wässerchen aus Flaschen und Fläschchen jeglicher Größe ein, die ihre Fetischeure für sie unter strengstem Verschluß hielten. Auf ihren schon überladenen Gliedmaßen befestigten sie ein letztes Amulett.

Der Büffel, ein unbelehrbarer Provokateur, stieß ein paar gekonnte Verwünschungen gegen den Elefanten aus und landete ein verhextes Hühnerei, das zu Füßen des Riesen zerbrach. Sama brüllte laut auf und stürzte sich auf ihn. Ohne das Eingreifen der Helfer beider Mannschaften hätte der Kampf wohl außerhalb des zugelassenen Platzes und ohne Anpfiff des Schiedsrichters seinen Anfang genommen.

Die Trommeln verstummten. Die beiden Kämpfer waren in den Ring getreten. Dann begrüßten die Trommeln ihren Einzug mit fröhlichem Schlagen. Die Anhänger antworteten mit anfeuerndem Ruf.

Allein nun im Ring, standen Sama Elefant und Sigi Büffel, einander beobachtend, gegenüber. Sie waren gekommen, um zu kämpfen und den Sieg davonzutragen, und wiegten die Arme. Was hat der andere wohl vor? Sie dachten an den Kampf, er war wichtig für sie, sie dachten auch an die Zuschauer und Fans. Sie durften nicht enttäuscht werden.

Wie bei all seinen Kämpfen ergriff Sigi Büffel die Initiative. Er führte eine Scheinattacke auf die linke Seite, rückte vor und tanzte sofort weg, ohne sie zu berühren. Im ganzen Stadion brausten Hurra-Rufe auf. Sama reagierte blitzschnell. Er setzte eine harte gerade Linke, der der andere durch sein Abrücken schnell auswich. „Nicht auf dieser Seite angreifen“, sagte sich der Büffel. Alle wußten, daß er Samas schwachen Punkt auszumachen versuchte und sich soviel Zeit ließ, wie er dazu brauchte. Dann würde er rückhaltlos über ihn herfallen. Niemand, nicht einmal die Anhänger des Elefanten, hätte gedacht, daß es eine Offensive des Riesen geben würde. Man setzte auf Sigis List und Angriffslust.

In der zwölften Minute hatten die beiden Ringer wohl schon ein paar Berührungen gehabt. Der Sieg aber gebührte dem, der den anderen zu Boden bringen würde.

„Seine linke Seite", sagte sich der Büffel, „ich bin sicher, daß er glaubt, ich wage nicht mehr, ihn auf der linken Seite anzugreifen. Und doch werde ich es tun." Gesagt, getan. Der Büffel rückte wendig zur rechten Seite seines Gegners vor und duckte sich dann in unglaublicher Geschwindigkeit mit seiner ganzen Masse zur Linken weg. Dadurch konnte er erstens der vernichtenden rechten Geraden, mit der ihn Sama abwehren wollte, ausweichen und zweitens seinen Gegner auf der linken Seite um den Leib packen, den Verlust des Gleichgewichts, den er durch den verfehlten Schlag erlitten hatte, ausnutzen, Sama zu sich herüberziehen und zu Boden werfen. Alles war sehr schnell gegangen, aber die Zuschauer hatten den Trick verstanden, und schon gab man Sigi Büffel den Sieg.

In Wirklichkeit aber hatten die Götter der Ringer ein weiteres Mal Sama auserwählt. In der Tat, Sama hatte seit dem ersten Test des Büffels nicht nachgelassen, sich auf der linken Seite Deckung zu geben. Alles spielte sich innerhalb weniger Sekunden ab. Der Elefant versuchte gar nicht, sein Gleichgewicht zu halten. Im Gegenteil, er war dem Büffel beim gemeinsamen Sturz behilflich. Da er aber den Schwinger vorausgesehen hatte und weitaus mehr Kraft besaß, nutzte er die Bewegung durch einen wuchtigen Hüftschwung für sich aus, der eine entscheidende Wende herbeiführte. Sigi Büffel schlug auf den Boden und wurde unter den zweihundert Kilo des Elefanten begraben. Dieser in letzter Sekunde davongetragene Sieg löste Überraschungsschreie und frenetischen Beifall aus. Der Kampf war fair gewesen. Die Leute hatten für ihr Geld, die aufgewendete Zeit und die die dem Kampf entgegenbrachte Leidenschaft etwas zu sehen bekommen. Der Elefant hob die Arme und stampfte beim Klang der Trommeln, die jetzt in einem Höllenrhythmus geschlagen wurden. Auf Dutzenden von Schultern wurde der Sieger im Triumphzug durch das ganze Stadion getragen, bis zum Tisch der Organisatoren. Dort wartete auf ihn der Pokal für den Jahresmeister.

Papa André Koh, Leiter der Staatlichen Hungerhilfe und Vorsitzender des Organisationskomitees für den Jahresausscheid, wurde gebeten, dem Sieger den Pokal zu überreichen. Er schürzte seine Lippen zu einem selbstzufriedenen Lächeln: Er war ein bedeutender Mann.

Auf der Treppe zum Podest, auf dem der Pokal thronte, begegnete er einem Tamburinspieler mit grauem Kinnbart, der ihn lauthals mit Lobeshymnen überschüttete: „Koh, du bist der würdige Abkömmling der Königsfamilie der Koh! Dein Vater und dein Großvater haben gegen die Eroberer den Säbel geführt! Sie haben ihrem Namen und ihrem Volk Ehre gemacht! Und du, wahrer und würdiger Sohn deines Vaters, bist heute bei deinem Volk, das dich ehrt. Du liebst das Volk, du bist die Hoffnung des Volkes! Das Volk kann ohne dich nicht leben! Koh! Möge dich Gott vor deinen Feinden schützen. Sie sind auch die Feinde des Volkes!" Das Lächeln Kohs wurde breiter. Seine Augen leuchteten vor Freude und Zufriedenheit. Er kramte in den Tiefen seines weiten Yoruba-Gewands und zog ein paar Scheine heraus, die er dem Griot überreichte. Aus Dankbarkeit hieb dieser noch kräftiger auf sein Instrument ein und kreischte umso eindrucksvoller.

Papa André Koh überreichte Sama Elefant den Pokal und einen Scheck und kürte ihn damit zum Meister. Der Sieger präsentierte die Trophäe nach allen Seiten und nahm die Ovationen entgegen. Aus Dankbarkeit zu diesem Volk, das ihn zutiefst liebte, wurde dem riesigen Ringer das Herz schwer. Er trickste mit dem Volk nicht herum, und das Volk zeigte sich erkenntlich dafür. Suchend schaute er sich nach dem geschlagenen Gegner um und reichte ihm die Hand. Dieser war bereit einzuschlagen. Er gratulierte ihm und schleuderte ihm die Herausforderung zu einer baldigen Revanche entgegen. Seine Anhänger nahmen es mit mit lärmender Freude auf.

Als die Zeremonie zu Ende war, ging Koh zum Dienstausgang. Er wollte schnell nach Hause kommen. Alle Ausgänge des Stadions wurden von bewaffneten Polizeibeamten bewacht. Niemand durfte vor ihm oder gleichzeitig heraus. Eine Leibwache in Zivil hielt sich stets vor ihm. Kohs Gesicht sah jetzt wieder unruhig und besorgt aus. Er wurde erst wieder etwas ruhiger, als er das Büro des

Sportstadions betrat. In voller Selbstsicherheit ließ er sich die gesamte Einnahme des Spiels aushändigen. Die Scheine stopfte er sich in eine seiner Taschen. Dann ging er, immer noch in Begleitung seiner Leibwache, zum Dienstparkplatz. Als er in der Nähe seines Wagens weitere bewaffnete Männer erblickte, faßte er wieder richtig Mut. Er war doch mit dem Tag zufrieden. Die Austragung der Meisterschaft war gut verlaufen, den Erfolg würde er für sich verbuchen. Wenn er sich richtig herausstrich, konnte er sich um den lukrativen Posten als Generaldirektor für Ausrüstung bewerben. Bis es soweit war, würden die Einnahmen des Wettkampfes seine Rücklagen aufstocken, denn selbstverständlich konnte gar nicht die Rede davon sein, sie auf das Hilfekonto zu überweisen. Sicher, ein paar Scheine würden an die Sportfunktionäre und die Beamten des zuständigen Ministeriums gehen, damit sie die Augen zudrücken. Damit wäre alles erledigt. Reine Routine.

Steif blieb die Leibwache vor dem Wagen stehen. Unter seinem Anzug konnte man eine großkalibrige Waffe erahnen. Er hielt nach eventuellen verdächtigen Personen Ausschau. Nachdem er sich vergewissert hatte, gab er Koh ein Zeichen, weiterzugehen. Dieser machte ein paar Schritte. Ein dürrer Zweig, der auf der Erde herumlag, knackte unter seinen Füßen. Die Wache öffnete ihm den Wagenschlag, nie zuvor hatte er so wachsam ausgesehen. Koh setzte den linken Fuß hinein, ließ sich in den weichen Rücksitz fallen und zog nun auch den rechten Fuß nach. Er tat es übertrieben hastig und stieß einen Schrei aus. Die Wache schnallte sofort seine Pistole los und verschaffte sich durch zwei heftige Kopfbewegungen einen Überblick. Die beiden Polizisten in Uniform, die den Wagen bewachten, luden ihre Gewehre durch und waren schußbereit auf dem Quivive.

Ein Zischen und alle Köpfe machten eine heftige Bewegung in Richtung unterer Wagenrand. Dort war eine riesige Schwarze Mamba, bedrohend mit ihren herausgestellten Giftzähnen und den blitzenden Augen. Wutspuckend richtete sie sich auf. Einige Augenblicke zeigten die drei bewaffneten Männer keinerlei Regung, sie waren wie hypnotisiert. Dann erinnerte sich der Leibwächter, daß er seine Waffe in der Hand hielt, und ließ mit einer nervösen Handbewegung den Inhalt des Magazins auf das Reptil ab. Daraufhin sah er mit Erstaunen die Schlange an: Sie war lebendig und wütend wie nie zuvor. Die Kugeln hatten sich im Hinterrad und in der Karosserie verirrt. Die Mamba zog sich in ihr Versteck zurück, sie versuchte zu entweichen. Einer der Polizisten in Uniform zeigte eine Reaktion. Er hielt die Waffe beim Lauf und hieb auf den Erdboden. Das Reptil, das vom Kolben gestreift wurde, machte kehrt, um sich dem neuen Gegner entgegenzustellen. Es richtete sich auf, zischte wutschäumend und ging zum Gegenangriff über. Erneut schlug der Polizist zu. Der Kolben erwischte das Tier am Kopf. Der Mann nutzte seine Überlegenheit aus und ließ einen ganzen Hagel von Schlägen auf das Reptil ab, das aufzuckte und sich in Agonie wand. Als der zweite Polizist diese Heldentat sah, faßte er Mut und eilte kolbenschwingend herbei. Er schlug mit einer solchen Raserei zu, daß er seinem Kameraden den Vorderarm brach.

Papa André Koh, der auf dem Rücksitz zusammengebrochen war, wimmerte um Hilfe. Er hatte keine Schmerzen, denn der Biß der Giftnattern, zu denen die Mamba gehört, ist zwar tödlich, tut aber nicht weh. Geschrien hatte er vor Schreck. Aber er fühlte, wie er steif wurde, hatte Atembeschwerden. Der Biß zeigte erste Wirkungen. Er verwünschte sich, daß er dem Reptil nicht hatte ausweichen können. Er hatte sehr wohl den kalten, weichen Leib an seiner Wade gespürt, denn zwischen der Hose des Yoruba-Gewands und den Pantoffeln bleibt das Unterbein frei. Er kam nicht dazu, den Angriff abzuwehren. Die Mamba stößt brutal und blitzschnell zu. Wenn sie sich vorreckt, öffnet sie das Maul und legt den Giftzahn frei. Durch eine Kontraktion der temporären äußeren Muskeln wird das Gift mit großem Druck in den Giftzahn eingespritzt. Nach dem Biß, der nur einen Bruchteil weniger Sekunden dauert, zieht sich die Schlange sofort zurück. Der Biß war in eine Vene Kohs gegangen. Der Tod wird in solchen Fällen beschleunigt. Das Gift zerstört die roten und die weißen Blutkörperchen. Außerdem enthält es Toxine, die das Blut zur Gerinnung bringen. Die allgemeine Embolie, die dadurch herbeigeführt wird, hat tödlichen Ausgang.

Das Glück hatte Koh an jenem Tag endgültig verlassen. Nachdem entscheidende Minuten vergeudet worden waren, die Schlange zur Strecke zu bringen, mußte ein anderes Fahrzeug gesucht werden, denn der von Kugeln durchlöcherte Wagen war unbrauchbar. Zu diesem Zeitpunkt wurde, entsprechend der Weisung der Sicherheitskräfte, der Menge gestattet, das Stadion zu verlassen. Die Menschenmenge behinderte den Abtransport des Verletzten beträchtlich. Als die Straße dann endlich frei war, befahl Koh dem Chauffeur, ihn zu seinem Wunderdoktor zu bringen, mit der Begründung, es handelte sich um keine gewöhnliche Schlange. Und seiner Auffassung nach könne dieser Wunderdoktor alle Schlangenbisse heilen und jedwedem Fluch entgegenwirken. Aber auch hier hatte Koh keinerlei Glück. Der Heilpraktiker war nicht zu Hause. Aufgrund der Stockungen im öffentlichen Verkehr vor dem Stadion war er noch nicht zurück. Der Generaldirektor der Hilfe verfluchte alle Schlangen und alle abwesenden Wunderdoktoren dieser Erde. Um Atem ringend, wimmernd und sabbernd, flehte er, man möge ihn ins Krankenhaus bringen. Beim Passieren des Portals fiel er in ein Koma, aus dem er nicht mehr erwachen sollte.

Der Bogenschütze verschwand in der Menge der Leute, die gerade dem Wettkampf beigewohnt hatten und nach Hause gingen. Noch einmal sah er Papa André Kohs Tod vor sich, den er vom Flureingang zur Garderobe verfolgt hatte. Er war mit seinem Werk zufrieden. Koh war zu seinem Wagen gegangen. Unter seinem Pantoffel aus Schafsleder hatte ein herumliegender dürrer Zweig geknackt. Ein kurzes, trockenes, fast unhörbares Knacken, aber Atumbi hatte es als das unheilvolle Knacken von Menschenknochen wahrgenommen. Da hatte er eine alptraumhafte Vision gehabt: Felder mit Menschenknochen, ausgebleicht von der Sonne, und Koh zertrat sie mit seinen Füßen und hatte Freude an dem knackenden Geräusch. Die Schlange hatte nicht gezögert, diesem unerträglichen Schauspiel ein Ende zu bereiten.

Als er sah, wie die Polizisten das Reptil zermalmten, hatte er gezittert, aber nicht gewagt einzuschreiten. Er hatte sich nicht mehr einzumischen, von Beginn der Operation an war das Tier zum Opfer geweiht.

10

„Hallo, Billy? Grüß dich! Hier ist Boulboul."

Mbaye haßte Vertraulichkeiten im Büro, vor allem, wenn es zu primitiv zuging. Ganz besonders aber verabscheute er Massami, genannt Boulboul, den Kommissar vom 6. Revier.

„Hör mal, Massami, ich habe heute nicht die Nerven, dich zu ertragen. Und hör auf, mich Billy zu nennen, wir sind nicht mehr auf dem Gymnasium."

„Aber es ist wichtig, ich schwör's. Ich habe ein Paket für dich. Dabei lachte er wie über einen guten Witz.

„Zum letzten Mal: Hör mit deinen Schweinereien auf!"

„Schweinereien? Du hast ins Schwarze getroffen. Ich habe die Leiche und die Akte von Papa André Koh hier, dem menschenfressenden Kaiman, der von einer Schlange zu den Ahnen befördert wurde."

„Was? Du willst mir einen Typ überstellen, der in deinem Revier getötet wurde? Meinst du nicht, daß ich schon genug am Hals habe?"

„Der Typ, um den es geht, ist auf eine spezielle Weise gestorben."

„Wenn man alle Fälle zu mir schicken wollte, die nicht ganz normal sind, brauchte ich nur mehr Mittel zu beantragen, um mein Kommissariat zu erweitern. Die Morde, die ich untersuche, wurden mit einem Pfeil begangen. Und Koh wurde nicht von einem Pfeil getötet!"

„Genau!"

„Und nun?"

„Und nun schicke ich ihn dir trotzdem! Es scheint, daß er mit den beiden anderen zusammenhängt."

„Aber er starb doch an einem Schlangenbiß. Es handelt sich vielleicht nur um einen Unfall, verdammt."

„Pst! Solange nicht bewiesen wird, daß es ein Unfall war, bleibt es ein Verbrechen, das weißt du sehr wohl. Das ist Stoff vom 1. Studienjahr der Polizeischule, mein Bester."

„Weißt du, was du bist? Ein Klugscheißer!“ Als er sich abreagiert hatte, fügte er ironisch hinzu: „Du konntest also den Nachweis erbringen, daß es sich um keinen Unfall handelt und daß es mich demzufolge interessieren könnte.“

„Genau, mein Lieber! Bevor Papa André Koh in Koma fiel, sagte er mehrmals: ‘Er war es. Ein Anschlag des Bogenschützen. Er weiß, daß mich sein Pfeil nicht erreichen kann, deshalb hat er mir die Schlange geschickt.’ Außerdem nannte er noch den Namen eines gewissen Schwarze Mamba, ein Mann, der sich seines Lebens in deinem Revier erfreut, wenn ich mich nicht irre. All das stammt aus der Aussage der Leibwache – er ist gleichzeitig der Chauffeur – sowie von einem Mitglied der Familie des Wunderdoktors, der nicht zu Hause war.“

Mbaye war sprachlos. Schweiß stand ihm auf der Stirn.

„Hörst du mich, Billy?“

Mbaye war in Gedanken versunken und antwortete nicht. Massami sprach trotzdem weiter.

„Ich schicke dir Inspektor Cossé. Er bringt dir die ganze Akte und steht dir für diesen Teil der Untersuchung zur Verfügung.“

„Danke.“

„Schön, bis bald. Laß dich nicht unterkriegen.“

Kommissar Massami war erleichtert, daß er die lästige Leiche hatte loswerden können. Sein Kollege Mbaye tat ihm ehrlich leid, und er war froh, nicht mit ihm tauschen zu müssen.

Ein paar Minuten später rief die „Stimme“an:

„Kommissar Mbaye, ich hatte dir zweiundsiebzig Stunden gegeben, um den Bogenschützen zu erledigen. Es bleiben dir nur noch wenige Stunden. Ich habe schon jemand an der Hand, der wesentlich tüchtiger ist.“

„Und der würde eine so verworrene und rätselhafte Untersuchung übernehmen, die kaum eine Chance hat, erfolgreich zu Ende geführt zu werden?“

„Das ist nicht dein Problem. Dein Nachfolger bekommt einen Befehl. Er wird ihn ausführen, das genügt.“ Es wurde aufgehängt.

Inspektor Cossé tat sehr wichtig, als er Mbayes Büro betrat. Er öffnete eine gelbe Mappe und erklärte Kommissar Mbaye die Aktenstücke, die sie enthielt:

„Aussage von Midou Kamissoko, der Leibwache. Aussagen der Polizisten Séga Dassi und Alkalo Dala. Ich empfehle Ihnen vor allem die des aufgeführten Dassi. Meines Erachtens gibt es da einen wichtigen Hinweis."

Mbaye nahm die Akten an sich.

„Warten Sie im Aufenthaltsraum der Inspektoren. Ich melde mich, wenn ich Sie brauche."

Cossé war beleidigt. Finster nahm er seine Mütze und stülpte sie sich über den breiten Schädel.

Aussage von Dassi:

„Wachtmeister Alkalo und ich sicherten den Schutz des Wagens von Monsieur Papa André Koh, Leiter der Staatlichen Hungerhilfe, als ihn eine Schlange unbekannten Ursprungs biß. Wir haben sie sofort getötet." Folgt die detaillierte Beschreibung der Vernichtung des Reptils. „Auf die Frage: 'Haben Sie vor dem Anschlag der Schlange etwas Außergewöhnliches bemerkt?' antwortet Dassi: 'Eine Verkäuferin mit süßen Kartoffeln zog am Parkplatz vorbei und bot uns ihre Ware an. Wir haben ihr ein paar von den auf Holzkohle gebackenen Knollen abgekauft. Der Chef hatte uns Verpflegungsgeld gegeben. Während das Mädchen die Kartoffeln pellte, haben wir mit ihr ein bißchen geplaudert und gelacht. Das Mädchen ist uns bekannt. Sie kommt aus dem Dorf meiner Mutter. Etwa eine Viertelstunde, nachdem sie gegangen war, kurz vor Ende des Wettkampfes, kam ein junger Mann, ein Kola-Verkäufer, und bot uns seine Nüsse ebenfalls an. Aber ich kaue keine Kola; es ist ein Aufputschmittel, und ich bin schon frech. Mein Kumpel kaut auch nicht. Außerdem war er nicht sehr vertrauenerweckend. Er sah aus wie ein Dieb von Autoersatzteilen. Wir befahlen ihm weiterzugehen, und ich habe ihn angeschrien, damit er schnell kapiert, daß er unerwünscht ist und daß er körperliche Schäden davontragen kann, wenn er nur eine Minute länger bleibt. Als er ging, öffnete sich sein Kola-Korb, und ein paar Nüsse kullerten unter den Wagen von Monsieur Koh. Er bückte sich, um sie aufzuheben, aber ich befahl ihm, den Platz schnell zu räumen, sonst würde er den Kolben meines Mas-36 zu spüren bekommen. Da stand er auf und ging in Richtung Garderobe."

Die Aussage enthielt eine Beschreibung des jungen Mannes, die für Mbaye von höchstem Interesse war.

„Der Kola-Verkäufer war so um die neunzehn und ungefähr 1,75 m groß. Seine Hautfarbe ähnelte der Karité-Nuß. Er hatte starke Backenknochen, sprach leise und in starkem Buschdialekt. Seine Bekleidung: Kakihose und blaues Hemd. Die Nüsse waren auf einem runden geflochtenen Sieb ausgebreitet, und das Sieb lag auf einem Korb. In diesem war der Vorrat an Kola-Nüssen."

Mbaye las noch einmal Dassis Aussage und schloß daraus, daß sich im Korb in Wirklichkeit die Schlange befand und daß der angebliche Verkäufer sich zu einem bestimmten Zeitpunkt gebückt hatte, nicht um Nüsse aufzuheben, sondern um den Korb zu öffnen, damit das Reptil unter das Auto des späteren Opfers gleiten konnte. Ein Opfer, auf das es sicherlich dressiert worden war, und dieses Opfer hieß mit Sicherheit Papa André Koh. Dieser „Verkäufer" kann nicht zufällig vorbeigekommen sein; die Schlange war auf Koh angesetzt. Scheiße auch, jetzt mischen sich sogar Schlangen mit hinein! Was für ein Tier wird das nächste Opfer töten? Und was wird bei der ganzen Angelegenheit aus dem Bogenschützen? Mbaye, mein Alter, seit du Kommissar bist, hattest du noch nie so harte Nüsse zu knacken. Wenigstens gibt es aber eine Beschreibung aus erster Hand, machen wir das Beste daraus.

Er drückte auf den Knopf des Sprechanlage.

„Sarré, geh zu Mélanie und frage sie, wer der Attentäter gewesen sein kann. Sag Cossé, er soll in mein Büro kommen."

Cossé war nicht mehr so angeberisch. Er gab sich sogar bescheiden. „Die Ungeniertheit und diese Art, sich für unfehlbar und unentbehrlich zu halten, hat er in der Zusammenarbeit mit diesem Dämlack von Massami angenommen. Bei mir ist niemand unentbehrlich, das ist ihm wohl bewußt geworden", dachte Mbaye, als er den Neuankömmling in tadelloser Haltung vor sich sah. Die Uniform saß jetzt glatt, die Knöpfe waren geschlossen.

„Haben Sie die Verhöre der anderen fliegenden Händler vorgenommen, die sonst auch bei Sportveranstaltungen da sind?"

„Ja, Kommissar!" antwortete Cossé. „Es hat nichts ergeben. Alle befragten Hausierer haben versichert, daß sie einen Verkäufer, auf den diese Beschreibung zuträfe, nicht gesehen haben. Wir haben auch die Kartoffelverkäuferin wiedergefunden und befragt."

„Und?" gab Mbaye ungeduldig von sich.

„Dasselbe. Auf dem Dienstparkplatz und Umgebung hat sie außer den beiden Polizisten niemand gesehen."

„Gut, nehmen Sie die in der Aussage enthaltene Personenbeschreibung. Fertigen Sie damit ein Phantombild an. Wenn Sie nicht zeichnen können, lassen Sie sich von Bâ helfen. Gehen Sie mit dem Phantombild zum Fotoarchiv, erheben Sie die Namen aller Personen, die in die Nähe dieser Personenbeschreibung kommen."

„Ja, Kommissar."

Als Mbaye Mélanies Liste mit den Verdächtigen in der Hand hatte und den ersten Namen las, wäre er vor Freude beinahe in die Luft gesprungen.

„Sarré, unterbrich alles Laufende und bring mir den aufgeführten Mamba Dabou, genannt Schwarze Mamba und Besitzer der Bar *Schlangengift*." Er gab dem Inspektor eine Vorladung, die Unterschrift hatte er schnell hingekritzelt.

Dabou Schwarze Mamba war von tiefschwarzer Hautfarbe, klein und muskulös. Er hieß wirklich Mamba, wie die furchterregende Giftschlange, die zu den lebensgefährlichsten auf der Welt gehört. Um seinem Spitznamen alle Ehre zu machen, war er stets schwarz gekleidet. Hosen, Hemden und Schuhe, alles hatte die gleiche Farbe. Um den Hals trug er einen goldenen Reifen, das Medaillon war eine Schlange. Vom rechten Ohr hing eine kleine Schlange aus rotem Gold, die sich stets und ständig hin und her bewegte, denn Schwarze Mamba war hitzig in Wort und Tat. Als Dabou in die Geschäftswelt einstieg, verwertete er seinen Namen kommerziell. Und so nannte er natürlich seine Bar *Schlangengift*, und wie es sich gehört, trank man dort Alkoholika und Cocktails mit beschwörenden Namen: Brillenschlangenspeichel, Boaspucke, Viperntränе usw. Die Getränke waren von der Sorte Bretterknaller, man stürzte sie herunter, um sich das Image zu verschaffen, man gehöre zu den ganz Hartgesottenen. Das Wanddekor der Bar wurde von der Mythologie der Schlange beherrscht. Um das Bild vollzumachen, hießen die Kellnerinnen Nattern, so wenig zaghaft gingen sie mit den Kunden um.

Seiner Zeit war Dabou Polizeispitzel. Mbaye erfuhr es von Mélanie. Er war Polizeispitzel bei Massami, als er gerade Säuberungen im 6. Revier vornahm. Die Zusammenarbeit mit der Polizei hatte ihm oft aus der Patsche geholfen. Als er der Vorladung nachkam, dachte er, daß er völlig reingewaschen wieder nach Hause gehen würde. Als Mbaye Schwarze Mamba sah, wie er ihm gegenübersaß, zwar etwas überrascht, sich an diesem Ort zu befin-den, aber doch sehr selbstsicher, sagte er sich, daß er jetzt vielleicht den Richtigen vor sich hatte. Von Beginn der Untersuchung an waren auf ihn die meisten Verdachtsmomente gefallen. Und er würde nicht verschont werden, nur weil er Polizeispitzel war. Mbaye ertappte sich dabei, daß er sich über diesen außergewöhnlichen Mord durch Schlangenbiß freute. Es hatte zwar so ausgesehen, als würde dadurch alles nur noch mysteriöser, aber er war vielleicht des Rätsels Lösung. Mamba Dabou würde nicht mit heiler Haut davonkommen. Er dachte wieder an die Worte der „Stimme“: „Nur noch wenige Stunden...“

„Wo waren Sie am gestrigen Dienstag um 18.00 Uhr?“

„Kommissar, können Sie mir sagen, was Sie zu der Vorladung veranlaßt hat?“ fragte Dabou im Tonfall desjenigen, der sich gerade nichts vorzuwerfen hat.

„Das sage ich Ihnen schon noch. Antworten Sie erst einmal auf meine Frage. Wo waren Sie gestern um 18.00 Uhr?“

„In meiner Bar“, gab Mamba von sich, als wäre nichts selbstverständlicher als das. „Ich sah mir den Ringkampf im Fernsehen an. Ich bin nicht ins Stadion gegangen, weil ich wegen eines wichtigen Geschäfts auf einen Lieferanten wartete.“

„Mamba Dabou, Sie wissen doch, daß Papa André Koh tot ist?“

„Ja, das ist mir bekannt. Aber in welcher Hinsicht hat das mit mir etwas zu tun?“ fragte er, plötzlich erregt, nervös wackelte er mit der kleinen goldenen Schlange am Ohr.

„Offensichtlich ist Ihnen aber weniger bekannt, daß Sie auf der Liste der Verdächtigen stehen.“

„Ich?“

„Und was Ihnen noch weniger bekannt ist: Unter allen Verdächtigen sind Sie die Nummer 1."

„Ich und verdächtig? Ich habe doch nichts getan!"

„Das sagt sich so leicht hin. Sie mochten Koh nicht sehr, oder?"

„Ja, das stimmt. Aber er wurde von vielen verabscheut."

„Kann sein. Unseren Erkenntnissen zufolge trachteten Sie ihm nach dem Leben."

„Weil er mir auch nach dem Leben trachtete!" Die kleine Schlange pendelte jetzt von der einen zur anderen Seite des Ohrs.

„Interessant. Das erzählen Sie mir mal!"

Dabou wurde wieder ganz ruhig und erklärte:

„Koh war mein Nachbar. Seine Villa lag neben meiner Bar *Schlangengift*. Aus völlig unerheblichen Gründen hatte er etwas gegen diese Nachbarschaft."

„Welcher Art?"

„Er sagte, er könne Schlangen nicht leiden und wolle keine Schlange neben sich."

„Das ist wirklich äußerst unerheblich", sagte Mbaye ironisch. „Dabou, ich warne Sie. Machen Sie mit mir keine krummen Touren. Packen Sie aus. Kommen Sie mir nicht mit Ihren langweiligen Geschichten. Warum hat Koh Sie bedroht?"

„Aber ich sage Ihnen doch, Kommissar, das ist alles. Gerüchteweise erzählte man sich, er hätte eines Nachts geträumt, er sei an einem Schlangenbiß gestorben. Deshalb konnte er in seiner Umgebung auch nicht die kleinste Anspielung auf dieses Reptil ertragen. Zwei Angestellte hat er übrigens entlassen, weil ihre Familiennamen mit der Schlange etwas zu tun hatten, es war das Totemtier ihres Stammes. Sein Haß richtete sich gegen meinen Namen, weil es ein Schlangenname ist, und gegen die Bezeichnung meiner Bar."

„Hören Sie mal, Dabou, ich habe nicht übel Lust, Sie Koloba anzuvertrauen. Er verhört mit den Fäusten. Nun?"

„Kommissar, ich schwör's Ihnen." Schwarze Mamba hatte jetzt jegliches Selbstvertrauen verloren. Angst packte ihn, seine Augen rollten hin und her. „Sie können sich gar nicht vorstellen, wie schäbig dieser Mann ist. Er setzte alle Mittel ein, um mich aus meiner Bar zu entfernen. Erst schlug er vor, mir die Bar zu einem von mir festgesetzten Preis abzukaufen, und sicherte mir eine andere Lokalität zu. Ich lehnte rundweg ab. Dann schickte er mir einen Brandstifter, der in meiner Bar Feuer legte. Aber der Brand konnte rechtzeitig gelöscht werden, und ich wurde von meiner Versicherungsgesellschaft entschädigt. Meine Akte können Sie in ihrer Verwaltung einsehen. Die Gesellschaft schloß auf Brand durch Unfall, aber ich weiß, wer die Missetat begangen hatte. Als Koh die Erfolglosigkeit seiner Machenschaften sah, bedrohte er schließlich mein Leben, der Mann, den er mit diesem Werk beauftragt hatte, kam zu mir und erzählte mir alles. Deshalb beschloß ich, Koh die Haut abzuziehen, bevor er mich umbrachte."

„Und deshalb", suggerierte ihm der Kommissar ein, „haben Sie ihm eine Schlange geschickt. Denn wenn man Schwarze Mamba heißt, muß es verführerisch sein, mittels einer Schlange zu töten."

„Ganz und gar nicht", stritt Dabou heftig ab. „Ich bediene mich nur des Namens und bildlicher Darstellungen. Ich kenne mich mit Reptilien kaum aus. Außerdem ist die Handhabung einer Schlange viel zu gefährlich."

„Wie wollten Sie denn Koh beseitigen?"

„In einem Akt der Notwehr!"

„Wie also?"

„Mit der gleichen Waffe wie er!"

„Mit anderen Worten?"

„Mit anderen Worten, ich wollte seinen eigenen Killer gegen ihn umdrehen."

„Das ist ja wohl ein Scherz! In der Tat, Dabou, Sie haben Koh getötet. Mit einer Schlange, das war deutlich vorgezeichnet, es sollte auch auf Ihre anderen Feinde in der Stadt Wirkung machen. Ohne Beweise könnten wir Ihnen nichts vorwerfen. Aber der Mord war so offensichtlich vorgezeichnet, daß Koh vor seinem Tod einen Namen genannt hat, einen einzigen, und das war der Ihrige. Bevor Koh ins Koma fiel, haben Zeugen aus seinen Fieberphantasien Ihren Namen aufgeschnappt."

„Das hat doch weder Hand noch Fuß, Kommissar. Sie bezichtigen mich des Mordes an Koh, sagen aber gleichzeitig, daß zu den beiden vorangegangenen ein Zusammenhang besteht. Warum suchen Sie nicht in dieser Richtung?"

„Eben, das eine ist mit dem anderen verknüpft. Koh hat auch den Bogenschützen erwähnt, bevor er starb, und Sie so bezüglich des Verbrechens in einen Zusammenhang gestellt. Dangala ist doch wohl Ihr Bruder. In letzter Zeit hat er Pfeile und Bogen in Auftrag gegeben. Sie arbeiteten zusammen und unterstützten sich gegenseitig. Jetzt haben Sie sich regelrecht zusammengetan, um bestimmte Personen, die Ihren Geschäften hinderlich sind, zu beseitigen, wenn Sie nicht gar für einen Auftraggeber von ganz oben arbeiten, der seine Macht sichern und ausdehnen will."

„Aber, Kommissar", protestierte Dabou heftig.

„Dangala tötet also mit dem Pfeil und Sie mit Gift. Oder vielleicht machen Sie auch beides selbst. Ein Zeuge hat uns einen Bogenschützen beschrieben, der auf ihn einen stämmigen Eindruck machte. Mamba Dabou, ich verhafte Sie. Koloba!"

Der riesige Polizist war sofort zur Stelle.

„Leg ihm Handschellen an und bringe ihn in die Zelle, in der vorher Mingoro war."

Der Schwarzen Mamba stiegen vor Zorn die Tränen hoch. Seine Augen schimmerten.

„Und jetzt sage ich dir den Kampf an, Dangala", sagte Mbaye zu sich selbst.

Und doch hatte Mbaye kein Gefühl des Triumphs. Und wenn sich Schwarze Mamba in Wirklichkeit gar nichts vorzuwerfen hat, was diese Geschichte anging? Hatte er ihn nicht festgenommen, weil er um jeden Preis einen Schuldigen brauchte, wenn er seine Stellung nicht verlieren wollte? „Die kommende Untersuchung wird seine Schuld oder Unschuld feststellen", dachte Mbaye, um sein Gewissen zu beruhigen. „Wenn man doch die Hand auf Dangala legen könnte." Und doch verdiente in Mbayes Augen Schwarze Mamba, dieser Schurke, zehnmal das Gefängnis.

11

In Kionda verbreitete sich die Nachricht von der Verhaftung der Schwarzen Mamba, und die Nervosität flaute ab. Wer sich zu Hause verbarrikadiert hatte, erschien wieder auf der Bildoberfläche, prahlte herum und stieß Flüche gegen den Gefangenen aus. Triumphale Telegramme und Telefonate im Siegerton bewegten die, die zeitweilig in die Diaspora gegangen waren, dazu, in strahlender Laune in die Heimat zurückzukehren.

Feste wurden organisiert, um das Ereignis ordentlich zu begießen.

Solo Dombo, Leiter des Amtes für Getreidelagerung, der bis zur Verhaftung der Schwarzen Mamba von einer plötzlichen Grippe ans Bett gefesselt gewesen war, gab ein gewaltiges Méchoui.

Vierundzwanzig Hammel, gefüllt mit gebuttertem arabischem Couscous und Rosinen, brieten im Park seines Besitztums auf überdimensionalen gemauerten Grillanlagen. Das wegen seines ausgezeichneten Repertoires auserwählte Tanzorchester und die geistigen Getränke sorgten für eine heitere Atmosphäre. Man lachte über alles und witzelte über den Bogenschützen. Jede kleinste Anspielung im Hinblick auf seine Person löste ein freimütiges, dröhnendes Gelächter aus. Mit imaginärem Bogen zielte man aufeinander und lachte dann hemmungslos.

Als gegessen werden sollte, bekam jede Gästerunde einen Hammel. Manche Besucher, die schon vom Alkohol benebelt waren, ließen sich dazu hinreißen, Pfeile auf das gebratene Tier abzuschießen. Danach nahmen sie unter donnerndem Applaus, begleitet von spöttischen Zurufen, stolze Posen ein, als hätten sie ein Wild erlegt.

Solo Dombo hatte sich bequem in einem mit kostbarem Stoff bezogenen Sessel seines Salons niedergelassen und verspeiste mit einem Dutzend Freunden geräuschvoll einen Hammel. Sie hatten nagelneue Messer, um ihre Lieblingsstücke von dem Tier abzutrennen, das auf einem niedrigen Tisch angerichtet war. Den

Kuskus aus dem Inneren des Hammels schöpfte man sich gleich mit der Hand. Die Kellner sorgten geschäftig für Getränke, Salz und Gewürze. Sie hatten strikte Order, auch nicht einen Gast mit einem leeren oder halbvollen Glas warten zu lassen.

Malika verabscheute solche Freßorgien, auf denen man sich stundenlang vollstopfen und betrinken mußte, rückhaltlos. Ihr wurde speiübel, wenn sie die kunstlos aufgetürmten Berge von Essen und die vielen schlingenden Leute sah, die durch die Bewegungen ihrer Kiefer unerträgliche Laute hervorbrachten. Simon hingegen legte diesmal Wert auf dieses Fest. Eine Reportage über Saufgelage und Festessen wie dieses, über dic unglaubliche Verschwendung, das zynische und protzige Zurschaustellen der häufig auf Kosten der Opfer der Dürrekatastrophe angehäuften Reichtümer würde – wenn auch wie in einer Karikatur – den erschütternden und empörenden Unterschied zu den Hungernden deutlich machen, die, noch nicht einmal 50 km von der Hauptstadt entfernt, starben, weil die ihnen zugedachten Hilfsgüter veruntreut und für andere Zwecke genutzt wurden.

Für die beiden jungen Leute war es kein Problem gewesen, eine Einladung zu bekommen. Malika hatte eine Karte für zwei Personen durch die Vermittlung eines Getreidemaklers, der ihr seinerzeit vergeblich den Hof gemacht hatte und die Hoffnung immer noch nicht aufgab. Dieser Makler gehörte zu denen, die Dombo mit zusätzlichen Karten für gemeinsame Freunde versorgt hatte.

Das Paar kam recht spät zum Méchoui. Die Hammel waren schon ziemlich abgegessen. Die große Pforte, die Simon und Malika passierten, wurde von Posten streng bewacht. Zwei kräftige Burschen verjagten Kinder und armselige Leute, die gekommen waren, um auf ihren Anteil zu warten, mit bösen Worten und Peitschenhieben.

Kaum waren sie drinnen, überfiel ein rundlicher Typ – es war der Getreidegrossist – das junge Mädchen mit einem Wortschwall, ohne das Kauen zu unterbrechen. Der offene Mund war fettbeschmiert, in der Hand schwang er ein riesiges Stück Hammelkeule.

„Eh, Malika, komm zu uns, wir verschlingen den Bogenschützen!" Zustimmendes Gelächter der anderen Gäste.

Malika klammerte sich an Simons Schulter und drehte sich weg, sie taumelte. „Wir gehen lieber in den Salon“, hauchte sie.

Im Salon war es auch nicht anders, die Primitivität des Getues und der Gespräche wurde aber durch den äußeren Rahmen und die geringere Personenzahl gemildert. Simon und Malika nahmen auf Stühlen Platz, Kellner brachten ihnen sofort etwas zu trinken.

Plötzlich knallte eine Tür. Ein junger Mann betrat den Raum, der mit seinen brauen Cord–Jeans und seinem gestreiften Baumwollhemd nicht in diese Umgebung zu passen schien. Geschmeidig bewegte er sich an den Möbelstücken des Salons vorbei, anklagend und voller Verachtung sah er zu der Runde herüber, die sich dem Zerfetzen von Fleisch hingab. Dombo, der seinen Adoptivsohn schon auf der Treppe gesehen hatte, rief ihn heran:

„Komm her, Daniel, der Hammel ist phantastisch! Und der Couscous erst!“ gab er genießerisch von sich.

In Dombos Stimme war fast so etwas wie Ehrerbietung, wenn er mit dem jungen Mann sprach. Es war der Sohn seiner Frau, er hatte sie als Witwe vor vier Jahren geheiratet. Er war auf den sechzehnjährigen Jungen, der so zerbrechlich schien, aber mit viel Intelligenz gesegnet war, sehr stolz. Er stellte für ihn etwas dar, was er nie hatte sein oder tun können: ein Hochschulstudium absolvieren, die Hochachtung genießen, wie sie der Schicht der Intelligenz entgegengebracht wird, später dann in der Lage zu sein, Minister werden zu können oder gar Präsident.

„Ich habe keinen Hunger.“

Der Ton war schroff, die entsprechende Handbewegung eindeutig ablehnend.

„Na, nun mach doch nicht so ein Gesicht. Sieh doch: Alle sind heute froh.“

„Ja, alle sind froh“, entgegnete der junge Mann und zeigte theatralisch in die Runde der Esser. Zorn lag in seinem Blick. „Ihr seid froh, daß ihr das Volk eßt, das Fleisch des Volkes. Diese Hammel, die ihr wie die Raubtiere verschlingt, sind das Volk. Mit welchem Geld wurden sie bezahlt? Mit dem Geld aus dem Schwarzverkauf der Lebensmittel, die für die ausgehungerten Bauern bestimmt waren. Ihnen allein hatte man die Hilfsgüter geschickt: Getreide, Mehl, Milch, Medikamente und Geld. Jetzt sterben sie vor Hunger. Und sie sterben wirklich! Wovon wurden all diese Möbel bezahlt?" Er hieb auf einen hauptsächlich mit Nippes in grellen Farben beladenen Bücherschrank ein. „Aus dem Erlös der Lebensmittel für die Dürrekatastrophe." Sein unbeständiger Blick wanderte von der einen Ecke des Raums in die andere. „Von den Lebensmitteln, die für die Opfer der Katastrophe bestimmt waren. Diese sogenannten Luxusmöbel bar jeden Geschmacks, dieser Schrank und diese scheinbar dekorativen Vasen." Er rüttelte an dem Möbelstück und ließ ein paar Teile herunterfallen. „Das ist gestohlenes Geld. Dieses Glas"– er ergriff ein schweres Kristallglas – „ergibt mehrere Mahlzeiten für eine Bauernfamilie." Er zerschlug es auf einer Kante. „Ich zerbreche es, und es macht dir nichts aus"– mit erhobenem Zeigefinger wandte er sich an Dombo –, „ aber frage doch die Familie im Busch, der wegen dieses Glases die Lebensmittel weggenommen wurden, die Mittel zum Überleben. Mit vielen, vielen Tonnen Lebensmitteln, die den Menschen ohne Hoffnung aus dem Mund gerissen wurden, hast du dir dieses Schloß geleistet, diesen Komfort, diese Nichtigkeiten."

Er steigerte sich in seine Anklage immer mehr hinein, wurde immer nervöser, gestikulierte immer heftiger und schrie immer lauter. Gekaut wurde jetzt langsamer, aber niemand in der kleinen Runde hatte wirklich aufgehört zu essen. Offensichtlich wollte man die Sache herunterspielen und den Jungen ganz von selbst müde werden lassen.

„Ist ja gut, Daniel", redete Dombo nachsichtig auf ihn ein, „zerbrich dir doch mit diesen Dingen nicht den Kopf. Du verstehst doch gar nichts davon. Los, komm essen." Die Leute rückten ein bißchen zusammen, um Platz zu machen.

„Schlagt euch ohne mich den Bauch voll, ihr Schufte, ihr Mörder!"

Einem der Gäste, dem Hauptrevisor für die Verteilung der Hilfsgüter namens Guilo, schien es ratsam, Dombo den Rat zu erteilen, er möchte den Friedensstörer zum Schweigen bringen.

„Na, wo bleibt deine Autorität, Dombo? Der Kleine wird uns noch den Appetit verderben und das Fest kaputtmachen."

„Das Fest! Das Fest! Ihr habt jeden Tag ein Fest. Völlig ungestraft könnt ihr auf Kosten der Hungernden essen, lachen und euch freuen. Alle, wie ihr hier seid, seid ihr Diebe am Volk." Er zeigte weit in die Runde, um keinen auszulassen. „Wer von euch kann behaupten, daß er zu seinem Vermögen anders als durch die Plünderung der Hilfsgüter gekommen ist?" Mit dem Finger zeigt er auf den, der Dombo gegen ihn hatte aufbringen wollen. „Sag, Guilo, woher stammen deine Miethäuser? Aus der Dürrekatastrophe. Aus der Hirse, dem Mais und dem Reis und all dem, dessen richtige Verteilung dein Auftrag ist. Und du, Dosso" – sein Finger zeigte plötzlich auf einen pausbäckigen Mann, der auf einem riesigen Stück herumkaute und der sich um das, was um ihn herum geschah, nicht zu kümmern schien –. „Sag doch, Dosso, wo du deine vielen Lastkraftwagen her hast. Es sind Fahrzeuge, die im Ausland kostenlos für den Transport von Lebensmitteln in die Dürregebiete zur Verfügung gestellt werden. Du kannst nicht einmal behaupten, daß du sie gekauft hast. Als Leiter des Fuhrparks hast du hingegen die Verkaufspreise und die günstigen Zahlungsbedingungen festgelegt. Wegen dieser Verkäufe hast du sogar einen Überschuß an Fahrzeugen geltend gemacht, der vom Transportwesen der Hungerhilfe nur schwer zu bewältigen sei, d.h., du hast sie dir geschenkt. Und sag doch, Chaikou, Schatzmeister des Spendenkontos, wohin sind die Fonds gegangen, die gebildet wurden, um in äußersten Notfällen schnelle Abhilfe leisten zu können? Die Bauern haben nicht einen einzigen Heller davon gesehen."

Das war zuviel für die Gäste. Sie waren befremdet und verärgert, das sah man an ihrem Gesicht. Die einzige Frau in der Runde, eine dicke Person namens Assa mit nichtssagendem Gesicht, dafür aber überladen mit Goldschmuck, machte einen bestürzten Eindruck.

„Er soll aufhören, bringt ihn zum Schweigen!"

„Nichts bringt mich zum Schweigen." Daniel konzentrierte sich jetzt auf die Dame. „Assa, du verdienst eine besondere Erwähnung. Du bringst Neugeborene und kleine Kinder um. All der Schmuck, der an dir herumhängt, ist Schmuck des Todes. Wieviel Tonnen Milch und Zucker, die dir anvertraut wurden, hast du zu deinen eigenen Gunsten verkauft? Du bist für die Kinderernährung zuständig. Wieviele sind durch deine Gier nach Schmuck schon gestorben, und wieviele werden noch sterben? Hast du dir nie den Anblick eines zum Skelett abgemagerten Kindes vorgestellt, das an den leeren Brüsten seiner ausgehungerten Mutter saugt? Es gibt Menschen, die für diese unglücklichen Kinder ein Herz haben und ihnen etwas schicken, damit sie überleben können. Und diese Milch, diese Ration Proteine verschwinden und tauchen als goldener Armreif an deinem Handgelenk wieder auf. Ein einziger von diesen Armreifen stellt eine ganze Wagenladung Milch dar, die ihren Empfänger nicht erreicht. Und dein Mann, Dr. med. Gassi, soll doch mal erzählen, wohin die Medikamente gehen, die vorrangig für die am meisten von der Katastrophe heimgesuchte Nordregion bestimmt sind."

Die an Dombo gerichteten Hinweise wurden jetzt drohend.

„Solo, ist das nun dein Sohn oder nicht? Bring diesen Wahnsinnigen zum Schweigen, oder wir gehen!" Einige hatten sich schon erhoben.

Dombo lächelte gequält und brummte:

„Habt euch nicht so. Soll er sich doch abreagieren. Der Schlimmste ist er nicht."

Bei diesen Bemerkungen geriet Daniel völlig außer sich. Er vergriff sich jetzt am gesamten Mobiliar, keine Vase war mehr heil.

Simon stand auf, legte mit einer freundlich gemeinten Geste eine Hand auf die Schulter des jungen Mannes und versuchte, ihn zu besänftigen. Die Gäste, die diese Einmischung als diplomatischen Schachzug ansahen, der den aufgebrachten Jungen beruhigen sollte, waren erleichtert. Daniel aber ließ sich zu nichts bewegen und stieß die Freundeshand zurück.

„Faß mich nicht an", schrie er aus voller Kehle. „Du und deine Kollegen von der Presse, Simon Dia, ihr steckt mit diesen Mördern unter einer Decke. Nie berichtet ihr über ihre täglichen Verbrechen gegen das Volk. So tragt ihr dazu bei, daß diese Schmutzfinken ihre Schandtaten in aller Ruhe begehen können. Aus Feigheit und Opportunismus seid ihr ihre Komplizen."

Er verpaßte der Scherbe einer Vase einen Fußtritt, stürzte zur Treppe, rannte hinauf und knallte die Tür hinter sich zu. Dann herrschte vernehmbares Schweigen, aus dem Garten drangen ein paar Töne hinein, hingekratzt auf einer Gitarre, die gerade gestimmt wurde.

Dombo selbst ergriff nun das Wort:

Aus einem eifrigen Linksradikalen mit sechzehn wird mit dreißig ein anständiger Erbe und perfekter Betriebschef."

Die ganze Runde der versammelten Freunde brach in ein befreiendes Gelächter aus. Man rief die Kellner heran, griff wieder zu den Messern, und bald überlagerte das Geräusch der Kinnbacken wieder die Konversation.

„Der Kleine ist wirklich entzückend", kicherte Assa. „Wenn es nach ihm ginge, müßten wir all die Schätze den Zerlumpten überlassen." Gelächter.

„Die kein anderes Schicksal erwartet, als von Generation zu Generation im Elend zu bleiben", pflichtete ihr ihr Nachbar bei." Erneutes Gelächter.

„Durch mein Zutun", sagte Dosso, mit einer gegrillten Scheibe Fleisch in der Hand, „durch mein Zutun verfügt der Bauer über ein leistungsfähiges Transportunternehmen. Das gibt den Leuten Arbeit, sonst lägen sie auf der Straße; das schafft Gewinn und mehrt den Reichtum des Landes. Und ich führe Steuern an den Staat ab" – wieder biß er ordentlich rein –, „jedenfalls im Prinzip." Lachen. „Eines kann ich euch sagen, wenn wir die ganze Ausrüstung an diese Bauerntölpel abtreten würden, das gäbe ein gewaltiges Loch im Staatssäckel, das reinste Verlustgeschäft." Lärmende Zustimmung.

Auch Chaikou, der Schatzmeister, sagte seine Meinung:

„Bei uns herrscht Unterentwicklung, hinzu kommt die Dürrekatastrophe. Das kommt einem Kriegszustand gleich, und in jedem Krieg gibt es unweigerlich Opfer, oder nicht?"

„Ganz einer Meinung", erklärte Dr. Gassi. „Es ist doch völlig normal, daß die Bauern den Tribut zahlen. Sie bilden die größte Bevölkerungsgruppe. Überleben können nur die, die sich unserer Zeit anpassen. 75% der Bevölkerung des Landes betreiben Ackerbau. Es ist trostlos mitansehen zu müssen, daß diese 75% nicht in der Lage sind, soviel zu produzieren, daß sie sich selbst ernähren können. Das muß man sich mal vorstellen! Vollzeitbeschäftigte Landwirte, die seit Jahrtausenden nichts anderes gesehen haben als den Ackerboden, und schaffen es nicht, sich selbst zu ernähren. Und was soll man da über die 25% der Bevölkerung in den Städten sagen? Wer ernährt sie? Sie sind gezwungen zu importieren, weil der Bauer versagt. Deshalb kann man sich gar nicht darauf verlassen, daß die Landbewohner ihrer natürlichen Verpflichtung nachkommen, die ihnen die nationale Arbeitsteilung zuordnet. Die Dürre ist ja auch eine Chance für sie, sich zu entwickeln. Wenn sie überleben wollen, ist es an der Zeit, daß sie sich die Modernisierung zu eigen machen. Sollen sie doch neue Sorten anbauen, wenn die alten klimatisch nicht anpassungsfähig sind. Sollen sie sich doch auf der Grundlage dieser neuen Sorten eine andere Ernährungsweise zulegen. Genau darum geht es, und wir müssen sie dazu zwingen." Beifall mit dem Kommentar „wie wahr, wie wahr!".

Soviel Zynismus hatten Simon und Malika nicht erwartet.

„Laß uns bitte gehen, Simon. Es wird für mich unerträglich" – und als wollte ihr Freund Einspruch erheben –, „nein, sag nichts, du kannst nichts ändern. Sie haben kein Gewissen."

Die Menge der Bettler auf der Straße drängelte ungeduldig. Sie ließen sich durch die Peitschenhiebe der beiden Zerberusse nicht mehr verjagen.

„Daniel hat recht. Es stimmt sogar, was er über die Journalisten gesagt hat."

Malikas Ton war nicht provokant, er war schlichtweg ehrlich.

„Er hat recht, er hat recht", brummelte Simon. „Das stimmt vielleicht sogar, aber ich mag es nicht, wie er alle in einen Topf wirft. Außerdem soll er mal nicht seine verspätete Pubertätskrise als politische Krise ausgeben. Und dann, hast du seine Augen gesehen? Ich wette, er stand unter Drogen."

„Natürlich. Um dich reinzuwaschen, wirst du persönlich. Viele Jugendliche denken, was Daniel ausspricht, und möchten handeln, aber nicht zufällig geht das Wort Repression im Lande um. Sie zeitigt abschreckende Wirkungen. Ich meine, man sollte es Daniel eher zugute halten, daß er die Wahrheit offen ausgesprochen hat. Selbst wenn Wahnsinnshormone oder eine Droge mit im Spiel waren, so ändert das doch nichts an den Tatsachen. Ob nun bewußt oder unbewußt, die Journalisten tragen eine Mitschuld. Sie werden ihrer Aufgabe nicht gerecht."

Simon, der seinen Schritt verlangsamt hatte, ging jetzt schneller. Er war nervös. Malika hatte Mühe, hinter ihm herzukommen, und begann sogar zu trippeln.

„Du mußt das verstehen", sagte Simon. „Bei uns - wie überall in Afrika - sind die meisten Journalisten Funktionäre, denn der Staat hat das Pressemonopol. Die Journalisten werden demzufolge vom Staat bezahlt, und dieser ist, wie du weißt, mit dem gerade herrschenden Regime bzw. unmittelbar mit der Person identisch, die an der Spitze des Landes steht. Natürlich, ihre Löhne werden mit Steuergeldern bezahlt, also eigentlich mit dem Geld, das aus dem Volk kommt. Der Arbeitgeber ist aber der Staat und nicht das Volk. Wenn das Publikum eine Zeitung oder ein überteuertes Radio kauft, erwirbt es keine Entscheidungsbefugnisse hinsichtlich des Inhalts der Medien, die, ich wiederhole, Staatseigentum sind. Nun sieh das Ergebnis: Der Leser bzw. Hörer muß sich mit dem zufriedengeben, was man ihm bietet und was er zweifach bezahlt hat. Natürlich, wenn ihm das nicht genügt, kann er ausländische Sender empfangen bzw. ausländische Zeitungen lesen. Aber du weißt auch, daß man in manchen Ländern ins Gefängnis kommen kann, wenn man solche Sender abhört oder antinationale Zeitungen liest. Abscheulich, wirst du sagen. Aber kommen wir auf den Journalisten zurück, der im Zentrum der Kritik steht. Na, nicht anders als die anderen Funktionäre ist er ausschließlich der Obrigkeit gegenüber rechenschaftspflichtig, niemandem sonst. Dazu gibt es nicht einmal ein gesondertes Gesetz. Es wäre auch absurd. Der Journalist macht also, was er machen muß, und hält sich davor zurück, etwas zu behandeln, was auch nur den geringsten Schatten auf das herrschende Regime, dessen Politik und dessen Vertreter werfen könnte. Zensur und Selbstzensur lassen dem Journalisten keinerlei Freiraum. Er hat nur eine Wahl: Er integriert sich ins System und heult mit den Wölfen oder gibt den Beruf auf; denn es wäre gefährlich für Leib und Leben, Tabu-Themen aufzugreifen oder aber eine nicht konforme Berichterstattung zu betreiben. Deshalb gibt es für die afrikanischen Journalisten letztlich auch keine Objektivität. Man kann höchstens von Redlichkeit sprechen, das bedeutet, daß man sich nicht zu solchen Niedrigkeiten wie Lüge, Speichelleckerei und Feigheit hinreißen läßt."

„Na, wenn sie ihren eigentlichen Beruf gar nicht ausüben, sollte man die Berufsbezeichnung ändern", empörte sich Malika. „Jedenfalls sind das für mich keine Journalisten im eigentlichen Sinne des Wortes."

„Hör mal", protestierte Simon, „wir Journalisten..."

„Ihr seid keine Journalisten, sag ich dir doch. Ein Journalist informiert."

„Wie du meinst. Ich wollte dir ja auch nur sagen, daß du nicht denken sollst, wir fühlten uns wohl in unserer Haut, jedenfalls nicht die, die wirklich arbeiten wollen. Wir sehen schon, daß es so nicht geht. Die ganze Situation im Land ist eine Katastrophe, und die aktuelle Berichterstattung ist völlig unmöglich. Wenn man ausschließlich den Staatlichen Rundfunk hört oder seine Tageszeitung liest, ist man geneigt zu glauben, die Obersten seien außergewöhnliche Menschen und alles stehe zum besten, weil das Volk einen glücklichen Eindruck macht. Die Wirklichkeit ist weit davon entfernt. Ich selbst sehe und bemerke eine Menge Dinge, die ich gern behandeln möchte, weiß aber genau, daß sie weder bei der Zeitung noch beim Rundfunk durchgehen würden. Sieh dir nur an, was bei der Verteilung der Lebensmittel an die Opfer der Dürrekatastrophe passiert. Ein Riesenskandal von nationalem Ausmaß. Einige wenige mästen sich mit den Lebensmitteln, die den Ärmsten zugedacht sind. Die Opfer der Dürrekatastrophe sind aber unsere Landsleute. In normalen Zeiten sind sie die Steuerzahler. Ist in unseren Medien jemals über diese Unterschlagungen berichtet worden? Mitnichten! Und das aus gutem Grund: Man müßte ganz oben ansetzen, und es hätte gewaltige Ausmaße. In meinem Dossier werde ich über den Transport und die Verteilung der Lebensmittel berichten. Wer aber wird ihn lesen? Gerade mal ein paar Mitarbeiter einer ausländischen Organisation, wie es derer viele gibt. Du wirst sagen, daß ich für eine Zeitung im Ausland schreiben könnte. Sicher, aber eine Zeitung, die sachliche Informationen über diese Veruntreuungen bringt, hat keinerlei Chance, ins Inland zu gelangen. Und du kannst dir vorstellen, welche Schwierigkeiten ich haben würde, wenn ich meinen Namen daruntersetze."

„Und das Berufsrisiko?"

„Risiko, meinetwegen, aber nicht völlig sinnlos. Die Führung, die die Journalisten genauso fürchtet, wie sie dem Militär mißtraut, wenn auch uneingestanden, hat sie ständig im Visier. Ein Journalist, der seinen Beruf ernst nehmen wollte, ist fast schon ein Oppositioneller; denn wenn er das Volk informiert, wie es sich gehört, liefert er Waffen, um die Mächtigen, die uns regieren, zu stürzen. Die Zahl der afrikanischen Journalisten, die ins Gefängnis geworfen oder aber aus dem Arbeitsleben verdrängt wurden, weil sie ihrem Berufsethos gefolgt sind, ist unvorstellbar."

Malika konnte das nicht überzeugen, und so ging sie wieder auf ihn los:

„Diese ganzen seelischen Probleme verändern rein gar nichts am Leid des Volkes. Andere Berufsgruppen machen Anstrengungen, nehmen Opfer auf sich, damit das Land aus dieser Talsohle herausfindet. Warum versuchen die Journalisten nicht einfach, ihrem Beruf gerecht zu werden, anstatt die recht unwürdige Rolle des Schuhputzers zu spielen? Sieh dir an, was zum Thema Dürrekatastrophe getan wird. Die Journalisten verbreiten die Aufrufe der Regierung zur internationalen Hilfe, das ist alles. In welchen Taschen diese Hilfe landet, ist bekannt. Der zweite Aspekt dieser wenig glanzvollen Rolle besteht in einer lautstarken Propaganda. Man spricht in den Medien von „Verteilung" der Lebensmittel, Verteilung als Großtat der Regierung, die die Hilfeempfänger moralisch dazu verpflichtet, die Führung zu loben und zu preisen. Alles in allem sind die Journalisten nichts anderes als bessere Resonanzböden."

„Mein Gott", sagte Simon völlig fassungslos, „hast du vielleicht auch eine geraucht? Man könnte ja meinen, du und Daniel, ihr habt euch heute verabredet. Na schön, ich gebe es zu", fügte er lustlos hinzu. „Aber folgendes mußt du wissen, die Leute müssen es wissen: Es gibt viele afrikanische Journalisten, die ihre Arbeit ordentlich machen wollen. Sie werden aber aus Gründen, die ich dir dargelegt habe, daran gehindert. Die Interessen des Volkes und die Interessen der Regierung stimmen bei weitem nicht überein.

Solange unsere Führung aus Leuten besteht, die sich einzig von persönlichem Ehrgeiz, Geldgier und Renommiersucht leiten lassen, werden die Interessen des Volkes hintenan gestellt."

Er hielt inne, da er mit einem Contra rechnete. Da das junge Mädchen die Debatte nicht noch einmal aufgriff, schlug er vor:

„Und wenn wir zur *Mangoplantage* gehen und Yassa essen? Bei Dombo hatten wir gerade unseren Aperitif, und die ganze Aufregung, das zehrt."

Die Straßenlaternen brannten schon. Die Leute gingen zum Abendbrot heim. Malika legte den Arm um ihren Gefährten, steckte die andere Hand in die Tasche ihres Hosenrocks und schmiegte sich an ihn. Er strich ihr zärtlich über die Wange. Aber schon dachte er wieder daran, was er bei Dombo gesehen und gehört hatte. Er war jetzt überzeugt, daß die Sache mit dem Bogenschützen irgendwie mit der Dürrekatastrophe im Zusammenhang stand. Er nahm sich vor, noch einmal zu Sambou zu gehen. Er hatte das Gefühl, daß man bald wieder über den verborgenen Bogenschützen reden würde, und zwar über den richtigen.

12

Solo Dombo kam am nächsten Morgen ziemlich spät in sein Amt für Getreidelagerung. „Als Generaldirektor des Amtes kann man sich das erlauben“, sagte er sich süffisant. Ja, und die Morgensonne streichelte und erinnerte die Lebenden, daß man sich Zeit zum Leben lassen muß. Dombo lächelte der Sonne zu, dem Leben. Er dachte an seine Frau, Thérèse, Daniels Mutter. Als sie heirateten, war sie einverstanden gewesen, eine andere Religion anzunehmen, und jetzt war sie schon ein paar Tage ans Bett gefesselt. Sie war krank vor Sorge. Sie wurde von der dauernden Ahnung gequält, daß sich der Zorn des Bogenschützen auch gegen ihren Mann richtete. Vergebens suchte er sie zu beruhigen, ohne Erfolg. Gemeinsam mit ein paar Freundinnen aus ihrem Stamm, die bei ihr zu Besuch waren, hielt sie spiritistische Sitzungen ab, in denen sie die Kauri-Muscheln nach der Zukunft befragte. Unweigerlich sah sie immer nur Unglück. Dombo versuchte, sie zu beruhigen, Schwarze Mamba sei doch verhaftet. „Schwarze Mamba ist nicht der Bogenschütze“, davon ließ sie sich nicht abbringen.

Während er seinen Wagen auf dem Parkplatz des Amtes einrangierte, mußte Dombo wieder an seine Frau denken, er war unruhig: „Ich weiß, daß sie die Gabe hat, Ereignisse vorauszusehen, und nur selten hat sie sich geirrt“, sagte er sich, „diesmal aber ist sie auf dem Holzweg. Ihre Empfindlichkeit narrt sie. Pfui, wie kann man Angst vor jemand haben, der hinter Gittern sitzt? Außerdem habe ich mir nichts vorzuwerfen. Ich bin ein Freund des Volkes. Ich nehme an Wohltätigkeitsveranstaltungen teil. Ich schulde niemandem etwas.“ Dombo lächelte. Das Lächeln wurde breiter, als er den Mann sah, der auf ihn zukam. Er war genauso dick wie er, sein Gesicht war genauso von Habgier zerfressen, die Augen gaben genausoviel List und Tücke zu erkennen. Der Neuankömmling schlug zögernd in Dombos Hand ein. Boubou an Boubou, zogen sie sich in eine Ecke des Parkplatzes zurück.

„Meine Glückwünsche für gestern“, begann der Mann. „Ich war auch unter den Gästen, wenn auch nicht als Ehrengast. Und wie du siehst, bin ich nicht nachtragend. Ich bin wohl der erste, mit dem du heute ein Geschäft abwickelst.“

„Nimm doch das nicht übel, mein Bester. In nicht allzu langer Zeit habe ich wieder einen Empfang, und im Vergleich dazu ist das gestrige Méchoui nur eine Vorspeise. Und da wirst auch du auf der Liste der Ehrengäste stehen.“

„Wenn das so ist, mein lieber Solo, stocke ich meine Bestellung auf. Wegen 150 Tonnen Reis und 130 Tonnen Mehl war ich gekommen. Jetzt kannst du eine Ladung Mais hinzufügen. Stell mich doch außerdem Assa vor. Ich brauche 70 Tonnen Trockenmilch.“

Der Gesprächston war leise und unauffällig.

Der Mann wollte seine Bestellung mit Dossos Lastwagen transportieren lassen.

„Unmöglich“, sagte Dombo. „Getreide kannst du haben, soviel du willst. Aber Dossos Fuhrpark steht nur für den Transport der Lebensmittel in den Busch zur Verfügung. Du weißt, er verdient mehr dabei, wir übrigens auch, durch Vermittlungsgeschäfte und andere Operationen.“ Einverständiges Auflachen. „Wende dich an ein anderes Transportunternehmen. Geh zu Nama, wegen einer dummen Weibergeschichte hat er sich von einem Mitarbeiter des Ministeriums aus dem Lebensmitteltransport herausdrängen lassen. Er wird rasch Fahrzeuge für dich auftreiben.“

Er machte eine kurze Pause und sagte dann:

„Du hast das Geld. Ist dir die Grundregel bekannt? Bar auf die Hand oder gar nicht!“

„Gewiß, gewiß“, antwortete der andere und zog ein dickes Bündel Banknoten heraus. „Hier, es ist vollzählig“, fügte er hinzu. „Ach, ich vergaß den Mais.“ Er faßte erneut in seine Tasche. „Ich weiß, was sich gehört, saubere Abrechnungen machen gute Freunde.“ Er übergab die Summe. „Na, Hand drauf, und bis zum nächsten Mal.“

Sie schüttelten sich die Hand und gingen auseinander.

Als Dombo vom Parkplatz wegging, feuchtete er zwei Finger an. Er hatte keinerlei Grund, dem anderen zu vertrauen. Stehend, mit dem Gesicht zum Drahtzaun, der das Amt absperrte, machte er sich an das Zählen der Scheine. Auf der anderen Seite deuteten vereinzelte Sträucher an, daß die Örtlichkeiten noch zur Buschzone gehörten. Dombo zählte mit sichtlichem Vergnügen, er war ganz sicher, allein zu sein.

Einige Meter weiter zählte der Bogenschütze, der hinter den Büschen an einem Strauch lehnte, mit. Anstelle von Banknoten sah er Totenscheine. Sie trugen den in großen Buchstaben aufgestempelten Vermerk: „Verhungert“. Dombo spürte den Blick, er hob den Kopf und sah den Bogenschützen mit seinem Pfeil im Visier. In panischer Angst ließ er das Geldbündel fallen. Die Scheine zerstreuten sich im Wind. Er drehte sich auf dem Absatz um und versuchte zu fliehen.

„Nummer vier!“

Mbaye kam es bitter an, als er den Bericht des Gerichtsarztes las: Solo Dombo, vierunddreißig Jahre, Generaldirektor des Amtes für Getreidelagerung. Tod durch einen mit Widerhaken und zwei asymetrisch angeordneten Harpunenspitzen versehenen Pfeil. Das Projektil hatte ihn in den Rücken getroffen, als er – wie es schien – zu fliehen versuchte. Der Pfeil hatte den Trapezmuskel zwischen Schulterblatt und Wirbelsäule durchbohrt und die Lungenvene zerschnitten.

Mbaye entnahm der Akte einen weiteren Bericht, er stammte vom Kommissar des Reviers Östliche Randzone. Er vermerkte, daß die Leiche gegen 9.30 Uhr gefunden worden war. Sie lag auf umhergestreuten Banknoten.

Solo Dombos Familie gab per Radio eine Todesanzeige auf.

13

„Sieh da, der Simon! Kommst du heute ganz allein? Sicher bist du erhitzt. In dem Tontopf ist Ingwerlimonade. Sie ist kühl und löscht den Durst. Und dann setzt du dich neben mich auf die Bank.“

Wie macht der Alte das, daß er das alles hintereinanderweg sagt? fragte sich Simon, nachdem er ihn begrüßt hatte. Er bediente sich aus dem kleinen Topf und trank einen erfrischenden Schluck von der mit Honig gesüßten Limonade.

„Wie weit ist eure Untersuchung gediehen?“

„Mbaye sagt, daß er jemanden verhaftet hat, der der Bogenschütze sein könnte.“

„Er mag ja alles mögliche verhaftet haben, bloß nicht den Bogenschützen“, sagte Sambou selbstsicher.

„Ja, aber die gegen ihn erhobenen Anschuldigungen sind belastend. Er war mit seinem Bruder in eine Geschichte verwikkelt, in der es um die Fabrikation von Pfeil und Bogen ging. Außerdem hat er eine Vorliebe für Schlangen. Alles deutet darauf hin, daß der Verdacht auf ihn fällt.“

„Na gut, aber eines laß dir gesagt sein, dieser Mensch mag ja alle möglichen Verbrechen begangen haben, der Bogenschütze ist er nicht. Er hat mit der Sache nichts zu tun.“

Simon hatte plötzlich die Hoffnung, seine Hypothese über den Bogenschützen würde bestätigt oder aber entkräftet werden. Der Alte wußte offensichtlich eine ganze Menge. Simons Interesse war geweckt, er rückte näher an den rüstigen alten Mann heran und fragte:

„Wenn nicht er der Bogenschütze ist, wer ist es dann?“

Der blinde alte Mann räusperte sich.

„Weißt du, neulich, als der Kommissar hier war, wollte ich nicht alles sagen. Weißt du, ich wollte meine Bassari-Freunde schützen. Ich bin sogar froh, daß der Kommissar die Information, die ich ihm gegeben habe, nicht verwendet hat. Damals hatte ich noch keine Vorstellung davon, was noch alles dahinterstecken könnte."

Simons Neugierde wuchs, und er verbarg es auch nicht.

„Deine Bassari-Freunde? Willst du damit sagen, daß es mehrere Bogenschützen sind? Du wirst dich wundern, daß mich die Sache so interessiert. Meine Neugierde ist nicht persönlicher Natur, sondern beruflich bedingt."

Und er erläuterte seinen Gedanken, es müßte eine Verbindung zur Dürrekatastrophe geben. Dies wiederum brachte ihn dazu, über seine journalistischen Recherchen zu sprechen.

„Was du mir da sagst, beruhigt mich. Wenn es zum Ziel hat, daß diese Organisation ihre Entwicklungshilfe effektiver machen kann, ist es gut, und ich kann dir nur gratulieren. Nun, was eine mögliche Verbindung zwischen dieser Affäre und der Dürre betrifft; ich gebe zu, daß ich nichts dazu sagen kann. Zur Zeit hat alles in diesem Land etwas mit der Dürrekatastrophe zu tun."

„Was weißt du über den Bogenschützen?"

Der Greis richtete sich leicht auf und ließ sich mit seiner Antwort Zeit.

„Glaube mir, in dieser Geschichte geht es um etwas mehr als um einen Bogenschützen, der seine Pfeile auf ausgewählte Ziele abschießt. Ich habe die Kompetenz, dir zu sagen, daß diese Pfeile mit Sicherheit aus dem Bassari-Dorf Oniateh stammen. Ich habe, wie du weißt, im ganzen Land mit verschiedenen Waren Handel getrieben. Dadurch hatte ich Gelegenheit, mich in bestimmte Techniken und Geheimnisse der Magie einweihen zu lassen. Es waren viele Dörfer, ich besitze dort ein Vertrauenskapital. Die Leute aus Oniateh haben mich mit ihrem Schmied bekannt gemacht und mir seine spezielle Art der Fabrikation von Werkzeugen und Waffen gezeigt. Bei den Waffen bemerkte ich die mit Widerhaken und zwei asymetrischen Harpunenspitzen versehenen Pfeile, wie ihr mir letzten Sonntag einen gezeigt habt."

„Inwiefern war die Technik des Schmiedes etwas Besonderes?"

„Das liegt daran, daß sein Leben ungewöhnlich verlief. Daran liegt es wohl auch, daß seine Pfeile anders sind als die landläufigen Bassari-Modelle. Sein Vorfahre war als geflohener Sklave ins Bassari-Land gekommen. Es war ihm gelungen, aus einem Sklaventransport auszubrechen, der zur Atlantikküste unterwegs war, um dann in unbekannte Länder verschifft zu werden. Sein Weg führte ihn nach Westen zu den Bassari, die ihn aufnahmen. Das ist gut zweihundert Jahre her. Der Flüchtling ließ sich in Oniateh nieder, wo er als Gleichberechtigter in die Sippe aufgenommen wurde. In dem Dorf, aus dem er kam, gehörte er zur Kaste der Schmiede, und er behielt die Technik der Pfeile mit Widerhaken bei. Er hat sie mit einigen Besonderheiten versehen, dazu gehören die Zähne, die bei gewissen Bassari-Pfeilen die Harpunenspitzen ersetzen. Seine Technik gab er an seine Kinder weiter, die sie wiederum an ihre Nachfahren übermittelten, und immer so fort bis in unsere Tage."

Sambou hielt inne und bat um Ingwerlimonade. Als der Alte den Becher geleert hatte, rülpste er laut.

„Also, Großvater, ein Bogenschütze der Bassari aus dem Dorf Oniateh geht durch die Straßen von Kionda und tötet Leute. Ich habe das Gefühl, daß du darüber etwas weißt. Nun sage mir doch, was kann das Motiv für eine solche Serie sein? Welchen Nutzen hat der Bogenschütze von der Sache?"

„Der Bogenschütze? Er zieht keinen persönlichen Nutzen daraus. Er arbeitet auf Bestellung. Er hat einen Auftrag."

Er spürte Simons Verwirrung, wenn sie auch unausgesprochen blieb, und fügte hinzu:

„Nun, da schaust du, wie ich merke. Ich erkläre es dir, bin mir nur nicht sicher, ob du als Stadtkind überhaupt verstehen kannst, was ich dir jetzt erzähle."

Der Journalist richtete sich von seinem unbequemen Stuhl auf. Der alte Sambou tastete auf der Erde nach seinem Tabaksbeutel. Als er ihn gefunden hatte, nahm er eine Prise von dem braunen Pulver und nieste laut. Als hätte es ihn erleichtert, sprach er mit ruhiger Stimme weiter:

„Die Leute, die einer nach dem anderen aus unbekannten Gründen sterben, sind alle Bassari, die einen schweren Fehler begangen haben. Sie haben ihren Bassari-Namen aufgegeben und Namen aus Ethnien der Hauptstadt angenommen. Um sich zu tarnen. Sie haben Angst vor Repressalien, die mit Sicherheit aus dem Dorf kömmen würden, und sie wären schrecklich. Das Urteil steht von vornherein fest: Tod. Haben sie jemand getötet? Haben sie eine heilige Stätte geschändet? Haben sie ein Verbot übertreten? Haben sie Verrat begangen? Ich kann dir zwar genau sagen, welche Mission der Bogenschütze hat, die Gründe hingegen sind mir völlig unbekannt. Nur eines ist sicher: Die Sache ist von schwerwiegender Bedeutung."

Als der Alte sich noch einmal räusperte, dachte der junge Mann, daß er nun etwas Wichtiges sagen würde.

„Weißt du, in manchen Geheimgesellschaften der Bassari gehöre ich zu den Hohen Eingeweihten. Früher oder später werde ich aus Oniateh den mir zustehenden Teil an Information bekommen. Da ich aber die Gesetze dieser Gesellschaften kenne, kann ich dir sagen, daß in Fällen von Missetaten, die für das Überleben oder das Gleichgewicht der Sippe eine Gefahr darstellen, beschlossen wird, den oder die Schuldigen zu bestrafen. Der Geheime Rat des Dorfes, der sich aus den Hohen Eingeweihten zusammensetzt, legt auf einer Sitzung die zu ergreifenden Sanktionen fest, wählt die Art der Hinrichtung und benennt den oder die Killer. Du hast doch sicher schon von den Panthermenschen gehört. Nun, in Wirklichkeit sind es Killer. Sie verwandeln sich nicht, wie man glaubt, in Panther, sondern tragen an Händen und Füßen Eisenkrallen, zerfetzen ihre Opfer und hinterlassen am Tatort möglichst viele Katzenspuren, um bei den gewöhnlichen Sterblichen - später war es die Kolonialverwaltung - den Glauben zu wecken, hier hätten Panther angegriffen. Es ist traurig, daß Instrumentarien wie die Panthermenschen, Löwenmenschen u.ä., die früher eine festumrissene Funktion hatten, heute so heruntergekommen sind, daß sie für individuelle Racheakte und zur Durchsetzung persönlichen Machtstrebens mißbraucht werden. Aber kommen wir auf den Bogenschützen zurück. Es ist klar, daß er die gleiche Mission erfüllt wie die Panthermenschen: das Strafgericht. In diesem Falle hat man einen Mann mit Bogen ausgewählt, weil es für einen mit Krallen bewehrten Panthermenschen schwierig sein dürfte, wie ich meine, sich in einer Großstadt frei zu bewegen, und weil es in einem Ballungsgebiet von mehreren hunderttausend Einwohnern wie Kionda Panik auslösen könnte. Die alten Urängste könnten bei dieser Gelegenheit wieder an die Oberfläche treten und die Ordnung der Hauptstadt völlig zersetzen."

„Bedienen sich die Bassari häufig dieser Art von Justiz?"

„In der Vergangenheit äußerst selten und heute so gut wie gar nicht mehr. Die Bassari sind friedliche Menschen. Wenn sie jetzt einen Killer geschickt haben, so muß etwas vorgefallen sein, das die Existenz der Sippe ernsthaft bedroht. Es ist aber falsch anzunehmen, der Geheime Rat handle aus Rache. Sein Tun wird ihm von den verstorbenen Ahnen eingegeben, die Hinrichtungen sollen ihnen die Ruhe bringen, ihnen und den anderen Göttern, die über die Ordnung unter den Lebenden wachen. Demzufolge sind sie gegen jede Unordnung, die die Gesamtheit der Sippe einer Gefahr aussetzt, was ja auch bedeuten könnte, daß der Lebensfaden zu ihnen abgerissen wird. Wenn sie in ihrer Ruhe gestört werden, teilen sie dem Hohen Priester beim Ritual der Geheimgesellschaft die Gründe ihres Zorns und ihre Befehle mit. Der Tod der Schuldigen ist eine Art Opfer für die Götter, Leben und Blut der Getöteten sind eine Opfergabe. Bei kleineren Vergehen geben sich die Götter mit der Schlachtung von Tieren als Entschädigung zufrieden. Diesmal muß das Verbrechen, das ihren Zorn heraufbeschworen hat, ungeheuerlich sein."

Simon spürte, wie er in die geheimnisvolle und erregende Welt der Eingeweihten eintauchte. Er kam sich vor, als absolviere er die erste Lektion der Initiation in Geheimnisse, die nur wenigen vorbehalten sind. Bald aber verfiel er wieder in die Mechanismen seines Berufs.

„Und was hat das alles mit den Dorfbewohnern zu tun? Ich meine, mit den ganz gewöhnlichen Dorfbewohnern. Welche Rolle spielen sie dabei? Hatten sie irgendeinen Anteil an dieser Entscheidung, oder wurde ihre Zustimmung eingeholt?"

„Die Dorfbewohner spielten überhaupt keine aktive Rolle. Niemand im Dorf, mit Ausnahme der Hohen Eingeweihten, weiß, was sich unter der Oberfläche abspielt, nicht einmal die erwachsenen Eingeweihten, die nicht zum Geheimen Rat gehören. Aber der Geheime Rat ist sich der stillen Übereinkunft sicher und kann demzufolge in aller Ruhe agieren."

„Hast du irgendeine Vorstellung, wer der Killer sein könnte?"

„Ich kann es nicht mit Sicherheit sagen, meine aber, daß es ein junger Bassari ist, der die Stadt so gut kennt, daß er sich zwanglos in ihr bewegen kann, und außerdem über eine ausreichende oder sogar herausragende Handfertigkeit verfügt, einen Bogen zu führen. Es ist nicht auszuschließen, daß ihm ein Bassari zur Hand geht, der schon längere Zeit in der Stadt wohnt. Sobald er seine Mission erfüllt hat, kehrt er zu seinem Platz im Dorf zurück, ohne irgendeinen Vorteil zu beanspruchen. Die Belohnung besteht darin, früher als andere seiner Altersklasse zum Geheimen Rat zugelassen zu werden. Aber schon jetzt muß er sich als Reserve bereithalten. Er wurde geheim auserwählt, geheim ausgebildet und geheim mit einem Auftrag versehen. Wenn ich von Ausbildung spreche, so meine ich vor allem die psychologische und geistige Einstimmung. Sie ist wichtiger als die vormilitärische Ausbildung."

„Und wenn die Polizei den Bogenschützen festnimmt?"

„Wenn das der Fall ist, stirbt er eher unter der Folter, als daß er irgend etwas sagen würde, sei es auch nur seinen Namen."

Die Vielzahl an neuen Informationen versetzten den Journalisten in hellste Aufregung.

„Ich fahre nach Oniateh", beschloß er auf der Stelle. „Gleich heute. Erst einmal wähle ich das Dorf als Beispiel für meine Untersuchung aus, ich muß ohnehin vor Ort. Da das Bassari-Land hart von der Dürre betroffen ist, geht Oniateh sicher den gleichen Leidensweg wie die ganze Region. In meiner Studie handle ich Oniateh als Beispiel für ein von der Katastrophe bedrohtes Dorf ab und schreibe dann über die Anlieferung und die Verteilung der Hilfsgüter bzw. über deren Nichtanlieferung. Außerdem, Großvater, fahre ich nach Oniateh, um mehr über diese Sache zu erfahren."

Nachdenklich strich sich der Alte den Bart.

„Es ist gut, wenn man diejenigen, die den armen ausgehungerten Menschen helfen wollen, richtig informiert. Hinsichtlich des Bogenschützen kann ich dir keine Garantie dafür geben, ob es möglich sein wird, deine Neugierde zu befriedigen. Ich werde aber mein Möglichstes tun, um dir die Sache zu erleichtern. Tendi, der Dorfvorsteher, ist ein alter Freund.

14

Simon schubste die Tür des winzigen Zimmers auf und setzte sich auf das Bett. Malika kam gerade aus der Dusche und trocknete sich in ihrer Stube ab.

„Geht es voran mit deinem Dossier über die Dürre?"

„Ja, es geht schnell voran. Dermaßen schnell, daß ich heute noch wegfahre."

„Wohin denn?"

„Zu den Bassari."

„Wann bist du zurück?"

„Keine Ahnung. Ich weiß, wann ich fahre – ich nehme den Frühzug nach Kénédou –, aber ich weiß nicht, wann ich wieder da bin. Das hängt von den Problemen vor Ort ab."

Ohne falsche Scham trocknete sich Malika fertig ab, sie war nur in ihr großes Badetuch gehüllt. Der Anblick ihres herrlichen Körpers erregte Simon, wie gewöhnlich. Mit glänzenden Augen betrachtete er das hübsche, herzförmige Gesicht, die feste Brust und die harmonischen Rundungen der Hüfte, als sähe er sie zum erstenmal. Zärtlichkeit stieg in ihm auf.

„Komm her zu mir", sagte er und streckte die Hand aus. In seiner Stimme lag Begehren.

„Zu spät, mein Schatz", wies ihn Malika energisch zurück. „Ich habe eine wichtige Besorgung zu machen und kann mich gerade noch anziehen."

Sie stellte den Fuß auf das Bett, um ihn abzutrocknen. Simon legte seine Hand auf ihr Knie und zog sie sanft zu sich herüber. Sie verlor das Gleichgewicht und mußte sich auf das Bett fallenlassen, um nicht auf den Steinfußboden zu schlagen, und landete in den Armen ihres Freundes. Der gelungene Anschlag brachte Simon zum Lachen.

„Du bist verrückt!"

„Du machst mich verrückt!"

„Liebst du mich?" fragte sie mit Sehnsucht in der Stimme.

„Ich bete dich an. Wie wahnsinnig!“

Als Simon ankam, war der Zug knüppeldickevoll. Keinerlei Sitzplatz mehr. Die Fahrkarte kaufte man am Schalter auf dem Bahnhof, den Sitzplatz in einem Wagen 2. Klasse aber mußte man bei der kleinen Mafia im Zug bezahlen, die die Fahrgäste unter Druck setzte. Schon früh am Morgen belegten diese Gaunerbanden die Sitzplätze und gaben sie nur gegen die Entrichtung einer Gebühr frei. Simon entdeckte einen freien Platz, der durch einen Schlüsselbund eindeutig als belegt gekennzeichnet war. Sicher eine neue Form der Erpressung, dachte Simon. Die drei jungen Männer, die auf den Plätzen daneben saßen, sahen allerdings mehr wie Lehrer aus. Simon beschloß, sich über diese Reservierung hinwegzusetzen, ohnehin hatte sie keine dauernde Gültigkeit und war ungesetzlich, und nahm einfach Platz. Immerhin sagte er guten Tag und beruhigte die drei Kumpane.

„Entschuldigen sie, wenn ich mich auf den Platz setze, den Sie für Ihren Freund reserviert haben. Sobald er kommt, mache ich ihn frei.“

Durch seine Größe war Simon körperlich überlegen. Trotz dieses Umstands wäre es ihm nie in den Sinn gekommen, diesen Vorteil auszunutzen. Heute aber hatte er beschlossen, auf diesem Platz sitzenzubleiben. Er betrachtete ihn als nicht reserviert. Und er tat recht daran, denn einer der drei Männer, so ein Kräftiger mit freimütigem Blick, sagte zu ihm:

„Mach dir mal keine Sorgen. Du kannst dich ruhig hinsetzen. Eigentlich sind wir nur drei, wollten uns aber den vierten in der Runde selbst aussuchen. Die Fahrt ist lang, und wir hatten nicht vor, uns eine von diesen Mamis an die Seite zu holen, die mit getrocknetem Fisch, Soumballa und anderen duftenden Waren zum Markt unterwegs sind – die hätte dann die ganze Fahrt lang mit einer anderen Mami über vier Bänke hinweg ihre lauten Tiraden abgezogen.“

Simon hatte dafür Verständnis und bedankte sich.

„Ich heiße Békaye“, sagte der junge Mann. „Der Mickerling da drüben ist der älteste von uns dreien und heißt Chérif, wie in den Western, und stell dir vor, er heißt wirklich so. Und dieses Affengesicht vor dir heißt Woro.“ Gelächter.

Békaye reichte Zigaretten herum, aber Simon wollte keine. Er nannte nun auch seinen Namen.

„Was? Du bist Simon Dia vom Rundfunk?" riefen alle drei aus. Ein Schuß Bewunderung lag in ihrer Stimme. „Wir sind Lehrer, wir waren unterwegs, um Material für unsere Schulen einzukaufen."

Für diese einfachen Lehrer war der Journalismus ein Beruf, mit dem man sich einen Namen machen konnte, Ansehen, das auch finanziell etwas einbrachte; denn die Journalisten haben ständig mit Leuten Umgang, die im Lande etwas zu sagen haben.

Der Zug stieß ein lautes Pfeifen aus und ruckte an. Die stehenden Passagiere fielen auf die Sitzenden, und es gab ein großes Durcheinander. Kräftige Flüche hagelten von allen Seiten. Mutter und Großmutter des Lokomotivführers wurden mit nicht sehr schmeichelhaften Namen bedacht, die ihre Tugend in ein schlechtes Licht stellten.

In der Sonne brütende Dörfer zogen vorüber. Die Bahnhöfe, ob groß oder klein, sahen verfallen aus. Die verkümmerten und spindeldürren Bäume begleiteten die Fahrt mit ihrer düsteren Silhouette. Die Landschaft wurde immer öder: trockener Boden, unbebaute Felder, nichts bewegte sich, alles war wie tot.

Simons Nachbarn, die zu dem traurigen Schauspiel Kommentare abgaben, begannen eine Diskussion über die auf dem Lande herrschende Dürre und die sich daraus ergebenden Probleme.

„Ich bin gegen die Hilfsmaßnahmen", sagte Woro heftig, „vor allem gegen die Verteilung von Lebensmitteln. Die Bauern werden faul. Sie gewöhnen sich daran, daß ihnen alles in den Schoß fällt. Sie verlernen die Arbeit und haben keine Kraft mehr, sich selbst zu ernähren. Und die Regierenden geraten in den Ruf der internationalen Bettelei. Arbeit und eigene Anstrengung, damit ist es vorbei. Das Geld für die Dürrekatastrophe müßte man einsetzen, um Landwirtschaftsmaschinen zu kaufen und das Bauwesen, den Transport und den Handel zu entwickeln. Das bringt dem Land Entwicklung und Reichtum."

Sofort mischte sich Chérif ein:

„Also, da muß ich dich sofort unterbrechen. Was du Entwicklung nennst, ist gar keine Entwicklung. Das ist nicht einmal Wachstum. Das ist, sagen wir mal, persönliche Bereicherung. Die kleinen Läden, die Villen in den reichen Vierteln und die Taxis sind doch nur Primärlösungen, völlig wirkungslos und eher gefährlich. Die Häuser werden mit Material aus dem Ausland gebaut und ausgerüstet. In den Läden gibt es nur Importprodukte. Was noch hinzukommt, in diesen Zweigen werden nur wenige Arbeitsplätze geschaffen."

„Mein Gott! Du mit deinen Theorien!" schimpfte Woro. „Dabei ist es doch eher simpel. Unseren Menschen müßte man sagen: Jeder werde so reich wie möglich. Das schneidet den Nichtstuern, den Schwachen und den Nutznießern die Luft ab. Mitleidlos werden sie niedergewalzt und müssen sich dem allgemeinen Trend der individuellen Leistung anschließen. Oder untergehen. Der Bauer ist nicht mehr produktiv, also überflüssig. Wer überleben will, muß sich der modernen Zeit anpassen. Sonst ist es auch nicht schade um ihn. Für ihn ist die Dürrekatastrophe ja auch eine Chance, archaische Technologien aufzugeben."

Simon, der in einem Buch las, horchte auf die Diskussion.

„Wie denkst du als Journalist darüber, Simon Dia?" fragte Woro.

„Was ich darüber denke? Erst einmal muß ich dir sagen, daß ich mit deiner Einstellung nicht einverstanden bin, sie ist mir zu brutal. Es ist natürlich klar, daß der Bauer um die Rationalisierung seiner Arbeit nicht herumkommt, aber sie muß etappenweise vor sich gehen: Ausstattung mit Technik, Selektion der Sämereien, systematische Düngung, Fruchtfolge, ja, sogar die Nutzung der Meteorologie. Und es geht nicht ohne die Änderung bestimmter sozialer Gegebenheiten."

Békaye mischte sich ein:

„Ja, das ist die Lösung. Ich werfe den Bauern vor, daß sie sich krampfhaft an eine Lebensweise klammern, die ihnen durch die Jahrhunderte überkommen ist. Wie du weißt, Simon Dia, leben wir mit den Bauern zusammen. Wir kennen sie. Wir möchten ihnen dabei helfen, sich zu ändern, stoßen uns aber an dem Gewicht der Jahre und der Traditionen. Es ist vielleicht ungeschickt von uns, wenn wir ihnen Alternativen aufzeigen. Es hat aber ganz den Anschein, daß sie nur das sehen wollen, was schon ihre Väter und Urgroßväter getan haben. Von sich aus sind sie schon seit

Generationen nicht bereit, irgend etwas zu verändern. Für sie ist die aktuelle Lage äußerst gefährlich. Wenn sie sich nicht rühren, gehen sie unter."

„Veränderungen gehen für den Bauern nicht so einfach vonstatten", plädierte Simon. „Erde, Tradition und Lebensraum sind für ihn eine in sich geschlossene Einheit, über seine Sippe und seine Region sieht er nicht hinaus."

„Natürlich", entgegnete Békaye, „sie laufen Gefahr, ihre Identität zu verlieren, wenn sie sich verändern. Dieses Risiko muß man aber eingehen. Eines ist ja sicher: Wenn sie sich anpassen, erwerben sie eine neue Identität. So ist es doch auch bei anderen Völkern auf anderen Kontinenten vor sich gegangen. Und jetzt ist die Chance für den Bauern der Sahel gekommen, sich zu entwickeln, und zwar auf allen Ebenen. Nehmen wir die Ernährung. Sie ist, vor allem jetzt, entsetzlich dürftig. Es müßte sich der Anbau von Niebé, der Sojabohne der Sahel, durchsetzen und verallgemeinern. Sie ist von der Niederschlagsmenge unabhängig und bringt mindestens zwei Ernten im Jahr. Ein einfaches Bewässerungssystem würde genügen. Die chinesischen Bauern wurden von der Sojabohne gerettet. Unsere Bauern könnte die Niebé-Bohne retten."

„Was du da sagst, ist ein guter Vorschlag", erwiderte Simon. „Es ist auch nicht sehr kostenaufwendig, das zu verwirklichen, aber eben unter einer Bedingung: Der Bauer muß mitmachen. Man sollte ihm keine Lösungen aufzwingen. Aber die Dürrekatastrophe bringt ja nicht nur Ernährungsprobleme mit sich, andere Bereiche wie die Aufforstung hängen damit zusammen. Es ist dringend erforderlich, wieder Wald zu pflanzen, um das Vorrücken der Wüste und die Zerstörung des Pflanzenbewuchses aufzuhalten. Vorrangig ist auch die Suche nach Wasser und dessen Bewirtschaftung ..."

„Entschuldige, wenn ich dich unterbreche", schnitt ihm Chérif das Wort ab. „Du kommst hier auf einen wesentlichen Aspekt. Ich meine damit die Wiederaufforstung. Ich interessiere mich besonders dafür, weil es in unserem Dorf ein solches Projekt gibt. Schreckliche Versäumnisse sind hier wiedergutzumachen. Warum spricht man unentwegt von Bewaldung, und in Wirklichkeit schreitet die Entwaldung voran. Die Projekte schießen schneller aus dem Boden als die dafür zu investierenden Gelder. Ergebnis: Es gibt kaum neue Wälder. Die alten Wälder hingegen nehmen ab. Nach dem Anpflanzen wird die Pflege der neuen Wälder den Bauern überlassen, das kommt ja noch hinzu. Tausende Hektar, die bewässert, gepflegt und bewacht werden müssen."

„Die Bauern können nicht gleichzeitig den Wald und ihre Kulturen in Ornung bringen. Dazu sind sie vom Zeitfaktor her nicht in der Lage."

„Du hast recht, Simon", fuhr Chérif fort. „Aber es fehlt ihnen nicht nur die Zeit. Bewässern, mit welchem Wasser? Pflegen, mit welchen Geräten? Bewachen, gegen wen? Die Bauern haben noch Reste ihres Viehs, das unbedingt erhalten werden muß, und die jungen Bäume sind oft das einzig verfügbare Futter. Unter solchen Umständen sind diese Wälder zum Sterben verurteilt. Trotzdem, um den Erfolg der Wiederaufforstung zu garantieren, reichte es doch zunächst aus, meine ich, die Probe aufs Exempel zu machen und bestimmte Ideen in die Praxis umzusetzen. Die Gefängnisse, beispielsweise, quellen über von armen Kerlen, die wegen irgendeiner Kleinigkeit eingelocht wurden. Das sind Kräfte, die sinnlos brachliegen. Die kann man doch irgendwie dafür interessieren. Die Leute hätten die Chance, sich für eine nützliche Arbeit umschulen zu lassen, die sie nach ihrer Entlassung als Lohnempfänger fortsetzen könnten. Viele von ihnen sind doch nur durch die Landflucht und deren Folgeerscheinung, die Arbeitslosigkeit, in die Kriminalität geraten."

Nach seiner langen engagierten Rede hatte Chérif einen trokkenen Mund. Er griff zum Wasserkanister, der zur Kühlung in ein feuchtes Tuch eingeschlagen war. Er nahm ein paar Schluck, und aus Versehen gingen ein paar Tropfen daneben aufs Hemd. Das animierte Békaye zu sagen:

„Ja, ja, pflanzen! Der Gedanke der Wiederaufforstung ist wunderbar, aber das Wasser. Das ist überhaupt der springende Punkt: Woher soll man das Wasser nehmen?"

„Wasser ist in den Wolken am Himmel, aber auch unter unseren Füßen. Ein riesiges Meer aus Süßwasser unter der Sahel ist völlig ungenutzt. Es reicht von den Kapverden bis zum Tschad-See."

Woro, der gerade gesprochen hatte, war stolz, seine Kenntnisse auf dem Gebiet der Wasserwirtschaft ausbreiten zu können. Da seine beiden Kameraden diese Behauptung offensichtlich nicht glauben wollten, unterstützte ihn Simon:

„Ja, es stimmt, ein paar Dutzend Meter unter der Erdoberfläche ist eine riesige Schicht fossilen Wassers. Es ist nur die Frage, wie man an sie herankommen soll."

Er drehte sich zu Chérif um, der etwas dazu sagen wollte.

„Man könnte Bohrungen vornehmen", hielt er entgegen. „Aber man soll sie bloß nicht von Staatsbetrieben durchführen lassen, jedenfalls nicht von solchen, wie es sie jetzt gibt. Die meisten sind völlig verschlampt und haben bisher nicht einen ordentlichen Brunnen gebohrt. Die Bauerngenossenschaften sollten das übernehmen. Das wäre die einzige Garantie dafür, daß es läuft. Es ist erschreckend, wie wenig Aufmerksamkeit der Wasserwirtschaft geschenkt wird. Der Wasserwirtschaftsdienst ist nur ein kleines Anhängsel, müßte aber eigentlich ein richtiges Ministerium sein. Übrigens bin ich der Auffassung, es müßte ein übergeordnetes Ministerium für die Dürrekatastrophe geben, ich meine das ganz ernst. Es gibt Kriegsministerien, jedenfalls in kriegführenden Ländern, Erdölministerien, Ministerien für die Wiederaufforstung und sogar Ministerien für Staudämme. Warum sollte es dann nicht auch ein Ministerium für die Dürrekatastrophe geben. Um ein so riesiges Problem anzugehen, müßte es einen soliden Verwaltungsapparat geben, mit solide meine ich die Größenordnung und die gesteckten Ziele. Gegen jede Logik ist das Landwirtschaftsministerium, das eigentlich ein solches übergeordnetes Ministerium sein sollte, nach wie vor ein zweitrangiger Bereich im Vergleich zur Armee, Polizei und Außenpolitik. Der Haushalt billigt nicht einmal 10% des Budgets zu. Es wäre interessant zu erfahren, wieviel Prozent des gleichen Haushalts an das Außenministerium, dieses Aushängeschild, gehen. Die Fonds für die Büros und Villen der Politiker werden rasch freigegeben, für die Lösung des Dürreproblems aber baut man auf die Hilfsgüter und die finanzielle Unterstützung aus dem Ausland ..."

„Schöne Rede", bemerkte Woro ironisch, „dein Wasser ist aber immer noch nicht von unten heraufgestiegen."

„Ich hab' doch schon gesagt", protestierte Chérif, „man muß Bohrlöcher machen. Überall müßten Bohrtürme stehen, wie beim Erdöl. Der Staat sollte nur die Ausrüstungen liefern und entsprechende Bestimmungen festlegen. Dann wird man schon sehen, wieviel Ernten es jährlich gibt, wie das Vieh zunimmt und die Landflucht sich verringert. Und dann, das stimmt, ist da ja noch die Armee. Da gibt es Soldaten, die nichts zu tun haben und die sich die Zeit damit vertreiben, für die Politiker die Politik zu machen. Mit der Technik des Pioniercorps, die vor sich hinrostet, könnte sie die Bohrungen und die Bewässerungsarbeiten unterstützen. Ich habe sogar irgendwo gelesen, daß man mit großen Bombenexplosionen unter der Erde künstliche Seen mitten in der Wüste schaffen kann."

„Du spinnst wohl! Wie wäre es denn mit der Atombombe, wenn du schon darüber redest?"

Die ganze Runde brach darüber in ein schallendes Gelächter aus. Dann glitt die Diskussion ab, und man sprach über andere Dinge.

Simon löste seine Gedanken von den Nachbarn und fragte sich, ob der Bogenschütze in der Hauptstadt wohl wieder zugeschlagen hatte.

15

Bango Besso war die Fettsucht in Person. Er bestand aus formloser Masse, Fett und Kugeln. Die Kugel des Kopfes saß direkt auf dem Rumpf. Er hatte dermaßen viele Kinnfalten, daß sie wie Truthahnlappen herumschwabbelten. Der Nacken war durch Fettpolster völlig zugewachsen. Der Rumpf war eine ballonförmige Masse mit einer kreisrunden Wampe. Eine kleine Bewegung, und alles wogte und zitterte, glänzte im Licht. Die Grundsätze seiner Ernährung waren denkbar einfach: Alles Süße muß richtig süß sein, alles Fette ordentlich fett. Konsequenz für das praktische Leben: Der Reis schwamm im Öl, die Fleischstücke wurden von der Fettseite geschnitten, Kuchen und Eis waren von der süßesten Sorte. Und er stopfte sich damit nur so voll, alle Tage, nichts als Süßigkeiten und Fett. Diabetes nistete sich ein, das Herz verfettete, das mit Fett angereicherte Blut klumpte. Sein Arzt hatte ihn gewarnt und ihm eine fettlose und zuckerfreie Diät verschrieben, die er nicht einhielt. Erst vor zwei Monaten hatte ihn sein Arzt darauf hingewiesen, daß er ohne weiteres an einer Embolie sterben könne. Aber Bango Besso konnte einfach nicht begreifen, warum man darauf verzichten sollte, gut zu essen, solange man die finanziellen Möglichkeiten dazu hat. Lange hatte er in Armut und Unterernährung gelebt. Deshalb dachte er: Ja, Zucker und alles Fette, das ist das Aushängeschild der Fettsäcke. „Die Buschbewohner", sagte er zu sich selbst, wenn er von den Leuten auf dem Lande sprach, „essen ihre Grützsuppe ohne Zucker, so luxuriös ist dieses Gericht schon an sich. Was täglich bei ihnen auf den Tisch kommt, enthält keinerlei Fett. Und sie murren und beneiden die Reichen, die den Reis mit Fett kochen und dazu fettes Fleisch essen. Er, Bango Besso, war reich; für ihn war es mit der Armut ein für allemal vorbei. Er gehörte zu den Glücklichen dieser Erde, den Fettsäcken, und alle sollten es sehen, vor allem an der Fülle des Körpers. Das war das Symbol für eine überreiche Ernährung."

In der Tat, Besso konnte sich auf seine hübschen Einkünfte etwas einbilden. Ihm gehörte ein Drittel aller Garküchen der Stadt, zu hundert Prozent oder anteilig. Außerdem besaß er etliche Kaschemmen, in denen den lieben langen Tag gegrilltes Fleisch verkauft wurde. Mit der Hygiene sah es in diesen Einrichtungen zwar schlimm aus, der eingespielte Gewinn hingegen würde so manchen großen Fisch von Kionda in Sachen Import-Export vor Neid erblassen lassen.

Inspektor Sarré wurde bei Besso vorstellig. Er gab ihm zu verstehen, daß der Bogenschütze mit Sicherheit sein Leben bedrohe. Als er ihm Polizeischutz anbot, hatte der Garkoch einen solchen Tobsuchtsanfall, daß es fast zu dem vom Arzt vorhergesagten Schlagfluß gekommen wäre. Seine Hängebacken spuckten einen Strahl wütender Worte:

„Bleibt mir mit den Bullen vom Leibe! Alles Erpresser! Ihr könnt mich mal! Mein Schutz ist mehr wert als alle Polizisten des Landes zusammengenommen!"

Mit einer heftigen Bewegung schlug er den Ärmel seines weiten, in grellen Farben gezeichneten Boubou zurück und wies eine beeindruckende Sammlung von Amuletten vor, die er am Arm trug.

„Hier sehen Sie! Das ist mein Schutz und mein Schild, das wirkt auf Dauer!" Mit dem Finger berührte er jedes einzelne Amulett: „Dieses hier bewahrt mich vor dem Unheil, dieses vor Unfällen, das andere bringt mir Glück im Geschäft, das ist gegen den Blitz, und das, ha ha, gegen blank gezogene Waffen. Mir kann man nichts anhaben, ich bin unverwundbar. Soll er doch kommen, der Bogenschütze!"

Sarré wischte sich die Tröpfchen Spucke ab, die bei diesem Wutausbruch auf sein Gesicht geregnet waren. Er erhob sich.

„Monsieur Besso, es ist unsere Pflicht, Sie zu schützen, und wir werden Sie schützen, auch ohne Ihr Einverständnis."

Er nahm Haltung an und entfernte sich.

Im Grunde hatte Bango Besso Angst, eine wahnsinnige Angst. Der Zorn des Bogenschützen richtete sich gegen ihn, da war er sich ganz sicher. Aber er wollte sich auf keinen Fall von der Polizei in seine Geschäfte hineinsehen lassen, die genauso anrüchig waren wie die Garküchen mit ihrer mangelhaften Hygiene. Seine Intrigen und Betrügereien, die Methoden, mit denen er die Monopolstellung erkämpft hatte – manchmal floß sogar Blut –, konnten ihn ins Gefängnis bringen. Und Gefängnis bedeutete Ruin und Rückfall in die Armut, in die Zeit ohne Zucker, Fleisch und Fett. Zweifellos. Der Bogenschütze wollte sich mit ihm anlegen? Nun, dann würde er sich um den Bogenschützen kümmern, und zwar sofort.

Er verschloß die Räumlichkeiten, in denen er sein Büro und ein Zwischenlager für die Garküchen unterhielt, nahm seinen Wagen – es war ein gelber 9 PS – und reihte sich in den Straßenverkehr ein. Es war 16.00 Uhr. Zwanzig Minuten würde er brauchen, um bei Boli Mansa, dem allmächtigen Zauberer, zu sein, rechnete er sich aus. Er kalkulierte zusätzlich zehn Minuten ein, die er brauchen würde, um den Polizeiwagen abzuhängen, den er im Rückspiegel deutlich ausmachen konnte. Es würde hinreichen, eine Ampel zu überfahren oder ein Richtungsverbot zu übersehen. Deshalb bog Besso plötzlich in eine Einbahnstraße ein, flitzte an den Autos vorbei, die in richtiger Richtung fuhren, mußte halb auf den Gehsteig hinauf, der aufgrund des Parkverbots frei war. Zwei Querstraßen weiter ging er auf die Magistrale, die zum Stadtausgang führte. Dort war der Verkehr flüssig. Als er die Autobahn erreicht hatte, gab er Gas. „Das hätten wir geschafft", jubelte er laut und hüpfte vor Lachen in der wabbelnden Masse seines Fleisches.

Ein paar Sträucher, Überbleibsel einer Buschlandschaft, die bald parzelliert und von Häusern verschlungen werden würde. Zwei, drei Jahre später und Kionda wäre in dieser öden Gegend um ein neues Vorstadtviertel reicher.

Boli Mansas Hütte stand abseits von jeder anderen Behausung. Der Fetischeur lebte dort ganz allein. In den sechs Monaten der Trockenzeit kamen die Leute, um ihn zu konsultieren. In der Regenzeit ging er ins Dorf zurück, um seinen Acker zu bebauen. Er hatte sich einen guten Ruf als Marabut für Beschwörung und Gegenbeschwörung erworben. Man kam zu ihm, um politische Konkurrenten, Liebesrivalen oder geschäftliche Gegner in den Bann zu schlagen. Er beschaffte auch Fetische zur Neutralisierung bösen Zaubers von Feinden.

Besso ließ seinen Wagen mitten auf dem steinigen Weg stehen und ging die letzten Meter zu Fuß. „Der Bogenschütze hat nicht mehr lange zu leben", sagte er.

Niéga war eine alte Frau, die ihr Alter in Gesundheit erleben wollte. Trotz ihrer zweiundachtzig Jahre und ihrer abgemagerten Gliedmaßen ging sie ohne Stock. Alle Tage ging sie aus dem Haus, um Heilkräuter zu sammeln. Dieser Spaziergang erhielt sie jung. Manchmal besuchte sie dabei Boli Mansa; sie redeten über Arzneien und Gifte und tauschten Rezepte und Mixturen aus. Niéga erwarb auf diese Weise ihre letzten Kenntnisse für ihre Heilpraxis und gab ihr riesiges Wissen über Behandlungsmethoden an einen jüngeren Mann weiter.

Als die alte Frau die Hütte ihres Kollegen verließ, traf sie einen dicken Mann, der sich offensichtlich auf dem Weg zum Fetischeur befand. Sie blieb stehen, um ihn sich anzuschauen, und als er auf gleicher Höhe war, sagte sie zu ihm mit ihrer meckernden Stimme:

„Hei, mein Söhnchen, ich sehe an deinen Augen, daß du Probleme mit deiner Leber hast. Dein Keuchen auf einer so kurzen Strecke zeigt an, daß dein Herz geschwächt ist. Sag Mansa von mir, daß er dir folgende Kräuter verordnen soll ..."

„Geh mir aus dem Weg, du altes Ding, ich habe keine Zeit!"

Sie bemerkte, daß er fortwährend etwas aus einer Papiertüte herauslangte, das zu schmecken schien. Krachend zerkaute er es zwischen den Zähnen.

„Gib mir etwas von deinen Bonbons. Süßigkeiten geben meinen alten Gelenken Kraft."

„Hier, nimm", stieß er verächtlich hervor und warf ihr eine Handvoll vor die Füße. „Ich verteile. Ich beschenke das Volk ohne Unterlaß. Danke mir für meine Großmut."

Da aber war schon der Bogenschütze. Nicht einmal zwei Meter von Besso entfernt, hockte er hinter einem Stein und hatte alles mitangesehen. Er hatte Bango Besso gesehen, vollgestopft, dickbäuchig und fettglänzend, wie er war. Er warf einer Gruppe von ausgehungerten Menschen Essensreste hin. Sie waren völlig geschwächt und hatten nicht einmal die Kraft, das aufzuheben, was man ihnen voller Verachtung hingeworfen hatte. Und Besso drängte sie dazu, ihm zu danken, für all das, was er für sie getan hätte.

Das war zuviel. Aus seinem Versteck heraus sprang er mitten auf den Weg. Besso sah ihn. Seine Bestürzung hatte verheerende Folgen. Das von Fett zerfressene Herz des Garkochs war dem Schock nicht gewachsen und blieb stehen. Besso verdrehte die Augen und fiel in seiner ganzen Masse zu Boden. Er war schon tot. Der Pfeil ereilte ihn trotzdem, in seiner kranken Leber.

Die alte Niéga geriet durch die Szenerie – den plötzlich herausspringenden Bogenschützen und den unerwartet den Geist aufgebenden Besso – völlig durcheinander. Sie schrie auf und rannte stolpernden Schrittes auf Boli Mansas Hütte zu.

Boli Mansa zweifelte laut an seinen Fähigkeiten. Ihn, Boli Mansa, den allmächtigen Zauberer, verhaftete man wie einen Ladendieb! Ihn, der sonst von Persönlichkeiten des öffentlichen Lebens aufgesucht wurde, verhörte man schonungslos! Inspektor Cossé, der sich immer noch im Kommissariat des 9. Reviers befand, kehrte zu seiner niederträchtigen Art zurück, um den Verdächtigen zu einem Geständnis zu bringen. Die Durchsuchung von Mansas Hütte hatte eine Menge Bogen und Pfeile ans Licht gebracht. Und heute sprach nicht einer seiner einflußreichen Kunden vor, um ihn aus einer Affäre herauszuziehen, die er als Scherz ansah. War er verdächtig, so konnte er möglicherweise auch der Schuldige sein. Manche Kunden schätzten sich sogar glücklich, diese Woche nicht zu ihm gegangen zu sein. Sie hätten unter die Opfer fallen können.

„Du wirst uns jetzt schön alles sagen, Väterchen, sonst werde ich böse."

Dabei lachte Cossé drohend.

„Ich sagte dir bereits, daß ich mich der Pfeile bediente, um das Böse zu vertreiben. Die Spitzen sind übrigens aus Holz. In meiner Hütte sind Figuren aus Ton. Manche von ihnen symbolisieren das Böse. Die Pfeile schieße ich auf sie ab, um das Unheil abzuwenden."

„Da du in unsere Netze geraten bist, kann man nicht gerade behaupten, daß dir das gelungen ist. Wir haben Pfeile mit Eisenspitze sichergestellt, und wenn du sie mit Stillschweigen übergehst, hast du etwas zu verbergen."

„Ganz und gar nicht. Es sind nur drei Pfeile mit Metallspitze darunter, mit ihnen schieße ich auf Hasen."

„Hasen, die Bango Besso oder Sérigne Ladji heißen. Erzähl uns alles von Anfang an. Beginnen wir mit der Frage, wie du es bei Sérigne Ladji gemacht hast."

„Ich habe gar nichts getan. Ich kenne diesen Mann nicht."

Mit voller Wucht verpaßte ihm Cossé die erste Ohrfeige.

Der Fetischeur sah ihn mit großem Erstaunen an.

„Mich schlägst du, mich, Boli Mansa? Willst du denn sterben?"

„Da bin ich ja auf dem richtigen Weg", lachte Cossé hämisch. „Wenn er mir für eine simple Ohrfeige den Tod androht, hat er eine Menge auf dem Gewissen. Kommst du jetzt mit der Sprache heraus?"

Der Zauberer blieb stumm und starrte auf den Polizisten.

„Wirst du jetzt reden, oder?"

Cossé holte erneut aus und schlug ihn nieder. Boli Mansa bekam beim Fallen die Hand zu packen und drehte sie ihm mit einem Griff um, der kein Scheingefecht war. Der Polizist war gezwungen, ihm den Rücken zuzukehren, und der Fetischeur verpaßte ihm eine Ohrfeige, die man im ganzen Haus hören konnte. Cossé wurde von der Schelle heftig gegen die Wand geschleudert. Überrascht und völlig verwirrt, erhob er sich vom Erdboden und schrie los:

„Koloba! Koloba! Komm schnell her!"

Jetzt jammerte er und hielt sich die Hand auf das schmerzende Ohr. Koloba hörte das Rufen, rührte sich aber nicht.

„Soll er allein damit klarkommen", sagte er zu einem Wachtmeister, der einschreiten wollte.

Als die alte Niéga ihr Haus erreicht hatte, mußte sie sich niederlegen. Sie phantasierte im hohen Fieber. Die Szene mit dem Bogenschützen hatte sie an die Jahrzehnte zurückliegende Zeit der kriegerischen Auseinandersetzungen zwischen den Stämmen erinnert. Die ganze Nacht und den darauffolgenden Tag sprach sie im Fieber. Alles, was man von ihr herausbekommen konnte, war, daß der Bogenschütze ihrem verstorbenen Mann ähnelte, in der Zeit, als dieser noch ein Krieger war. Als sie endlich ruhiger wurde, erinnerte sie sich an nichts, nicht einmal mehr an ihren eigenen Namen.

Die „Stimme" gewährte Mbaye eine Frist von achtundvierzig Stunden.

16

Simon war gerade erst in Kénédou aus dem Zug gestiegen, als er von einem acht oder neun Jahre alten Knaben angesprochen wurde, der ihn bei der Hand nahm.

„Hei, Onkel, machst du ein Foto von mir?"

„Wo denkst du hin, Kleiner? Ich bin nicht von hier und fahre wieder ab. Dein Foto bekommst du also nie zu sehen."

Simon nahm den Fotoapparat von der Schulter und packte ihn in seine Tasche.

„Dann schickst du es mir eben aus Kionda." Das Kind ließ nicht locker.

Der Journalist war etwas gereizt. Die Frage, wie er nach Oniateh kommen sollte, nahm ihn völlig in Anspruch, und Fotos von Kindern hatte er schon Dutzende geschossen, der Junge sah auch nicht besonders aus. Und wenn er nachgeben würde, das Foto zu machen, käme gewiß gleich ein ganzer Schwarm von Kindern, und alle würden ihren Schnappschuß verlangen. Schließlich waren die mitgebrachten Filme dafür gedacht, die Dürrekatastrophe in all ihren Aspekten festzuhalten. Um das Kind loszuwerden, behauptete er:

„Übrigens, ich habe ja ganz vergessen, dir zu sagen, daß im Apparat gar kein Film ist."

„Das glaube ich dir nicht. Das sagst du bloß, damit du keine Fotos zu machen brauchst."

Simon versuchte, überzeugend zu wirken:

„Aber es ist die Wahrheit, glaube mir."

„Das kann man leicht nachprüfen. Mach den Apparat auf. Wenn er leer ist, ist es ja nicht schlimm."

Simon sah sich das kleine Wesen näher an.

„Schon gut, du hast gewonnen, Kleiner. Stell dich hier auf."

Du mußt aber ein richtiges Foto machen", forderte das Kind, „sonst denke ich von dir, daß du versucht hast, mich hinters Licht zu führen."

Simon drückte wirklich auf den Auslöser, was von dem Kind mit lautem Lachen aufgenommen wurde.

„Ich hoffe, ich bin hübsch auf dem Foto. Ich schenke es meiner Mutter."

Die Unbefangenheit stimmte Simon heiter.

„Sag mal, Kleiner, ich muß nach Oniateh fahren. Weißt du, wo ich ein Auto finde, das mich hinbringt?"

„Nach Oniateh fahren keine Autos, außer man nimmt den Weg über Kameh, und den Rest geht man zu Fuß. Die Pisten über Oniateh sind zu unwegsam. Dem hält keine Technik stand."

Der Journalist wandte sich um und sah den, der soeben gesprochen hatte; es war ein etwa dreißigjähriger Karrenfahrer, der neben seinem Gefährt hockte. Er gab seinem Esel Pappkartons zu fressen, die er zerriß und dem Tier hinwarf.

Der frisch angekommene Städter konnte sein Erstaunen nicht verbergen.

„Du gibst dem Tier Pappe zu fressen?"

„Was sollte ich ihm denn in dieser Zeit der totalen Dürre anderes geben? Ihr aus Kionda seid lustig. Hier haben nicht einmal die Menschen etwas zu essen, und da sollen die Tiere fressen wie auf der Weide? Der Preis für Stroh ist so unerschwinglich, daß es an Wahnsinn grenzt, wenn man sich ein Tier hält. Ich verdiene nicht genug, um alle Tage Futter kaufen zu können."

„Wenn das so ist", rief Simon, „dann besteht die Gefahr, daß das arme Tier davonläuft, um nicht vor Hunger zu krepieren."

„Ist schon passiert. Einmal hat er es geschafft, die Leinen zu zerreißen, auf der Suche nach Nahrung lief er in den Busch. Doch im Busch gibt es zur Zeit rein gar nichts, nicht einen Grashalm. Und der Esel ist nicht wie die Ziege, er kann nicht auf die noch belaubten Bäume steigen. Also ist er nach zwei Tagen des Umherirrens ganz von selbst zurückgekehrt, ausgehungerter als je zuvor. Er stürzte sich mit einem Appetit auf die Pappe, das hätten Sie mal sehen sollen." Der Karrenfahrer mußte immer noch über das Mißgeschick seines Esels lachen. „Aber machen Sie sich keine Gedanken, die Pappe wird aus Stroh hergestellt, das werden Sie sicher wissen. Es ist zerkleinertes Stroh. Bald tragen die Mangobäume, und die Tiere haben etwas von den Schalen, den

Steinen und den angestoßenen Früchten. Bis dann die Regenzeit kommt, aber da weiß man noch nicht, wie sie sein wird."

Angesichts von soviel Trostlosigkeit entschloß sich Simon, etwas zu tun. Er tauchte mit der Hand in die Tiefen seiner Reisetasche und holte einen harten Brotkanten hervor, den er dem Esel vor das Maul hielt. Das Tier riß ihm das Brot aus der Hand und kaute es so schnell, daß es fast erstickt wäre. Simon fischte nach einem größeren Stück, aber der Eselbesitzer erhob energisch Einspruch:

„Was machen Sie da?" schrie er. „Sie bringen ihn nur auf dumme Gedanken!"

Er nahm das Brot an sich und führte es schimpfend zum Mund.

„Sag mal, Karrenfahrer, da man deiner Meinung nach nicht mit dem Auto nach Oniateh fahren kann, wie kommt man denn dann hin?"

„Zu Fuß!"

„Siebzehn Kilometer zu Fuß! Paß auf! Wie wäre es, wenn du mich mit dem Karren hinbringst? Ich entgelte dir deine Mühe."

„Ich möchte schon", gab der Eselbesitzer zur Antwort, „aber das arme Tier würde es nicht überleben. Wir machen gerade nur so die kleinen Strecken, wegen des Futtermangels hat mein Esel nicht soviel Kraft."

„Wenn die Sache so ist, dann ist es ganz einfach. Ich bezahle das Futter für deinen Esel, und du bringst mich hin."

Eine solche Großzügigkeit verführte natürlich, noch einmal nachzuhaken:

„Ich selber esse ja nun kein Heu, wenn Sie mir aber etwas zu essen kaufen könnten, hätte ich schon gern ein anständiges Frühstücksbrot, bevor wir uns auf den Weg machen."

Die unter der Sonne berstende Dürrelandschaft weckte beim Besucher Unbehagen. Nach den kahlen Bäumen während der Bahnfahrt kam nun die ausgemergelte, dumpfe Savanne. Abgesehen vom Dunkelgrün der wuchernden Dornbüsche und dem strahlenden, unerträglichen Blau des Himmels hatte die Dürre alles in ein einheitliches Braun getaucht. Ab und zu konnte man Tiergerippe erkennen, sie waren bedeckt mit ockerfarbenem Staub. Kein einziges herumlaufendes Tier. Die schönen Herden, die hier einst wanderten, waren verschwunden, weggestorben. Nur die Aasgeier kreisten in freudiger Sarabande. Andere saßen auf toten Bäumen und verdauten düsteren Blicks die Reste eines Kadavers. Ihre unheilverkündende Silhouette war im grellen Tageslicht weithin zu sehen.

In Dorfesnähe kletterten einige wenige Ziegen geschickt in die Büsche und fraßen die letzten verbleibenden Blätter ab. Sie waren die einzigen Haus- oder Wildtiere, die Simon zu sehen bekam. Als der Journalist bemerkte, wie die Ziegen die letzten Reste des Grüns verschlangen, fragte er sich: Was ist wichtiger, der Baum oder das Tier? Der Baum natürlich, beantwortete er die Frage selbst. Er ist der einzige Garant gegen die völlige Verödung, in der es kein Überleben gäbe, weder für Pflanze noch für Tier. Die Entwaldung ist nicht nur eine Folge von Abholzung, Köhlerei, Holzdiebstahl und plötzlich auftretendem Brand. Die Ziegen haben einen nicht unbeträchtlichen Anteil. Eine Ziegenherde mittlerer Größe kann an einem einzigen Tag mehrere Bäume vernichten. Was dachten die Bauern darüber?

„Also wirklich, die Bauern müßten sich dieser Tiere entledigen", sagte Simon. „Sie richten genausoviel Schaden an wie die Buschfeuer. Finanziell bringen sie auch nichts ein."

„Ganz im Gegenteil", gab der Karrenfahrer zurück. „In diesen Zeiten müßte man nur Ziegen halten. Es sind die einzigen Haustiere, die sich ohne fremde Hilfe ernähren können, wenn der Mensch damit zu tun hat, sein tägliches Brot zu beschaffen. Sie sehen ja mit eigenen Augen, daß Rinder und Schafe zu Dutzenden eingehen, während die Ziegen überleben. Sicher, sie klettern in die Bäume, fressen ab, was an Blättern und Rinde noch übrig ist und weihen sie dem sicheren Tod. Es ist jedenfalls unvermeidlich. Aber ihr Städter könnt ja gar nicht ahnen, was die Ziege für uns bedeutet. Sie ist das Tier für die Opfergaben an die Götter. Sie ist das Zahlungsmittel bei Transaktionen wie Landverkauf, Eheschließung und wenn Schäden wiedergutgemacht werden müssen: Ehebruch, Diebstahl, Vergewaltigung, Beleidigung usw. Ein Fest ohne Ziege ist gar nicht denkbar. Außerdem ist sie ein beliebtes Geschenk. Übrigens hat die Ziege aufgrund ihrer Eigenschaften wie Genügsamkeit, Ausdauer, Beweglichkeit, Listigkeit und Mut, die man sich beim Menschen gern wünschen würde, viele symbolische Bedeutungen. Die Ziege ist wirklich unersetzlich."

„Ist dir eigentlich klar, daß die Ziege alles kaputtmacht, was noch an Bäumen geblieben ist, und die Dürrekatastrophe dadurch noch schlimmer macht?"

Der Eselbesitzer fuhr im Brustton der Überzeugung fort:

„Wir Bauern sehen die Sache anders. Wir vertrauen auf die inneren Kräfte der Natur, wir verlassen uns auf die Geister, die uns umgeben. Wir gehen von dem aus, was war. Durch die Jahrhunderte hindurch haben wir eine ganze Menge Natur- und andere Katastrophen sowie Hungersnöte bestanden. Und jedesmal haben wir überlebt, wenn wir auch schlimmen Tribut haben zahlen müssen. Die jetzige Dürrekatastrophe ist doch nicht unsere Schuld oder gar die Schuld der Ziege. Wir können uns von der Ziege nicht trennen. Sie ist ein zu bedeutender Bestandteil unseres Lebens und unserer Riten."

„Wenn es aber keine Bäume mehr gibt, ist es auch mit dem Regen und dem Ackerbau vorbei. Dann gibt es auch keine Dörfer mehr, kein Leben."

Für Simon lag das offen auf der Hand. Sein Gesprächspartner hingegen sah das nicht so.

„Wenn man die Ziegen ausrotten müßte, um die Bäume zu retten, käme das auf dasselbe hinaus. Ohne Ziege gibt es für uns kein öffentliches Leben mehr, keine Kultur. Das Leben als solches wäre zu Ende, denn wir wären nicht mehr wir selbst."

„Er ist fest davon überzeugt, daß er recht hat", dachte Simon. „Jedenfalls ist es nicht meine oder irgend jemand anderes Aufgabe, für sie zu denken oder Entscheidungen zu treffen. Vor allem keine Entscheidungen aufzwingen. Denkweisen ändern sich nur durch gemeinsames Handeln und geduldige Überzeugungsarbeit."

Schon zwei Stunden lang bewegte sich das kleine zweirädrige Gefährt durch die sengende Glut, und die harte Bank drückte schon seit geraumer Zeit. Wohl zum hundertsten Mal wischte sich Simon über das von Schweiß und Staub verklebte Gesicht und legte das Taschentuch auf den Kopf.

Die Dörfer, durch die sie kamen, dämmerten reglos vor sich hin. Der gewohnt fröhliche Blick der Bauern war verschwunden.

Angst oder stumme Verzweiflung stand in den abgezehrten Gesichtern, Spiegelbild ihrer einst so stämmigen Körper. Keine Schreie, keine Panik, kein Aufbegehren. Dazu ließ man sich nicht hinreißen. Stilles Leiden in Würde. Nationale Solidarität? Was mochte dieser Begriff für sie bedeuten? Von der Verteilung kamen hier nur abgefallene Krümel an. Auf dem Weg von der Hauptstadt bis in diese kleinen Nester wurde auf jeder Verwaltungsebene etwas von den Lebensmitteln abgezweigt, und diese Lebensmittel, die als Geschenk für die verarmten Bauern gekommen waren, fand man dann auf den Schwarzen oder sonstigen Märkten wieder. Die Hilfsgüter, die die Bauern nicht ganz grundlos als unzureichend erachten, zumal sie zwischen den Regionen und Ethnien ungerecht verteilt werden, waren im Radio Gegenstand einer gewaltigen Propaganda, einer Propaganda zum Ruhm der Obrigkeit, die „ihre ganze Sorge den Menschen auf dem Lande entgegenbringt". Und diese Menschen auf dem Lande gerieten nicht aus der Ruhe, sie bedankten sich für jeden Sack Getreide, der ihnen im Namen der Regierung geschenkt wurde, und warteten im seit Jahrhunderten überkommenen Stoizismus auf die nächste Regenzeit, flehten mit Gebeten und Sühneopfern um die Gunst der Regengötter.

Der Weg wurde immer schmaler. Der Karrenfahrer hatte schon am Ortsausgang von Kénédou die Hauptverkehrsstraße umgangen und eine Abkürzung genommen. Sie gelangten an eine kleine Kreuzung, an der drei Pisten zusammentrafen. Der Eselbesitzer stieg ab, versorgte seinen Esel, der die Hälfte des Weges über getrabt war, mit Stroh und Wasser und versuchte sich zu orientieren.

„Ich bin nämlich eine ganze Weile hier nicht mehr langgefahren", erläuterte er, merklich unentschlossen.

Als er am Rande des einen Weges einen Haufen Kötel bemerkte, kam er zum Karren zurück.

„Da geht es lang", sagte er und wies mit dem Finger auf eine der Pisten. „Es ist eine Spur mit Pferdeköteln zu sehen. Sie ist zwar nicht frisch, aber soviel ich weiß, ist Oniateh in dieser Gegend das einzige Dorf mit einem Pferd."

Er hatte recht, nach nicht allzu langer Zeit stießen sie auf eine Ansiedlung.

„Das ist Oniateh?“ Simon schrie beinahe vor Entsetzen.

Alles war völlig verfallen. Nicht eine Hütte hatte auch nur das geringste Stückchen Strohdach. Bei manchen hielt gerade noch das halb verfallene Gebälk aus Bambus. Kein menschliches Wesen. Als die Reisenden näher kamen, flitzten Geckos die Wände hoch, von denen der Putz fiel. Kein Laut. Simon betrat das, was von der vordersten Hütte noch geblieben war. Auf dem Boden lagen zersprungene Kalebassen und Scherben von Tontöpfen. Bei einem Knacken sah er hoch. Die Bambusstäbe bewegten sich leicht. Staub fiel ihm in die Augen. Der junge Mann trat wieder hinaus. Mit der einen Hand hielt er sich das Auge zu, mit der anderen wies er ungläubig auf die Verwüstung ringsum.

„Das ist Oniateh?“ Er fühlte sich betrogen.

„Trotzdem, es ist die Stelle von Oniateh“, antwortete der Mann. Wie Simon war er aufrichtig überrascht. „Da gibt es keinen Zweifel. Das Dorf liegt zwischen einer Tamarinde und einem Fluß. Hier ist die Tamarinde“ – er zeigte auf ein Baumskelett am Dorfeingang –, „der Fluß muß weiter hinten sein. Er ist sicher ausgetrocknet, aber das kann man leicht nachprüfen. Und hier unter dem wilden Feigenbaum ist der Pflock für das Pferd vom Häuptling Tendi.“

„Wenn das Oniateh ist“, fragte der Journalist behutsam, „wie kommt es dann, daß hier niemand ist? Wo sind die Bewohner?“

„Darüber ist mir nichts bekannt“, beteuerte der Eselbesitzer. Er wollte sich gegen den Vorwurf des Betrugs verwahren. „Die Dörfer ändern manchmal ihren Standort, dafür kann es mehrerlei Gründe geben: Epidemien, Hungersnöte, sippeninterne Streitigkeiten. Ich weiß aber nicht, warum die Bewohner von Oniateh das Dorf verlassen haben.“

Der Mann begann sich Sorgen zu machen. Was wäre, wenn sein ungehaltener Kunde nicht zahlen würde?

„Ich muß mir darüber Klarheit verschaffen, erst dann bekommst du, was ich dir schulde. Ist in der Nähe ein Dorf, wo ich einen Lehrer oder einen Verwaltungsbeamten aufsuchen könnte? So käme ich vielleicht auch zu näheren Angaben über Oniateh.“

„Ja, Kameh“, sagte der Karrenfahrer. „Dorthin kommt man, wenn man den Fluß entlangfährt. Es ist ein großes Dorf.“

„Na gut, bring mich nach Kameh.“

„Die Sonne war schon eine gen Westen sichtbare rötliche Scheibe, als sie in Kameh ankamen. Mit den Worten, das sei die Schule, setzte der Karrenführer seinen Kunden vor einem länglichen Gebäude mit Strohdach ab. Ein Stück weiter ein Haus, auf dem Hof des Hauses ein Holzfeuer mit einem kochenden Suppenkessel. Dort wohnte der Lehrer. Der, knappe Dreißig, entspannte sich in einer Hängematte und hörte Radio. Das Gerät stand direkt auf der Erde. Als die beiden Fremden auf ihn zukamen, stellte er den Transistor leiser.

Als man sich begrüßt und miteinander bekannt gemacht hatte, stellte Simon seine Frage über Oniateh.

„In Oniateh ist niemand mehr. Es ist ein verlassenes Dorf“, sagte der Lehrer und wies andeutungsweise in die Richtung des Fleckens.

Der Karrenfahrer verstand kein Französisch, dessen sich die beiden Intellektuellen bedienten, um miteinander zu kommunizieren, aber er verstand, daß man ihm recht gab. Er lächelte zufrieden in sich hinein.

Simon war verwirrt. Der Bogenschütze kam aus Oniateh, die Bewohner von Oniateh aber hatten das Dorf verlassen. Ein zusätzliches Geheimnis.

„Wissen Sie, was aus ihnen geworden ist?“

Der Lehrer, der diese Frage erwartet hatte, bot Simon einen Platz an, bat eines seiner Kinder, Tamarindensaft zu holen, und als sie den Durst gelöscht hatten, antwortete er:

„Die Dorfbewohner aus Oniateh sind auf der anderen Seite.“

„Auf der anderen Seite? Sie meinen doch nicht, wie ich hoffe, das Jenseits?“

Der Lehrer lachte ein ganz klein wenig.

„Nein, auf der anderen Seite, das heißt hier am anderen Ufer des Flusses; und der Fluß ist die Grenze. Mit anderen Worten, sie sind im Nachbarland. Wissen Sie, wir sind hier alle Vettern. Wir kümmern uns nicht um die Grenze, und die Anwohner des Flusses nehmen keinerlei Rücksicht, wenn sie ihre rituellen oder familiären Feste feiern, zu denen sich die Sippen von beiden Seiten vereinen.

Das waren nun zwei Dinge, die Simon überhaupt nicht vorhergesehen hatte: die Räumung des Dorfes und vor allem das Passieren der Grenze. Aber die unvorhersehbaren Schwierigkeiten entmutigten ihn nicht, er war noch fester entschlossen, bis zum Ende durchzuhalten.

„Wissen Sie, warum die Dorfbewohner Oniateh verlassen haben?“

Die Bassari sind hier überall bei sich zu Hause. Die Leute verlegen den Standort ihres Dorfes nach ihrem eigenen Gutdünken. Es stimmt, seit der Unabhängigkeit und der Einführung der Visa sind die anarchischen Wanderungen größeren Ausmaßes von einem Land zum anderen selten geworden. Um ehrlich zu sein, ich kenne den Grund für den Aufbruch der Leute aus Oniateh nicht. Als sie fortgingen, gaben sie eine Erklärung an, die in unseren Zeiten völlig verständlich ist. Aber die Gründe, die ein Dorf zum Standortwechsel drängen, vermischen sich bisweilen. Und der Grund, den sie nennen, ist nicht unbedingt der wesentliche.“

„Was haben Ihnen denn Ihre Vettern aus Oniateh gesagt?“

„Daß sie hofften, auf der anderen Seite eine größere Lebensmittelunterstützung zu bekommen. Manche Dörfer haben es vor ihnen getan, andere nach ihnen, aber es ist bekannt, daß die Situation auf beiden Seiten die gleiche ist. Es stimmt, sicher haben sie zum Zeitpunkt ihrer Niederlassung eine handfeste Zuweisung erhalten. Aber die Grundbedingung dafür, daß man sie bekommt, ist der Austausch der vom Staat ausgestellten Personalausweise, der Familienbücher, etc. Dasselbe geschieht auch in umgekehrter Richtung. Nach dieser ersten Verteilung von Lebensmitteln und nach der Ausstellung der Ausweise unterstehen sie wieder dem allgemeinen Reglement, dazwischen haben sie aber der Obrigkeit die Möglichkeit verschafft, die Zahlen über die Getreideverteilung aufzublasen und die örtlichen demographischen Statistiken im Hinblick auf immer denkbare Grenzstreitigkeiten zu fälschen. Es handelt sich also um Propagandaaktionen, die überhaupt keine Konsequenz haben. Oniateh hat unter der Dürre viel gelitten, viel mehr als andere Dörfer. Es ist also durchaus möglich, daß es den Standort wechselte, weil das die letzte Chance war.“

Simon dachte einen Moment nach.

„Ich muß nach Oniateh gehen, in das neue Oniateh natürlich. Sagen Sie mir, wie ich am schnellsten hinkomme. Es ist natürlich ausgeschlossen, daß ich mir ein Visum ausstellen lasse. Zu diesem Zweck müßte ich sicher nach Kénédou zurück und mehrere Tage warten, bis sich die kleinen Verwaltungsbeamten dazu herbeilassen. An solchen Beispielen kann man übrigens besser erkennen, wie absurd Visa zwischen zwei Nachbarländern sind."

Der Lehrer nahm jetzt einen vertraulichen Ton an.

„Wir denken alle wie Sie. Die Sache mit den Visa wird widersinnig, wenn man zweihundert Meter weiter nur mal seinem Onkel guten Tag sagen oder zur Hochzeit seines Vetters gehen möchte. Wir klären das. Ich vertraue Sie einem meiner Schüler an, er wird Sie nach Neu-Oniateh geleiten. Sie kennen die Gegend alle sehr gut."

„Ich möchte gleich aufbrechen", sagte Simon, wieder voller Elan.

„Es ist riskant, jetzt zu gehen", erklärte der Schulmeister. „Warten wir die Nacht ab. Die Zöllner machen Jagd auf Schmuggler, die verschiedene Handelswaren über die Grenze bringen. Nachts spitzen sie sich auf die besonders frequentierten Übergange. Man braucht also nur diese Stellen zu meiden. Inzwischen können Sie sich waschen und etwas essen. Den Karrenfahrer schicke ich für die Nacht zu einer Familie aus dem Dorf."

Über den beruflichen Dingen, die seine ganze Aufmerksamkeit erforderten, hatte Simon seinen Weggefährten vergessen. Er zahlte ihm ein paar Scheine aus. Der Eselbesitzer schüttelte ihm lange die Hand und dankte ihm viele Male.

Der helle Mondschein erleichterte das Überqueren des ausgetrockneten Flußbettes. Mit Bedacht ging der junge Fremdenführer um die „Kochtöpfe der Riesen" herum, breite Spalten im Fels, die durch Wasserwirbel entstanden waren. Jetzt, da der Flußlauf ausgetrocknet war, öffneten sie ihre finsteren Mäuler. Durch die Vorsichtsmaßnahmen, zu denen sie aufgrund der Unwegsamkeiten im Flußbett und wegen eventuell unangenehmer Begegnungen mit den Zöllnern gezwungen waren, dauerte es etwa dreißig Minuten. Bis zur Höhe von Neu-Oniateh gingen sie am Fluß entlang. Von da aus drangen Simon und das Kind in den

Busch vor. Es war 21.00 Uhr, als sie in dem neuen Dorf der Einwanderer ankamen.

In der großen Hütte des Häuptlings waren noch ein paar Männer beim Gespräch. Ansonsten schien das Dorf zu schlafen. Nur aus einigen Hütten waren im Vorübergehen Stimmen zu hören. Man legte sich hier früh auf seine Matte.

Alle, die in der Hütte des Häuptlings anwesend waren, drehten sich um, um den Fremden zu betrachten. An seinem Gehabe konnte man rasch erkennen, daß es sich um einen Hauptstädter handelte. Interessierte Blicke richteten sich auch auf den kleinen Fremdenführer. Dieser ging selbstsicher auf den alten Tendi zu, wie er es bei seinem Großvater getan hätte. Er brauchte sich nicht vorzustellen, denn alle hatten ihn wiedererkannt, er erläuterte aber seinen Auftrag. Als er damit fertig war, bot Tendi Simon einen Platz neben ihm auf der Ochsenhaut an, die er als Sitzteppich benutzte. Der Schüler aus Kameh wurde von Kindern seines Alters in die Mitte genommen, die plötzlich aus dem Nichts aufgetaucht waren. Sie brachten ihn in eine Hütte und bestürmten ihn mit Fragen.

Simon gab zur Begrüßung allen die Hand und nahm sich in acht, daß er nicht die einzige Öllampe umstürzte. Es waren an die Dutzend. Alle waren über fünfzig.

Der junge Mann machte die Tasche auf und holte ein 5-Kilo-Paket mit Zucker, eine große Tüte mit Salz und einen Tabaksbeutel aus Büffelleder mit 2 Kilo Tabakspulver heraus. Nacheinander legte er die Erzeugnisse vor den Häuptling hin. Dieser war mit seinen weißen Haaren schon recht altersschwach, nur seine Handbewegungen waren noch recht rege.

„Ich bin ein Enkel vom alten Sambou, dem Dioula."

Simon präsentierte sich auf diese Weise, in Wirklichkeit aber waren die Verwandtschaftsbeziehungen, denen alle eine große Bedeutung beimaßen, durch die Freundschaft entstanden, die ihn mit dem Händler im Ruhestand verband.

„Nehmt die Geschenke entgegen, die Euch der alte Sambou, Euer Bruder und Freund, schickt. Er bittet Euch auch zu verzeihen, daß sie nur von bescheidener Größe sind."

„Es sind Geschenke von unschätzbarem Wert", versicherte

höflich der Beschenkte und umfing die Erzeugnisse mit einem Blick. Es erfüllt mich mit Freude, daß Sambou immer noch an uns denkt."

Das Gespräch wurde in Mandingo geführt, der zweiten Sprache vieler Ethnien der Region.

Tendi öffnete den Tabaksbeutel, atmete den Geruch seines Inhalts ein und setzte ein zufriedenes Lächeln auf. Mit Daumen und Zeigefinger nahm er eine Prise und sog sie ein. Daraufhin nieste er zweimal laut.

„Bei meinen Vätern", schwor er mit leuchtenden Augen. Er schien von der Prise Tabak gestärkt. „Sambou, dieser Gauner, macht immer noch den besten Tabak. Was für ein Aroma! Wie kräftig! Wirklich, es ist der beste! Nie habe ich ihm etwas abgeschlagen, wenn er mir einen solchen Tabak schenkte."

Tendi nahm eine zweite Prise, die er sich unter die Zunge schob. Dann reichte er den Tabaksbeutel seinem unmittelbaren Nachbarn, und er wanderte von Hand zu Hand. Einer nach dem anderen nahm eine Prise, um zu schnupfen oder aber zu kauen. Als ein paar Minuten vergangen waren, spie Tendi seinen Kautabak aus und nahm das Gespräch wieder auf.

„Erzähle mir von meinem Bruder Sambou. Wie geht es ihm?"

Er stellte Simon eine Reihe sehr genauer Fragen zur Familie und zum Leben Sambous. Nur so konnte er sich vergewissern, daß sein Gesprächspartner Sambou so gut kannte, daß er eine Familienzugehörigkeit geltend machen konnte. Dann kam er auf Simon persönlich und das Ziel seiner Mission zu sprechen. Mit großer Vorsicht erläuterte dieser, er käme als Freund, er habe Oniateh als Beispiel für eine Untersuchung ausgewählt, deren Ergebnisse das Ziel hätten, die Opfer der Dürrekatastrophe besser zu unterstützen. Simon behielt sich vor, über den Bogenschützen erst später etwas zu sagen.

Als er seine Rede geendet hatte, sagte niemand ein Wort. Da verstand er, daß man verstanden hatte. Alle wußten, begriff er, daß er nur die Hälfte gesagt hatte, und warteten auf die Fortsetzung. Sie hatten recht, es gab Tausende von Dörfern, die von der Dürre schlimm betroffen waren. Warum hatte er Oniateh gewählt, das Unheil wurde doch schon beim Verlassen von Kionda augenscheinlich. Und vor allem, warum hatte er die Mühe und das Risiko auf sich genommen, über die Grenze zu gehen? Für die Alten aus Oniateh konnte das kein Zufall sein. Und doch schienen sie nicht feindlich gesonnen. Aus Rücksicht gegenüber Sambou?

„Ich komme auch wegen des Bogenschützen, aber das hat mit meinem offiziellen Auftrag nichts zu tun", fügte der Journalist kurzangebunden hinzu.

Als er das Problem offen benannt hatte, schaute er die Anwesenden an. Kein Gesicht zeigte irgendeine Bewegung, kein Auge blinzelte. Niemand schien verstanden zu haben, worüber er redete. Er faßte sich in Geduld. Früher oder später würde er schon eine Antwort bekommen, sei sie nun positiv oder negativ. Plötzlich entsann er sich und zog aus einem Fach seiner Tasche ein neues Jagdmesser, eine bestickte Baumwollmütze und ein Säckchen mit Kola-Nüssen.

„Das habe ich dir als Geschenk mitgebracht, Großvater Tendi."

Eine leichte Bewegung ging durch die Reihe der Anwesenden. Alle Blicke richteten sich auf die Gegenstände. Die Augen leuchteten vor Begehren. Es schwoll ihnen schon der Kamm, wenn sie sich vorstellten, wie sie dieses Jagdmesser am Gürtel tragen würden. Für diese rechtschaffenen Leute ohne Arg konnte jemand mit einem Geschenk, das ihr Ansehen in der Gruppe hob, nur ein Freund sein. Die mitgebrachten Gegenstände hatten keinen Wert in sich, das Wichtigste waren die Geste und die ausgedrückte Sympathie. Und ein Jagdmesser war beinahe soviel wie ein freundschaftlicher Wunsch, die wildreichen Zeiten möchten doch zurückkehren.

„Du solltest Gerüchtemachern mißtrauen."

Diesmal richteten sich alle Blicke auf eine im Halbdunkel gelegene Ecke, aus der die ernste und eindringliche Stimme gekommen war. Der kräftige Mann von sechzig Jahren blieb trotz der Aufregung, die die Geschenke verursacht hatten, ruhig dort sitzen. Er hatte ein Mandingo-Wort gebraucht, das „Schnüffler und Erzähler von Klatschgeschichten" heißt und das die Journalisten mit einer eindeutig negativen Bedeutung versieht. Es wurde ihnen klar, daß er seinen Anteil am Tabak nicht gehabt hatte, und man reichte ihm den Tabaksbeutel. Er setzte ihn in aller Ruhe vor seinen Füßen ab und richtete an den Häuptling noch einmal die Worte:

„Tendi, du solltest Gerüchtemachern mißtrauen. Es sind Lügner. Sie handeln wider Treu und Glauben. Jedermann weiß es, aber ich gemahne dich daran."

Simon fühlte sich unbehaglich, vor allem aber war er verunsichert. Der Angriff auf die Journalisten kam wirklich ungelegen. Er dachte, er müßte das Wort ergreifen, um eine Erklärung abzugeben, zögerte aber, weil er sich nicht im klaren war, ob es schicklich wäre, und war erleichtert, als er bemerkte, daß Tendi für ihn ein gutes Wort einlegen wollte.

„Kaue deinen Tabak, Atumbi der Ältere, und laß die Journalisten in Frieden." Mit einer kleinen lautlichen Abwandlung hatte er das französische Wort für „Journalist" verwendet, das dem Beruf einen besonderen Nimbus verleiht. „Dieser Kleine hier ist der Abkömmling von Sambou, der mir mehr bedeutet als ein Bruder. Also ist er auch mein Sohn. Und wenn er mein Sohn ist, so ist er auch der deine. Laß ihn also in Frieden."

„Mich kann man mit Geschenken nicht bestechen", ließ der Mann nicht locker. Er stimmte eine Schmährede an und wurde um einen Grad lauter. „Was sagt ihr nicht alles im Radio?" Er wandte sich gegen Simon und war sich völlig sicher, im Recht zu sein und auf das Einverständnis der anderen zählen zu können. „Was sagt ihr im Rundfunk nicht alles für schändliche Unwahrheiten? Ihr sagt, die Bauern seien glücklich. Sie stünden vorbehaltlos zur Regierung. Glücklich? Glücklich worüber? Wer hat euch gesagt, wir seien glücklich, wer hat euch weisgemacht, wir seien glücklich? Es paßt eurer Regierung in den Kram, nicht wahr, wenn die Ausländer hören, daß das Volk sie liebt, daß sie das Volk unterstützt und sich sogar aufopfert. Sie sollte doch erst einmal konkrete Beweise dafür liefern, bevor sie einen solchen Propagandarummel machen läßt!"

Simon hatte das Gefühl, alles in einer Person zu sein: der Gewerkschaftsverband der Journalisten, die Redaktion des Rundfunkjournals und der Vertreter der Regierung.

Atumbi der Ältere fuhr fort:

„Es ist nicht unsere Aufgabe, eine Regierung zu unterstützen, die viel zu weit von uns weg ist und die uns verachtet! Wenn man wirklich wissen will, was wir denken, so soll man uns die Gelegenheit geben, selbst zu sprechen. Für uns ist der Präsident der Republik der Präsident von Kionda! Wir kennen ihn nicht, und er kennt uns nicht. Soll er doch persönlich kommen und uns anhören. Wir können ihn nicht als unseren Chef ansehen, solange ihm Nahestehende und seine Freunde sich bereichern, während uns die Dürre tötet, uns, unsere Felder und Tiere."

„Atumbi, wirklich, dein Sodbrennen macht dich häßlich." Der jetzt sprach, saß unmittelbar neben Atumbi. „Deine Frauen leiden ja schon unter deinen Tobsuchtsanfällen, und wir aus deiner Altersklasse sind deiner Wutanfälle überdrüssig. Wir haben heute bei uns einen Gast, der noch nicht einmal den Schweiß der Reise abgewaschen hat, und schon legst du dich mit ihm an. Tendi hat dir gesagt, daß er sein Enkel ist. Genügt dir das nicht?"

„Laß Atumbi reden", bellte einer los. „Es stimmt, er geht allen auf die Nerven, aber heute ist er im Recht. Die Angelegenheit geht das ganze Dorf an, und es ist gut, wenn es unterschiedliche Meinungen gibt."

Simon war bestürzt. Der alte Häuptling klopfte ihm leicht auf die Hand, um ihn zu beruhigen und ihn seiner Bürgschaft zu vergewissern.

Atumbi der Ältere setzte seine Rede fort:

„Unsere Tiere verhungern. Wir selbst sterben vor Hunger und durch Krankheit. Man sagt uns, daß wir Hilfsgüter bekommen. Wo sind sie? Wenn hier überhaupt etwas ankommt, so sind es herabgefallene Krümel; soll man uns doch offen sagen, wie die Verteilung vonstatten geht; soll man doch öffentlich die Mengen für jedes Dorf festlegen! Aber das wird man nicht tun, denn schnell wäre es heraus, wo und auf welcher Ebene der Hierachie die Unterschlagungen praktiziert werden."

Atumbi hielt inne. Ohne Zweifel waren die anderen seiner Meinung. Wenn sie unter sich sind und kein Fremder dabei ist, sagen sie dasselbe. Er fuhr fort:

„Und während hier diese große Katastrophe wütet, erreichen uns über den Rundfunk aus Kionda die Nachrichten: Feste, Einweihungen, die verschiedensten Reisen der Mitglieder der Regierung ins Ausland. Als ob es bei uns nicht genügend zu tun gäbe! So arbeitet man im Rundfunk. Unsere Kinder, die ein paar Jahre zur Schule gehen konnten, haben die Chance, Radiosender anderer Länder zu hören, um zu erfahren, was sich bei uns wirklich ereignet. Aber gibt es für uns Analphabeten eine Alternative zum Staatlichen Rundfunk?“

Nach dem letzten Satz trat tiefes Schweigen ein. Deutlich konnte man das schrille Rufen eines Nachtinsekts vernehmen. In der Ferne heulte eine Hyäne.

„Du hast wohlgesprochen, Atumbi der Ältere“, gestand Tendi ein. „Du hast gesprochen, wie es dein Recht ist; deine Anschuldigungen haben Hand und Fuß, und trotzdem sprachest du ohne Haß.“ In der Tat, Atumbi schob sich endlich seine Prise Tabak in den Mund. „Der junge Mann, den du hier unter uns siehst, ist nicht dafür verantwortlich, was vor sich geht. Rundfunk und Nachrichten werden nicht von einem einzelnen Menschen gemacht. Er gehört zu einer Berufsgruppe, die die Weisungen eines Chefs ausführt, der seinerseits die Weisungen eines anderen Chefs ausführt, und so fort bis zum Präsidenten der Republik. Trotz seiner Entschlossenheit kann unser Gast allein keine Änderungen herbeiführen. Er weilt nicht unter uns, um unsere Klagen entgegenzunehmen, sondern um eine Arbeit zu machen, die denen hilft, die uns helfen, damit sie uns besser helfen. Du kannst sicher sein, daß die Regierung eine solche Arbeit wohl nicht in Auftrag gibt. Achten wir also den, der die Außenwelt darüber informieren will, was hier wirklich geschieht. Es ist jetzt spät. Möge jeder seine Hütte aufsuchen.“

17

„Dir wird eine Hütte hergerichtet, Kleiner. Bleib noch ein wenig."

Simon war mit dem alten Tendi allein. Er erkundigte sich, wie es um das Gesuch hinsichtlich seiner Mission stünde.

„Mach dir keine Sorgen, wir antworten dir morgen. Der Geheime Rat versammelt sich in der Grotte der Fetische, das Ergebnis der Beratungen wird dir dann übermittelt."

Der Greis nahm das Jagdmesser, zog es aus der Scheide, ließ die neue Klinge im Schein der Öllampe blitzen und betastete die Schneide, um ihre Schärfe zu prüfen. Er wiegte den Kopf und stieß ein zufriedenes „Ah, ah" aus.

„Nicht zu müde von der Reise? Ihr Städter seid an Asphaltstraßen und bequeme Autos gewöhnt."

„So sehr spüre ich die Müdigkeit nicht mehr, beim Schulmeister in Kameh habe ich mich ausruhen können."

Zwischen dem jungen Mann und dem Greis herrschte ehrliche Sympathie. Dessen wurde sich Simon jetzt bewußt. Für Tendi war er wirklich ein Enkel. War es wegen Sambou oder weil der Alte in Simon einen Städter sah, der sich von den arroganten, verächtlichen und oft skrupellosen Leuten, wie man sie hier auf dem Lande kannte, unterschied?

„Sei nicht allzu verletzt durch das, was Atumbi zu dir gesagt hat. Er ist für sein freimütiges Reden bekannt, aber er ist überhaupt nicht bösartig. Nervös, das ist er. Aber das hat seine Gründe. Er ist so verbittert, weil er zwei seiner Kinder verlor, sie waren noch ganz klein und starben innerhalb einer Woche durch die Hungersnot. Und er hatte kerngesundes Vieh, das vor seinen Augen dahinsiechte und starb. Durch die Sorge um die Zukunft hatte er schlimme Magenbeschwerden."

„Ich gestehe, daß das, was er gesagt hat, im großen und ganzen der Wahrheit entspricht. Was er aber nicht weiß: Viele Journalisten möchten die Unterschlagungen aufdecken. Die Unterschlagungen betreffen nicht nur die Lebensmittel."

„Tut etwas", sagte Tendi, „du und deine Kameraden. Wagt es, die Ungerechtigkeit bloßzulegen, die uns seit der Unabhängigkeit angetan wird. Nach der Unabhängigkeit erklärte man uns, daß wir vom weißen Mann und von allen Übeln, die von seiner Präsenz herrührten, befreit wären. Diese Übel, das waren für uns die zu schwer lastenden Steuern, die niederträchtigen Beamten der örtlichen Verwaltung, die unredlichen Händler für Agrarprodukte. Die Weißen gingen fort, aber alles ist geblieben, wie es war, und sogar schlimmer geworden. Dann gab man uns zu verstehen, daß wir reich werden könnten, indem wir das Land durch den Anbau von Exporterzeugnissen reicher machen. Dann gaben wir, angezogen vom Geld, den Anbau von lebenswichtigen Anpflanzungen zugunsten der für das Ausland nützlichen Kulturen auf. Die Preise für diese Produkte sanken dann von Jahr zu Jahr. Sie werden, wie es scheint, bei den Weißen festgelegt. Unsere Einkünfte sanken, wohingegen wir uns nur noch unter Schwierigkeiten selbst ernähren konnten. Dann kam die Dürre dazu. Und das war die Katastrophe. Keine Lebensmittel und überhaupt kein Geld. Unsere Sozialstrukturen brachen auseinander. Nur sehr wenige Sippen konnten ihren Zusammenhalt bewahren. Unsere jungen Leute ziehen in die Stadt, und wir wissen nicht, was aus ihnen wird. Oder wir wollen es auch lieber nicht wissen. Sicher Trunkenbolde und Freudenmädchen. Du hast die Auswirkungen der Dürre auf den Busch und seine Bewohner selbst gesehen, du hast aber auch die Neureichen in der Stadt gesehen, die von ihr hervorgebracht wurden. Und die Dürre will nicht weichen. Wie lange wird sie noch dauern?"

Eine Hälfte des auf Simon gerichteten Gesichts wurde von der kleinen Öllampe angeleuchtet. Ein Gesicht voller Fragen. Die andere Hälfte lag im Schatten, war wie ausgelöscht. Der junge Mann dachte an eine Maske, die, unabhängig von ihrer Bedeutung und Symbolkraft, immer etwas Geheimnisvolles, Unergründliches und Beunruhigendes an sich hat.

„Die Dürre? Sie dauert schon gute zwölf Jahre. Das ist schon zu lang. Sie müßte unverzüglich aufhören."

„Es ist eine Illusion zu glauben, daß sie bald zu Ende ist." Die Maske war noch ernster geworden. "Diese Katastrophe kann noch

Jahre andauern. Wir müssen mit ihr rechnen und dementsprechend handeln. Die Situation wird sich nicht durch ein oder zwei normale Regenzeiten ändern. Wir müssen so tun, als hätte sie sich für sehr lange Zeit hier eingerichtet. Und die Lösungen für diese Geißel müssen wir selber finden. Weißt du, die Unterstützung mit Lebensmitteln aus dem Ausland wird nachlassen und eines Tages sogar aufhören. Die Länder, die sie uns schicken, sind vor Naturkatastrophen nicht gefeit. Die Weißen beherrschen die Geheimnisse der Natur, aber es ist vergeblich: Das Geheimnis der Götter können sie nicht durchschauen. Die große Frau der Vernichtung könnte auch sie heimsuchen. Abgesehen davon, bräuchte bei ihnen nur ein Krieg auszubrechen, und mit der Hilfe wäre es zu Ende. Ich erinnere mich, daß unsere Ernten während des Zweiten Weltkrieges konfisziert wurden, um nach Europa verschickt zu werden."

Der alte Tendi zog den Docht hoch, um der Lampe mehr Licht zu geben. Dann starrte er ins Leere.

Die in der Hütte herrschende Stimmung, die zu ihm sprechende Maske und die Worte, die aus der Maske heraustraten, weckten in Simon ein nicht benennbares Gefühl der Angst.

Die Dürre, eingerichtet für noch sehr lange Zeit? Vielleicht wollte der Alte das Schicksal durch einen wohlüberlegten Pessimismus abwenden. Für das Fortdauern der Dürre gab es keinerlei äußere Anzeichen, vom Vorrücken der Wüste vielleicht einmal abgesehen. Nichts wies allerdings darauf hin, daß sie bald für immer zu Ende wäre. Zweifellos war die Haltung des Alten das Vernünftigste, weil sie Vorsicht walten ließ. Sie gebot Wachsamkeit und Anstrengungen zur Bekämpfung der Geißel und deren Folgen.

„Dieses schöne Land voller Lebenskraft ist der Dürre auf Gedeih und Verderb ausgeliefert. Möge doch endlich Schluß sein mit der Verachtung des Bauern." Die Stimme des Alten wurde lauter und härter. „Möge man uns doch als gleichberechtigte Bürger anerkennen, wie die anderen auch. Möge man sich doch mit uns beraten, wir sind doch vor allen anderen betroffen. Ohne uns kann es keine wirksame Lösung geben. Das Problem kann nicht von einem einzelnen Menschen – und sei er noch so außergewöhnlich – gelöst werden, selbst wenn ihn klügste Mitarbeiter umgeben. Der beste Ratgeber ist der Bauer selbst."

Die Maske verlor etwas von ihrer Härte und fragte Simon:

„Und du sagst nichts? Du mußt denken, daß ich laut träume."

„Woher denn?" beteuerte der Journalist. „Was du über die Dürre sagst, ist endlich mal etwas Vernünftiges."

„Es wird noch schlimmer werden, mein Söhnchen. Und wer wird am meisten zu leiden haben? Die Bauern, wie immer. Und was ist jenseits der Verzweiflung? Nichts! Das Nichts! Hat man ein einziges Mal darüber nachgedacht, daß die Bauern ihre ungerechte und zynische Vernichtung niemals hinnehmen werden? Ist man schon einmal auf den Gedanken gekommen, die betrogenen, ausgeplünderten, gequälten und ausgehungerten Bauern könnten die Verwaltung, die Stadt und alles, was damit zusammenhängt, nicht auch einmal angreifen? Wenn sie auch nur Bogen und Steingewehre haben, sie weichen vor keiner bewaffneten Armee zurück, denn hinter ihnen ist der Abgrund."

Simon starrte auf die Maske. Er stellte sich Tausende von Masken in Tausenden von Hütten vor, die sich verhärten und die Massen zum Kampf gegen die Vernichtung aufrufen. Wer könnte sie aufhalten? Und zu welchem Preis?

Der Schatten einer Frau zeichnete sich im Türeingang ab. Ohne hereinzukommen, machte sie dem ehrwürdigen alten Mann von der Tür aus eine Mitteilung.

„Dein Lager ist bereit", sagte dieser zu Simon. Seine Stimme klang wieder menschlich. „Ich lasse dich morgen holen. Mögest du eine ruhige Nacht haben."

Vor dem Schlafengehen vervollständigte Simon im Schein einer Kerze, die er mitgebracht hatte, seine Notizen.

Auf seinem einfachen Lager ausgestreckt, ließ er den Abend in Gedanken noch einmal Revue passieren. Er blieb beim Quasimonolog des Alten hängen. „Lebensmittelhilfe? Wirkungslos und gefährlich. Die großen Staudammprojekte? Beeindruckend, aber unsicher. Ihre Verwirklichung dauert lange Jahre, während derer die Bauern nicht zu sterben aufhören. Und es ist gar nicht sicher, ob die Staudämme für die Menschen auf dem Lande überhaupt eine glückliche Lösung darstellen. Im Gegenteil, viele von ihnen, die nicht in die Umwelt eingepaßt, auf die Schnelle gebaut wurden oder aber zu spät kamen, haben das Unglück der Bauern nur verschärft, weil sie Technologien mit sich brachten, die ihre Möglichkeiten in finanzieller und intellektueller Hinsicht überstiegen und unter Zehntausenden von Menschen Krankheiten verbreiteten, die vorher auf wenige Dörfer begrenzt waren. Notwendig wäre es, auf der Basis von einfachen Technologien und mit örtlich vorhandenem Material Staudämme von lokaler oder regionaler Bedeutung zu bauen. Die große Anzahl der innerafrikanischen Hilfsorganisationen für die Sahel ist ein sicheres Indiz für ihre Unwirksamkeit. Die C.I.L.S.S., die bekannteste unter ihnen, ist ein offenkundiges Beispiel für den vergeblichen Versuch, die afrikanischen Bemühungen zu vereinen. Diese Organisationen sind wirklungslos, weil die Dinge von der Konzeption und von der Organisation her von vornherein falsch angelegt sind. Es werden Stellen geschaffen, nur um Staaten und Einzelpersonen einen Gefallen zu tun. Ganz zu schweigen, daß die Vorstöße seitens der Techniker durch die Inkompetenz und Verantwortungslosigkeit der Politiker blockiert werden. Es ist schändlich!“

Dieses viele Geld und all die Anstrengungen, um den Reichtum unwürdiger Personen zu mehren!

Er seufzte vor Empörung, legte sich hin und schlief ein.

18

Die Matte in der Türöffnung ging einen Spalt auf. Gewaltig wie die Wasser eines gebrochenen Staudamms drangen die goldenen Fluten des Sonnenlichtes in die Hütte ein. Simon stützte den Ellbogen auf und sah auf seine Armbanduhr. Sie stand auf sieben. Er hielt sie sich prüfend ans Ohr und stellte fest, daß sie völlig in Ordnung war. In der Tür stand jetzt ein junges Mädchen. Ihre Bekleidung bestand aus einem kurzen Pagne, wie ihn die unverheirateten jungen Mädchen tragen. „Sicher ist sie nicht älter als fünfzehn", schätzte Simon, „aber schon eine Frau und sicher willensstark, wenn ich von dem eigenwilligen Kinn und den lebhaften Augen ausgehe."

Sie kam herein und musterte ihn, als wollte sie herausfinden, welchen Ton sie anschlagen sollte.

„Die Sonne ist vor dir aufgestanden", brachte sie lachend heraus. „Da mußt du gestern abend ganz schön müde gewesen sein." Sie klirrte mit ihren zahlreichen Armreifen, wenn sie lachte.

„Natürlich", sagte Simon höflich. „Ich war den ganzen Nachmittag unterwegs."

„Das ist doch kein richtiger Grund, um müde zu sein", gab sie, immer noch lachend, zurück.

„Ach so", sagte Simon verwirrt. „Was also dann?"

Der junge Mann kam sich etwas dumm vor. Da war irgend etwas, das er verstehen sollte. Er wurde neugierig. Das Mädchen tat mit ihm, als kenne sie ihn schon lange. Er entschloß sich, auf ihr Spiel einzugehen.

„Eigentlich", sagte er „hatte ich gestern abend nicht so richtig die Gelegenheit, meine Kräfte zu verausgaben. Mich müde zu machen", betonte er. „Du bist schuld, daß ich die Nacht ganz allein verbringen mußte." Sie lachte noch immer. „Sag, wo hast du so gut Mandingo gelernt? Aber setz dich doch erst einmal zu mir."

Ohne Zaudern nahm sie auf dem Lager Platz.

„Hast du keine Angst vor mir?"

„Na, überhaupt nicht", sagte sie keck. „Das geschlachtete

Zicklein hat keine Angst mehr vor dem Messer." Erneutes Lachen.

Simon war sich sicher: Im Klartext besagte das Sprichwort, daß sie nichts mehr von einem Mann zu befürchten hatte, weil sie nicht mehr Jungfrau war.

„Ich wollte dir guten Tag sagen und sehen, wie unser Fremdling sich so macht. Jetzt muß ich gehen."

„Wart doch noch ein bißchen. Stimmt deine Geschichte mit dem Zicklein?"

„Das kann man ja leicht nachprüfen", gab sie noch einen Ton schärfer von sich.

War es Provokation? War es Unbefangenheit? Simon schob seine Skrupel beiseite und zog das Mädchen an sich.

Die Jungmädchenbande brach in ein schallendes Gelächter aus, als sie Simon aus der kleinen Einfriedung neben der Hütte kommen sahen, die als Toilettenraum benutzt wurde. Dort hatte er einen halben Tontopf Wasser vorgefunden. Er wusch sich in aller Eile, wütend über sich selbst, daß er sich nicht hatte beherrschen können. Er fragte sich, ob er nicht eine Dummheit begangen hatte, die den Erfolg seiner Mission in Frage stellen konnte. Sicher mußte man eine Entschädigung ins Auge fassen. Aber die Mädchen lachten, als sie ihn sahen. Also wußte man schon Bescheid, und er beruhigte sich bei dem Gedanken, daß es nicht so aussah, als wolle man ein Drama daraus machen. Er fühlte sich etwas erleichtert und lachte auch los, provozierte damit neue Lacher. Diese waren schon etwas freimütiger. Hier war Sexualität kein Tabu. Sie war sogar Anlaß zur Fröhlichkeit. Und man lachte offen und ohne Scham. Die Mädchen machten sich über Simons verklemmte Art lustig. Er hätte lockerer sein müssen, ohne dieses Schuldgefühl. Wenn man darüber lachte, war es offensichtlich nicht so schlimm. Am Ende war er froh darüber, daß er sich „goldrichtig" verhalten hatte.

Es war erst neun Uhr, durch die Lichtreflexionen prasselten die Sonnenstrahlen wie silberne Pfeile herab. Dabei fiel Simon ein, daß man ihm kein Frühstück angeboten hatte. „Ganz einfach, sie frühstücken nicht", dachte er. „Die armen Leute aßen sicher nur einmal am Tag, und was für eine elende Mahlzeit mußte das sein!" Wenn er von Tendis Einladung zurück wäre, würde er klarer sehen. Er würde eine richtige Reportage über die Lebensbedingungen im Dorf machen. Es kam auf dasselbe hinaus, ob Oniateh nun diesseits oder jenseits der Grenze lag, denn die Organisation, die die Untersuchung förderte, arbeitete in beiden Ländern.

Eine halbe Stunde verging. Immer noch nichts. Simon wurde unruhig: Würde man ihn überhaupt rufen? Er bekreuzigte sich flüchtig und betete zu Gott, die Abstimmung des Geheimen Rates möge günstig für ihn sein. Dann lächelte er, der Heilige Vater wunderte sich vielleicht, wenn man ihn um die Gunst von Heiden bat. Er hatte sich gerade erneut bekreuzigt, als das Mädchen von heute früh auftauchte.

„Du wirst bald geholt", sagte sie.

Simon schickte ein kurzes Dankeschön zum Himmel.

Das Mädchen hatte ihr Verhalten geändert. Sie hatte den frechen Gesichtsausdruck verloren, sah sogar recht ernst aus und warf Simon verliebte Blicke zu. Sie hatte einen Besen mitgebracht und begann, die Hütte sauberzumachen.

„Wie heißt du?"

„Emangi", sagte sie leise, ohne den Kopf zu heben.

„Emangi", wiederholte er, um den Namen in sich wirken zu lassen.

„Auf Bassari heißt das 'Harfe'", sagte ein Mann, der hinzugetreten war.

Es war der Abgesandte des Geheimen Rates. Er führte Simon aus dem Dorf heraus. Sie schlugen einen Weg zur Felswand ein. Der Pfad schien nicht sehr begangen. Bald schon erriet er im Fels den Eingang zu einer Grotte. Die Büsche, die den Zugang verdeckten, hatten Blätter, trotz der Trockenheit ringsum. Leichter Rauch zog durch das Blattwerk. Die beiden Männer bahnten sich einen Weg durch die Zweige und stiegen in die Höhle hinab.

Wie kam das Sonnenlicht hier herein? Schwer zu sagen. Durch die Sonnenstrahlen und ihre Reflexe konnte man in der Grotte gut genug sehen, es gab auch Schattenzonen, die nach einem kunstvollen System eingerichtet waren. Dort befanden sich wahrscheinlich die Haupt-Fetische, die vor den Augen der Nicht-Eingeweihten geschützt werden mußten, falls sie durch Zufall in die Grotte gerieten.

Unbeweglich wie Statuen saßen im Halbkreis sieben Männer. Jeder trug eine Maske. Der Mann, der Simon begleitet hatte, nahm am Ende des Halbkreises Platz. Auch er setzte eine Maske auf, die er aus einer im Halbdunkel liegenden Nische nahm. In der Mitte des Kreises, den anderen gegenüber, war noch eine neunte Person. Simon erinnerte sich plötzlich, daß es in der großen Hütte auch neun gewesen waren. Also war das der Geheime Rat. Er versuchte, Atumbi herauszufinden. Nichts einfacher als das: Er war der Kräftigste. Die Maske in der Mitte des Kreises mußte Tendi sein oder der Hohe Priester. Manchmal verwischten sich die Rollen auch. Simon rief sich seine Ethnologiekenntnisse ins Gedächtnis und versuchte, die Masken zu identifizieren: Löwe, Vogel, Kaiman, Antilope, Büffel und viele andere Masken mit einer hermetischen Bedeutung.

Der Zeremonienmeister trug die riesige Maske der Ahnen. Ihre Augen waren leer, der Gesichtsausdruck streng und abschreckend.

„Fremder, Sohn unseres Bruders, die Götter haben nach den Menschen gesprochen." Unter der Maske nahm die Stimme des Häuptlings einen feierlichen, unpersönlichen Ton an. „Die Stimme von uns menschlichen Wesen hier auf Erden ist nichts, wir beugen uns dem Willen der Ahnen und der Geister." Er machte eine Pause. „Unser Geheimer Rat hat eingewilligt, deinen Antrag, über gewisse Ereignisse in unserer Sippe informiert zu werden, zu prüfen. Die Entscheidung liegt aber bei den Geistern. Wir haben sie befragt. Ihre Antwort war wie folgt: 'Wenn es nichts nützt, so kann es nichts schaden.' In unserer Ratlosigkeit haben wir eine weitere Frage gestellt: 'Welche Opfergaben verlangt ihr?' Sie antworteten: 'Blut'. Aber Blut wovon? Im Dorf gibt es kein einziges Tier mehr. Anstelle von Blut haben wir deshalb roten Saft der Kola-Nuß angeboten. Dieses Geschenk wurde angenommen. Und wenn sie die Opfergabe angenommen haben, so war die Zweideutigkeit der ersten Antwort vorgespiegelt."

Schweigend befragte Tendi die anderen. Nacheinander richtete er auf einen jeden seine Maske. Alle stimmten mit einem Nicken zu. Atumbi ließ etwas Zurückhaltung erkennen. Der Alte individualisierte seine Stimme ein wenig und wandte sich an Simon, der neben ihm saß.

„Mein Sohn, wir werden dich über Geheimnisse in Kenntnis setzen, die den Hohen Eingeweihten vorbehalten sind. Du bist kein Hoher Eingeweihter, aber Sambou, dein Großvater, ist es wohl. Und wenngleich er kein Bassari ist, so ist er unserem Ruf immer gefolgt. Sein vorgerücktes Alter und seine Blindheit lassen weite Reisen nicht mehr zu. Aber wir sind der Auffassung, daß er es war, der dich zu uns geschickt hat. Um seinen Anteil an Information entgegenzunehmen. Für uns weilt er hier unter uns. Sein Geist wird für heute in dich eintreten. So wird er es also sein, der die Geheimnisse empfängt, selbst wenn es dein Körper ist, der sie in sich aufnimmt. Wenn du dieses Heiligtum verläßt, nimmst du erneut die Seele und den Körper eines Nicht-Eingeweihten an. Der Nicht-Eingeweihte ist nicht an die Schweigepflicht gebunden, da er als jemand angesehen wird, der nichts weiß. Möge es aber verhindert werden, daß das, was du erfährst, unter den Nicht-Eingeweihten der Sippe bekannt wird. Und möge es nützen, mit Bedacht! Mit Bedacht", wiederholte er in deutlich drohendem Ton.

Dann wandte sich der Hohe Priester den in einer Gruppe angeordneten Figuren zu. Sie waren mit Blut und Kola-Saft beschmiert. In der Grotte erklangen seine von Armbewegungen untermalten Gesänge. Simon dachte, daß diese Bewegungen einen Übergang symbolisierten, und sagte sich, daß diese Zeremonie sicher die Übertragung des Geistes vom alten Sambou in seinen Körper darstellte. Dann blies Tendi in ein Büffelhorn, das - ähnlich dem Komo - den berüchtigen Hörnerton der Geheimgesellschaften erschallen ließ. Der Klang dieses Horns erfüllte Frauen und Kinder mit Schrecken. Einst brachten diese Gesellschaften Menschenopfer dar, und wehe der Nachzüglerin auf dem Buschpfad oder dem zu weit vom Dorf weggelaufenen Kind, wenn sie in ihre Netze gerieten! Das Horn ging von Mund zu Mund und kam bei Simon an. Er konnte ihm nur ein lautes Geräusch entlocken, es war der Klang seines Atems. Er begann von vorn und brachte einen jämmerlichen Furzton zustande. Das reichte aus. Man nahm ihm das Instrument wieder ab. Jemand spielte ein kurzes Solo.

Tendi nahm die Maske vom Gesicht. Alle taten es ihm nach.

„Wir vertrauen dich unserem starken Bruder Atumbi Büffel dem Älteren an", sagte er.

Hinter der Büffelmaske wurden die grauen Haare sichtbar, die den breiten Kopf von Atumbi dem Älteren bedeckten. Die Masken wurden in die schattenbedeckten Nischen zurückgelegt. Sieben der Anwesenden verschwanden, nur Tendi, Atumbi und Simon blieben zurück. Ein Simon, der sich für diesen Anlaß symbolisch in Sambou verwandelt hatte.

„Der Mann vor dir ist der Vater des Bogenschützen."

Atumbi der Ältere, der Vater des Bogenschützen! Das schien ihn aber nicht zu beschäftigen. Atumbi der Ältere schenkte Simon keine Beachtung und malte mit Daumen und Zeigefinger Zeichen in den Sand. Geomantik, sagte sich Simon, aber zu welchem Zweck?

„Atumbi der Jüngere muß seine Mission erfüllt haben, bevor Vollmond ist", sagte der Ältere leise, wie zu sich selbst. „Denn danach wendet sich die Gunst der Götter von ihm ab." Er sprach jetzt lauter. „Danach muß er sofort zurückkehren."

Da er sich in Mandingo ausdrückte, nahm der Journalist an, daß er zu ihm sprach, und fragte hitzig:

„Befürchten Sie denn nicht, daß er von der Polizei festgenommen wird?"

„Von dieser Seite haben wir keinerlei Befürchtungen." Die Stimme war fest und ohne jeden prahlerischen Unterton. „Er hat Hilfe und wird beschützt."

„Von wem?"

„Das werde ich nie sagen!"

„Ich stehe hier für Sambou, euren Bruder, er ist Hoher Eingeweihter wie ihr. Ich habe das Recht, es zu erfahren."

Tendi griff ein:

„Geist von Sambou, du kannst nicht alles wissen. Dieses äußerst wichtige Geheimnis ist nur wenigen vorbehalten. Nur wir beide wissen darum. Atumbi der Ältere wird dir sagen, was möglich ist, ohne daß die Götter erzürnt werden."

Das duldete keinen Widerspruch. Darauf zu beharren, würde bedeuten, in die Haut des Außenstehenden zurückzuschlüpfen. Die Unterredung wäre zu Ende.

„Worin besteht die Mission des Bogenschützen?"

„Das Strafgericht zu vollziehen" schrie Atumbi.

„An wem?"

„An den Verrätern!" Er zitterte vor Wut. Sie haben den Zorn der Ahnen heraufbeschworen und müssen die Strafen über sich ergehen lassen, die von den Großen Geistern verlangt wurden."

„Was haben sie getan, um den Zorn der Ahnen auf sich zu ziehen?"

„Sie sind des Treuebruchs schuldig." Alles wurde wieder lebendig, und der Zorn von Atumbi dem Älteren legte sich nun nicht mehr. „Sie haben die Sippe verraten, sie haben die Ahnen verraten, das ist unverzeihlich. Sie haben Dutzende von Einwohnern dieses Dorfes zum Tode verurteilt und hingerichtet."

„Jetzt kommt's", dachte der Journalist, völlig erregt.

„Wie ist das möglich?" rief er aus, ernsthaft erstaunt, aber begierig, mehr zu erfahren.

„Es ist neun Jahre her." Atumbi der Ältere schien einen langen Bericht in Angriff nehmen zu wollen, denn er stellte die Beine über Kreuz und setzte sich in die Hocke. „Es ist jetzt neun Jahre her. Die Dürre hatte einen im Bassari-Land nie zuvor gekannten Grad erreicht." Bei dem Wort „Dürre" machte es in dem Kopf des Journalisten Klick. „Jahrelang nacheinander keine Ernte, und die Vorratskammern waren leer. Hilfsgüter? Man hatte sie uns versprochen. Im Rundfunk hatte man sogar verbreitet, sie seien bei uns angekommen und verteilt worden. Aber wir aus Oniateh, da drüben auf der anderen Seite, hatten kein einziges Getreidekorn zu sehen bekommen. Ist es nicht so, Tendi?"

Düsteren Blickes nickte Tendi. Die Beschwörung all dieser Erinnerungen bekam ihm nicht gut.

„Sprich, Tendi, erläutere es ihm. Damals hattest du, wie jetzt auch, die Fäden in der Hand."

„Was konnten wir schon tun, mit nichts in den Vorratskammern und mit nichts im Magen", sagte der Alte. „Auf eine Hilfe warten, die nicht kam, und getäuscht durch die Lügen der Verwaltung?"

„Und des Rundfunks!" überbot ihn Atumbi.

Die Versammlung der Eingeweihten", fuhr Tendi fort, ohne dem Einwurf Beachtung zu schenken, „beschloß, drei junge Leute um Lebensmittel nach Kénédou zu schicken, der Hauptstadt unserer Region. Wir wußten, daß die Hilfsgüter für die Dürre offensichtlich auf die Märkte flossen. Wir mußten etwas Unerhörtes tun: Zu einem hohen Preis das kaufen, was man uns als Geschenk zugesagt hatte."

„Habt ihr euch vorher an die örtlichen Stellen gewandt, die mit der Verteilung in der Region beauftragt waren?"

Simon stellte diese Frage, um sich bestätigen zu lassen, was er eigentlich schon wußte. Aber eine Bestätigung mehr schadete nicht.

„Die örtlichen Stellen? Sieh dir den kleinsten Funktionär dieser Behörden an. In ihren Büros sind sie alle kleine Potentaten. Sie bereichern sich an unseren Lebensmitteln. Will man nur ein paar Körner haben, stellen sie alle möglichen Bedingungen und setzen uns Schikanen aus. Eines ist wahr, sie verhalten sich wie ihre Vorgesetzten. Wir haben uns mehrfach an die Verteilungsstellen gewandt. Aber die Antwort war immer die gleiche: Entweder, kommt ein andermal wieder, weil es nichts mehr zu verteilen gab, oder, kehrt in euer Dorf zurück, eure Zuteilung wird euch dorthin geliefert. Lügen und arrogante, zynische Antworten haben wir von den Ämtern zur Verteilung der Lebensmittel erhalten. Ich weiß, wovon ich spreche. Als Häuptling des Dorfes koordinierte ich alle Aktivitäten zum Überleben."

„Worin bestand der Treuebruch derer, die Verrat begangen haben?" fragte Simon und kam damit auf das hauptsächliche Thema zurück. Er nahm sich aber vor, das Problem der Verteilung zu einem späteren Zeitpunkt zu vertiefen.

„Ich erwähnte vorhin die drei jungen Männer aus dem Dorf. Wir schickten sie nach Kénédou, nachdem wir bei den Verteilungsämtern keinen Erfolg gehabt hatten. Wir mußten essen. Die im Dorf gesammelten Summen, d.h. das gesamte gesparte Geld, waren angesichts der Bedürfnisse lächerlich gering. Also... Mach du weiter, Atumbi, für das, was jetzt kommt, bist du an der richtigen, wenn nicht gar an einer besseren Stelle plaziert als ich."

„Also", machte Atumbi seinem Ärger Luft. Sein Zorn hatte sich immer noch nicht gelegt, „mußten wir an das Unberührbare rühren, das Sakrileg begehen. Es brauchte Geld? Der Goldene Fetisch wurde beschworen. Den Goldenen Fetisch verkaufen?

Und doch war es die einzige Lösung, die uns blieb. Dieser Fetisch erhielt bedeutende Opfergaben, um die Fruchtbarkeit unserer Frauen, Tiere und Felder zu schützen. Und davon sollten wir uns trennen! Die Götter erhoben Einspruch. Um sie zu besänftigen, opferte ihnen Tendi die allerletzte Färse. Gleichzeitig versprach er ihnen für die nächsten Jahre eine größere Figur. Wir dachten, wir könnten mit dem Fetisch, dessen Goldgewicht dem eines von der Milch abgesetzten Zickleins entsprach, einen guten Preis erzielen und die wichtigsten Nahrungsmittel kaufen, dazu Handpumpen, Sämereien und Jungvieh. Die Sippe sollte eine Gemeinschaft werden, der die Ausrüstung zusammen gehört, so wie der Goldene Fetisch allen gehört. Unser Vorhaben war es, Brunnen zu bohren, Getreide und Gemüse anzubauen. Das Gemüse hätte man in der Stadt verkauft, und nach und nach würde man das Gold für einen neuen Goldenen Fetisch kaufen. Ich sollte ihn formen. Ich bin der Schmied der Sippe. Mein Vater war es vor mir und mein Großvater vor meinem Vater. Der Fetisch wurde verkauft, das Geld aber wurde verbraucht. Völlig enttäuscht, machte ich zum Ersatz eine Figur aus Kupfer. Aber die Götter lehnten sie ab und verlangten, das Sakrileg, das sie beleidigt hatte, sollte mit Blut abgewaschen werden."

Atumbi, der Schmied, hielt ein paar Augenblicke inne. Er atmete tief durch, so daß Simon glaubte, er würde jetzt zur Kernfrage kommen: Was hatten sie getan?

„Wir schickten also", nahm er seine Rede wieder auf, „drei junge Männer mit der Goldfigur und allen erforderlichen Ermahnungen zur Wachsamkeit, in die Stadt. Dort fällt man leicht Gaunern in die Hände. Zur Vorsicht rieten wir ihnen, sich an Maka Lomo zu wenden, er ist einer der unsrigen, ein Bassari wie wir. Er hatte die Schule besucht und arbeitete als Verwaltungsangestellter in Kénédou. Nach unserer Vorstellung sollte Maka unseren Abgesandten helfen, die Fallen der Stadt zu umgehen. Er sollte beim Verkauf des kostbaren Fetischs und beim Einkauf der Lebensmittel und Ausrüstungen lenkend eingreifen."

Hier hielt der Schmied wiederum inne und suchte mit den Augen Tendis Einvernehmen. Beide wiegten schmerzerfüllt den Kopf.

„Wir sahen unsere drei Abgesandten nie wieder. Maka Lomo war aus Kénédou verschwunden. Dann erfuhren wir von Makas Frau, daß alle vier nach Kionda aufgebrochen waren. Eine Woche später schickten wir zwei Angehörige der Sippe zur Information in die Hauptstadt. Sie waren etwas älter, hatten viele Reisen hinter sich, und wir dachten, ihre Lebenserfahrung würde ihnen helfen. Auch sie gaben kein Lebenszeichen mehr von sich."

Atumbi der Ältere, der immer wütender wurde, gab Tendi das Wort. Dieser fuhr fort:

„Monate und Jahre vergingen. Wir lebten die alltägliche Tragödie. Wir aßen, was nur eßbar war. Wir schlachteten die letzten Ziegen und aßen sie auf. Dann kamen die Esel und Hunde dran. Sogar mein Pferd, der Stolz der ganzen Sippe, wurde hingeopfert, um Nahrung zu spenden. Wir aßen unsaubere Dinge, wie es für uns Erwachsene die Geckos sind. Wir aßen Insekten und Wurzeln. Zweien unserer Jäger gelang es, einer Hyäne ein totes Stachelschwein streitig zu machen, es war gerade verdurstet. Dann kam die Zeit der Leichenzüge. Die Ältesten starben als erste, als wollten sie die Anzahl der Münder verringern. Dann kamen die Kleinkinder an die Reihe, die Neugeborenen, die an leeren Brüsten saugten und bei dem kleinsten Unwohlsein starben. In all dieser Zeit lebten sechs Leute im Überfluß, und zwar von einem Gut, das sechshundert Personen gehörte, die langsam vor sich hin starben.

„Denn wir haben sie ausmachen können, diese unwürdigen Söhne", warf der Schmied ein. „Sie waren wirklich in der Hauptstadt und hatten, um nicht erkannt zu werden und dem Strafgericht zu entgehen, andere Namen angenommen. Jedes Jahr forderten die Götter die Opferschlachtung derer, die Dutzende weise Männer, junge Burschen, Frauen im gebärfähigen Alter und Männer in der Blüte ihrer Jahre dem Tode geweiht hatten. Die Existenz der Sippe stand auf dem Spiel. Ihr Fall wurde dadurch verschärft, daß die Veruntreuung kraft des Goldenen Fetischs geschehen war, ein Zeichen seiner Nichtachtung und nicht zu sühnenden Beleidigung. Sie hatten ihr eigenes Todesurteil unterschrieben. Der Geheime Rat versammelte sich und benannte den Arm des Strafgerichts. Seine Ausbildung wurde mir anvertraut, dem Meister des Schmiedens und der Waffen. Ich bin stolz, daß unter allen mein

Sohn Atumbi ausgewählt wurde. Er erfüllte seine Aufgabe, ohne an Kraft zu verlieren."

„Seine Ausbildung wurde mir anvertraut"! Der alte Sambou hatte auch hier das Richtige gesagt. Bisher war keines seiner Worte widerlegt worden. Wenn man sich vorstellt, daß er bei der entscheidenden Sitzung der Geheimen Rates dabei war! Simon wollte mehr über diese Ausbildung wissen.

„Ich habe ihm beigebracht, wie man ein Meister des Bogenschießens wird. Ich habe ihn trainiert und wieder trainiert, wie man es einst bei den Bogenschützen der Eliteklasse tat. Langes Fasten, Abhärtung gegen Durst, Hitze, Kälte und Müdigkeit. Unempfindlichkeit gegen Schmerz. Die Beherrschung der Nerven. Worauf ich aber die meiste Sorgfalt angewendet habe, das war die geistige Einstimmung. In jedem Moment mußte Atumbi der festen Überzeugung sein, daß er eine Mission erfüllte, die ihm von den Göttern in die Hand gelegt worden war. Daß sein Wille und seine Hand nie an Kraft verlieren durften. Daß die, die er bezwingen würde, Feinde der Sippe waren, schlimmer als wahre Feinde, denn es waren Verräter. Aber er mußte auch wissen, daß er sterben konnte, und zwar in jedem beliebigen Augenblick, als Opfer der bösen Kräfte, die den Verrätern Beistand leisteten. Er würde die Sippe rächen und vor dem Untergang bewahren. Das mußte er sich zu eigen machen. Vollständig. Um sein Ziel zu erreichen. Und er wird es erreichen."

Simon stellte die Frage, die ihm nicht aus dem Sinn ging, seit er in der alten Siedlung von Oniateh gewesen war:

„Warum hat das Dorf seinen vorigen Standort aufgegeben?"

Tendi ergriff das Wort:

„Wir haben uns entschlossen, Oniateh zu verlassen und uns hier in Neu-Oniateh einzurichten, als der Geheime Rat beschloß zuzuschlagen. Für den Fall, daß die Untersuchung nach Erfüllung von Atumbis Mission bis zu uns hätte führen können, brauchten wir einen sicheren Schutz gegen die Repressalien der Behörden."

„Geht es euch hier besser als auf der anderen Seite?"

„Hier sterben wir nicht mehr den Hungertod. Man kümmert sich hier um uns, weil wir gerade erst eingewandert sind und man uns hindern will, dahin zurückzugehen, woher wir gekommen sind. Zu diesem Zweck schickt man uns bisweilen Lebensmittel. Es reicht eindeutig nicht aus, und es gibt lange Perioden, in denen gar nichts kommt. Aber wenigstens sterben wir nicht den Hungertod. Wie lange es noch so weitergeht, weiß ich nicht. Dörfer in unserer Nähe leiden bitter unter der Hungersnot. Die Behörden diesseits und jenseits der Grenze sind von der gleichen Machart."

„Ihr Rundfunk ist auch von der gleichen Machart!" fügte Atumbi hinzu.

Simon war der Auffassung, er wisse jetzt genug über den Bogenschützen und dessen Mission. Es blieb ihm nur noch aufzudecken, was in Kénédou und in der Hauptstadt seit dem Eintreffen der ersten Abgesandten passiert war. Seine beiden Gesprächspartner konnten dabei keine Hilfe für ihn sein. Sie wußten nicht, wie das Geld für die Lebensmittel weggekommen war, und erklärten, daß sie das nicht interessiere. Sie sahen die Lage, die dadurch entstanden war, und das genügte ihnen. Der Journalist beschloß, seine Untersuchung in Kénédou und in Kionda fortzuführen.

Etwas war ihm noch ein Rätsel geblieben: Papa André Koh, dessen Ermordung mit den vorhergehenden Todesfällen in Verbindung gebracht wurde, war von einer Schlange gebissen worden. Gab es wirklich eine Linie zu denen, die durch den Pfeil starben?

„In Wirklichkeit hieß er Andékudy Kororo", sagte Tendi. „Er ist gegen Metall gefeit. In seiner Jugend hat er eine den widerstandsfähigsten Knaben zugedachte Ausbildung genossen, die sie unverwundbar machen sollte. Es gibt dafür geheime Praktiken. Deshalb haben wir ihm den Tod in anderer Form geschickt. Die Zähne der Schlange sind nicht aus Metall."

„Wie erfahrt ihr, ob der Bogenschütze sein Ziel erreicht hat?"

Der Schmied zeigte ihm die kleine Sandfläche, in die er die Symbole aus der Geomantik eingezeichnet hatte. „Geomantik als Nachrichtendienst?" Um nicht lachen zu müssen, verbarg Simon seine Skepsis und ließ es auf sich beruhen. Der andere aber malte in aller Ruhe neue esoterische Zeichen.

„Atumbi hat bereits fünf Verräter getötet", sagte er. „Heute abend ist Vollmond. Bevor die Nacht hereinbricht, muß er zuschlagen. Dahinten in Kionda macht Olakhan, der letzte der sechs Verräter, seine letzten Schritte auf Erden. Aber er weiß es nicht."

Die Sonne draußen stand im Zenit. Sie verbrannte förmlich die Flur, so heiß war es. Tendi verließ die Grotte gemeinsam mit Simon und überließ es Atumbi dem Älteren, die Kultgegenstände an den richtigen Platz zu bringen und die Tür aus Zweigen zu verschließen. Als sie ins Dorf zurückgingen, war die Landschaft noch trostloser als ein paar Stunden zuvor. Durch die sengende Sonne schien sie noch ausgetrockneter.

„Sieh dir das an", sagte der ehrwürdige alte Mann, „wir müssen etwas tun. Wir dürfen nicht die Hände in den Schoß legen und alles von den anderen erwarten. Wir brauchen Wasser, und hier gibt es Wasser." Er klopfte mit dem Fuß auf den Boden.

„In der Tat, zu allererst braucht ihr Wasser", antwortete Simon. „Um es aber hochzuholen, bedarf es der Technik. Die Werkzeuge von gestern helfen hier nicht mehr."

„Wir sind nicht gegen die Technik, wir sind nicht gegen die Modernisierung. Wir sehen schon, was sie uns bringen kann", erklärte Tendi. „Aber sie muß etappenweise in einem von uns gewählten Rhythmus eingeführt werden, der es uns ermöglicht, uns nach und nach anzupassen. Ein zu heftiger Bruch würde das ohnehin gestörte Gleichgewicht unserer Verhältnisse völlig kaputtmachen. Die bedingungslose Modernisierung hat zu Fehlern geführt. In der Stadt sind sie in die Irre gegangen, alles im Namen der Modernisierung."

Sie waren im Dorf angekommen. Vor einer der vordersten Hütten sah der Journalist eine Schar von Kindern, die Erdnüsse mit ihren Schalen rösteten. Sie würden sie sich teilen. Und das ist ihr Mittagessen? Die einzige Mahlzeit am Tag. Die Antwort auf diese Frage und viele andere Informationen würde er in den nächsten Stunden bei seinem Rundgang durchs Dorf und den Interviews mit den Bewohnern für seinen Dossier „Dürre - die Wege der Hilfsgüter" finden. Aber was für eine Katastrophe! sagte er sich. Die Lage war äußerst besorgniserregend. Und das nun schon jahrelang! Für dieses Dorf und für viele andere.

„In Kameh habe ich einen Sack Niebé für euch", sagte Simon.

„Ich konnte ihn gestern nicht mitbringen, aber sicher können ihn ein paar junge Leute aus dem Dorf abholen."

„Niebé? Einen ganzen Sack?" Dem alten Tendi versagte vor Überraschung die Stimme.

„Ja", versicherte der junge Mann.

Als Simon den Tag zuvor in Kameh angekommen war, hatte er bemerkt, daß dort nachmittags ein Markt abgehalten wurde, auf dem man ein paar armselige Erzeugnisse zum Verkauf anbot, u.a. Niebé-Bohnen. Als er dann die katastrophale Lage im Dorf sah, dachte er, etwas tun zu müssen, und entschloß sich, bei seiner Rückkehr nach Kameh einen Sack von diesen kleinen Bohnen zu kaufen. Die Niebé konnten den Bewohnern von Neu-Oniateh nur willkommen sein. Wenn man sie im Gemüsegarten neben dem Brunnen einsät, spenden sie äußerst nahrhafte Blätter, später tragen sie Samen, aus denen man sehr proteinhaltige Speisen zubereitet.

„Einen Sack Niebé!" wiederholte Tendi und rückte die gestickte Baumwollmütze zurecht, die er am Tage zuvor geschenkt bekommen hatte.

Tendi ließ es sich nicht nehmen, Simon bei seiner Reportage zur Situation im Dorf und zur Verteilungspolitik im Grenzgebiet zwischen den beiden Ländern zu begleiten. Um zu einer aussagekräftigen Analyse zu gelangen, hatte der Journalist vor, auch in anderen Dörfern Untersuchungen durchzuführen.

Am späten Nachmittag verließ Simon Neu-Oniateh. Man schlug ihm vor, doch ein wenig länger im Dorf zu bleiben. Doch Atumbi der Ältere, der wie immer offen aussprach, was er dachte, kritisierte seine Stammesbrüder:

„Laßt ihn doch seine Arbeit machen! Was werdet ihr ihm zu essen geben, wenn ihr ihn aufhaltet? Meint ihr, er fühlt sich mit leerem Magen hier wohl?"

Nach diesem Einwurf des Schmieds war die Diskussion beendet.

Simon verteilte seine restlichen Vorräte: Zwieback, Sardinenbüchsen, Kondensmilch. Alles wurde mit geräuschvollen Dankesworten aufgenommen. Dann schüttelte er alle Hände, die sich ihm boten und trat in Begleitung zweier Fremdenführer den Rückweg an. Sie waren in jugendlichem Alter und schienen die

Hungersnot besser zu verkraften. Jedenfalls waren sie nicht ganz so mager wie die anderen.

Kaum hatte er den ersten Schritt gemacht, spürte er, wie ihn eine Hand zurückhielt. Es war Emangi. Sie hatte ein häßliches, verwaschenes Kleid und Plastiksandalen an.

„Nimm mich in die Stadt mit."

„Das geht auf keinen Fall!" stieß der Zufallsliebhaber hervor. „Eine Anwärterin für die Landflucht, die unweigerlich in der Prostitution strandet", dachte er. „Nein, ich werde das nicht unterstützen."

„Ich werde deine Frau sein. Ich will, daß du mein Mann wirst."

„Ich bin verlobt!"

„Dann bin ich eben deine zweite Frau!"

„Kommt gar nicht in Frage, ich bin gegen die Polygamie, und meine Verlobte erst recht."

„Dann werde ich eben deine Schwester."

„Versteh doch, Emangi, du wärest todunglücklich. Meine Schwestern sind richtige Giftkröten. Sie würden dich in die Mangel nehmen."

„Gut, ich bin einverstanden, ich werde dein Dienstmädchen."

„Das habe ich dir doch gar nicht angeboten. Sieh mal, Emangi..." Da bin ich ganz schön in der Falle, dachte Simon, als er an das morgendliche Abenteuer dachte.

„Hei, Monsieur Simon, nimm sie doch mit nach Kionda" warf einer der Fremdenführer ein. „Seit heute früh redet sie mit allen Leuten über ihre Liebe zu dir, sogar die Bäume haben ihren Teil abbekommen."

Die Dörfler lachten freundlich. Da bemerkte er ein junges Mädchen, das sich abgesondert hatte. Sie war ernst geblieben und schaute ihn an. „Sicher die Braut des Bogenschützen", sagte er sich. Emangi, die das Hin und Her ihrer Blicke bemerkt hatte, fuhr auf das abseits stehende Mädchen los und beschimpfte sie gehörig. Man trat dazwischen, um dem Zwischenfall ein Ende zu machen. Simon hatte mit seinen Begleitern schon den Rückweg angetreten.

Der Journalist schätzte sich glücklich, daß er zu den Bassari gekommen war. Oniateh war ein offenkundiger Fall für ein von der Katastrophe heimgesuchtes und durch die Unterschlagungen beiderseits der Grenze schlecht mit Hilfsgütern versorgtes Dorf. Daneben ging seine Untersuchung zum Bogenschützen gut voran. Der Ertrag der Notizen zur Situation, die er sich bei den Gesprächen gemacht hatte, war beträchtlich.

Die Durchquerung des Flußbettes war schwieriger als beim Hinweg. Die Zöllner waren zu sehen, wenn auch weit weg, und sie mußten sich bei jedem kleinsten Geräusch verstecken. Ungeachtet der Erschöpfung und der Kratzwunden, die er sich auf dem Wege zugezogen hatte, lud sich der Kräftigere der beiden Begleiter den Sack Niebé über die Schultern, sobald sie in Kameh ankamen. Sie traten sofort den Rückweg an.

„Wir wechseln uns unterwegs ab“, riefen sie zum Abschied.

Simon blieb mit dem Lehrer aus Kameh allein zurück und besprach mit ihm die Rückfahrt nach Kénédou.

„Bald kommt hier der kleine Lastwagen vom Tierarzt vorbei“, sagte der Schulmeister. Da es kaum noch Vieh gibt, hat er Zeit und kommt hierher, um sich um seine Anpflanzungen zu kümmern, na ja, soweit noch was da ist. Bei Einbruch der Nacht fährt er nach Kénédou zurück.“

Simon nahm diese Information mit großem Interesse auf und faßte den Plan, die Witwe Madame Lomo in Kénédou zu besuchen. Zusammen mit dem Lehrer ging er zum Straßenrand, um auf den kleinen Laster des Tierarztes zu warten. Als er am Schulhof vorbeikam, sah er eine Handpumpe. Frauen versorgten sich dort mit Wasser.

„Ein gutes Werk, diese Punpe“, sagte der Journalist. „Ist das eine Spende aus der Dürre-Hilfsaktion?“

„Nicht so ganz. Es ist eine Errungenschaft von ganz Kameh. Wir, die Angestellten des öffentlichen Dienstes, haben zu acht monatelang Beiträge für die Pumpe abgeführt. Sie gehorte zu einem Spendentransport, da es aber nicht für alle reichte, haben die regionalen Behörden sie dann lieber verkauft. Der Erlös sollte dem Amt für Dürreopfer zugute kommen. Aber mein Gott, fragen Sie mich nicht, wo das Geld wirklich hingegangen ist. Für das Brunnenbohren haben wir ein System eingeführt, das den Bauern auch die Möglichkeit gab, einen Beitrag zu leisten. Der Anteil eines jeden wurde in Arbeitstagen ausgerechnet, Brunnenbohren oder

Handlangerarbeit beim Mauern, zum Beispiel. Und jetzt gehört der Brunnen allen."

Der Lehrer war sichtlich stolz auf ihr Werk.

„Das ist ein gutes Beispiel für örtliche Eigeninitiative", sagte Simon. „Die Idee mit den Beiträgen durch freiwillig geleistete Arbeitstage finde ich hervorragend."

„Na ja", spitzte der Lehrer das Problem zu, „die Dörfer sind nicht mehr in der Lage, auch nur irgend etwas zu bezahlen. Die Dürre hat sie aus der Geldwirtschaft, die sie gerade erst kennengelernt hatten, wieder herausgestoßen. Für einen Teil ist es ein Glück, daß die jungen Leute aus dem Dorf einer Lohnarbeit in der Stadt nachgehen. Ohne die Lebensmittel, die sie ihren Verwandten schicken, wären viele Dörfer schon am Ende." Plötzlich wies er auf eine Staubwolke in der Ferne. „Da ist der Laster vom Tierarzt!"

Er gab dem Fahrzeug ein Zeichen. Es stoppte inmitten einer ockerfarbenen Wolke. Schnell hatte man sich miteinander bekanntgemacht, und Simon stieg auf.

Die Sonne war am Ende ihrer Bahn angekommen und hatte der Dämmerung, diesem kurzen Schwebezustand zwischen Tag und Nacht, Platz gemacht. Als der Journalist aus dem Dorf herausfuhr, sah er die riesige leuchtende Scheibe des Nachtgestirns vor sich. Sie war von einer Vollkommenheit, als hätte man sie mit dem Zirkel gezeichnet, und schien den ganzen Horizont einzunehmen. „Vollmond", flüsterte er, „Olakhan macht seine letzten Schritte auf Erden", hatte Atumbi der Ältere gesagt. Wer war Olakhan? Unter welchem Namen verbarg er sich?

19

Der Staatssekretär, Sanko Kamaga, fand es äußerst unangenehm, daß er sich um die Beisetzungsfeierlichkeiten von Papa André Koh kümmern mußte. Koh war Christ und hatte zu Lebzeiten verfügt, er wolle christlich bestattet werden. Da er sich in Kionda nicht verheiratet hatte, hinterließ er weder Witwe noch sonstige Erben. Also fiel es auf seinen Vetter Kamaga, einen Sarg und anderes Zubehör für ein christliches Begräbnis in Auftrag zu geben. Um keinen Preis aber wollte er auch nur einen Fuß vor die Tür setzen. Seit dem Tod von Dombo und Besso hatte die Angst wieder um sich gegriffen. Feiern und Feste wurden abgesagt. Zu Dombos und Bessos Totenzeremonie waren nur wenige gekommen, die Geschäftsfreunde hatten es nicht für nötig erachtet.

Mehr als jeder andere hatte Kamaga Angst, das Haus zu verlassen. Er wußte nur zu gut, daß sich der Zorn des Bogenschützen gegen ihn richtete, gegen ihn ganz allein. Er war der einzige, der noch übrigblieb. Und das wußte er auch. Aber er mußte zu dem Bestattungsinstitut gehen. Er hatte angerufen, um die Bestellung telefonisch aufzugeben. Aber der Geschäftsinhaber, der ärgerliche Vorfälle in der Vergangenheit geltend machte, hatte ihm empfohlen, persönlich vorzusprechen. Das Privatunternehmen – es war das einzige dieser Art in der Stadt – zog die Auswahl vor Ort telefonischen Bestellungen vor, um spätere Reklamationen zu vermeiden. Kamaga hatte zwar gesagt, daß ihm die Zusammenstellung gleichgültig sei, doch der Inhaber hatte ihm höflich, aber bestimmt geantwortet, es sei üblich, daß die Kunden sich die Ware selbst ansehen. Kamaga verfluchte seinen Vetter, weil er gestorben war und ihm die Verpflichtung auferlegt hatte, in so gefährlichen Zeiten auf die Straße zu gehen. Dann aber wurden ihm die Lächerlichkeit und die Feigheit seines Tuns bewußt. Was für einen Eindruck würde er denn machen, wenn er, ein Mitarbeiter des Ministers, sich vor Angst wegstehlen würde? Denn der Grund für eine solche Fahnenflucht wäre leicht zu durchschauen. Seine ganze Karriere stünde auf dem Spiel.

In ihm reifte ein Entschluß: „Der Bogenschütze ist ein Mensch wie ich und kein Gott", sagte er energisch zu sich selbst. „Statt in der Defensive zu bleiben und mich zu verstecken, muß ich mich verteidigen und ihm vorausgreifen, ihn sogar herausfordern und ihn dazu zwingen, sich zu enttarnen. Und dann rechne ich mit ihm ab." Er zog aus der Schublade eine Pistole und lud sie, nachdem er ihren Mechanismus überprüft hatte.

Kamaga war froh, daß er wieder Mut gefaßt hatte. Er legte einen künstlichen Bart von herrlicher Machart an und streifte eine kugelsichere Weste über, die er bei der Polizei ausgeliehen hatte. Sie gab ihm noch mehr Fülle. Trotz der Hitze trug er Stiefel.

Das Bestattungsinstitut lag auf der Grenze zwischen dem Höhenviertel der Reichen und dem Armenviertel Bougosso. Der Staatssekretär tastete seine Seiten ab: Da war die Pistole. Unter seinem Jackett zog er die kugelsichere Weste zurecht und wurde ruhiger. Als er bei dem Geschäft ankam, warf er einen Blick auf die Straße und kontrollierte, ob die angeforderten Wachen ihren Posten bezogen hatten. Das Kommissariat des 9. Reviers hatte sich der Aufgabe gut gestellt: vor der Tür des Geschäfts zwei Männer in Uniform mit angelegtem Gewehr, Finger am Abzug, martialischer Blick.

Als er sich vergewissert hatte, daß er unter sichererem Schutz stand, stieg Kamaga aus seinem Wagen, den er gegenüber vom Geschäft geparkt hatte, und begrüßte erleichtert den jungen Inspektor, der auf ihn zukam. Es war Sarré. Kamaga schien den jungen Polizeioffizier plötzlich wiederzuerkennen. Er runzelte die Brauen, weil er sich an ihre letzte Begegnung zu erinnern suchte, gab es dann aber auf, weil er sich sagte, daß dieser junge Mann ein mit seinem Schutz beauftragter Polizeibeamter war und daß alle Bedingungen erfüllt waren, um sich dessen glücklich schätzen zu können. Später würde er sich mehr Klarheit verschaffen. Die Spannung fiel von ihm ab, und als er an einem Bettler vorüberging, der an einem der Mahagonibäume lehnte, die die Straße säumten, fand er zu seiner Arroganz zurück. Er gab ihm einen Fußtritt, der große, ärmliche Strohhut fiel herunter. Der

Bettler, der mit notdürftig zusammengenähten Baumwollstreifen bekleidet war, setzte seine Kopfbedeckung wieder auf und hörte deutlich den Satz:

„Man müßte diesen ganzen Auswurf, der unsere Straßen verstopft, einfach wegkehren."

In aller Ruhe traf Kamaga seine Wahl. Der Verkäufer, der ihn bediente, ein Zwerg mit kugelrunden Augen und kurzgeschnittenem Haar, war ihm dabei ein wenig behilflich. Während Kamaga den Scheck unterschrieb, ließ der Gnom einen abschätzenden Blick über ihn gleiten, als nehme er Maß für den nächsten Sarg. Sicher eine Berufskrankheit. Kamaga bemerkte das Getue und sah den kleinen Mann strafend an. Der setzte die gefällige Miene unverbindlichen Mitgefühls auf.

Als der Staatssekretär wieder auf der Straße war, packte ihn dunkle Angst. Ihm gingen die Nerven durch. Er spürte eine gegen ihn gerichtete Präsenz, konnte sie aber nicht lokalisieren. Er entschloß sich zur Flucht nach vorn. Mitten auf der Straße fing er an, seinen Feind herauszufordern, und verlor schließlich jede Selbstkontrolle.

„Soll er sich doch zeigen, der Bogenschütze!" kreischte er. „Soll er sich doch zeigen, dieser stinkende Hundesohn! Mit meinen eigenen Händen reiße ich ihm die Gedärme heraus! Komm heraus, gib dich zu erkennen, du Abschaum!"

Und er zog die Pistole.

„Hohnworte! Er verhöhnt uns!" sprach der Bogenschütze leise vor sich hin. Er war zutiefst verletzt. Das befleckte die Familie, die ganze Sippe. Alle Bassari wurden beleidigt, alle Opfer der Dürre. „Sie bestehlen uns, sie quälen uns, sie töten uns und jetzt auch noch Hohnworte."

„Ihr seid die stinkenden Hunde! Du und deinesgleichen! Deshalb stirb!"

Der Bogenschütze legte den Hut und die andere Verkleidung ab; in aufeinander abgestimmten, kurzen Bewegungen spannte er seinen Bogen, legte den Pfeil ein und ließ der Sehne freien Lauf. Vierzig Kilo freitragendes Gewicht. Kamaga, der immer noch umherprahlte, weil er sich durch Polizei, kugelsichere Weste und Pistole beschützt glaubte, sah den Pfeil erst, als er in sein rechtes

Auge schlug. Er heulte auf und schoß auf Verdacht in die Richtung des Bogenschützen. Als der Schmerz unerträglich wurde, versuchte er, den Pfeil herauszureißen, und stellte mit Entsetzen fest, daß der blutige Augapfel dabei mit abging. Ausströmendes Blut und Augenflüssigkeit besudelten bereits die rechte Schulter seines Jacketts. Er begriff, daß es sehr ernst um ihn stand. Seine schöne Selbstsicherheit war dahin. „Bringt mich hier weg, bringt mich schnell weg", flehte er. „Ich habe Schmerzen. Aber ich lebe. Dieser Hundesohn hat mich verfehlt, ich aber werde ihn nicht verfehlen."

Schaulustige bildeten um den Verletzten einen Kreis. Sein Chauffeur faßte ihn unter und geleitete ihn zur nahegelegenen Klinik *Mama Rima*. Auf dem Asphalt blieb eine Blutspur zurück. Kamaga jammerte und stieß Verwünschungen aus.

Nach dem Schuß ging der Bogenschütze sofort in Richtung Bougosso. Er lief an Inspektor Sarré vorbei, der einen Schuß abgab, ihn aber verfehlte. Einer der Polizisten in Uniform legte an und drückte ab. Die Kugel pfiff heraus, ging haarscharf daneben, traf aber auf ihrem Weg das schmale Rasiermesser eines Bartscherers, der sich, einige Meter vom Ort der Tragödie entfernt, auf dem Gehweg niedergelassen hatte und dabei war, einen vor ihm hockenden Kunden zu rasieren. Das Rasiermesser entwand sich den Händen des Barbiers und schnitt in die Wange des Kunden. Dieser kam in seiner Verblüffung mit einem Ruck auf die Beine und führte bei dieser Bewegung einen rasanten Kopfstoß gegen das Kinn des Friseurs aus. Der Bartschneider kam auf dem Rücken zu liegen. Der Kunde hingegen, mit seinem schaumbedeckten Bart, blickte verstört und schrie aus Leibeskräften: „Die Waffen haben gesprochen, die Waffen haben gesprochen, rette sich wer kann!" Er stürzte blindlings los, hatte aber eine zweite herbe Begegnung mit dem Barbier, der, wie ein geschlagener Boxer, gerade mühselig aufzustehen versuchte. Der neuerliche Schlag ging wieder zu Ungunsten des Friseurs aus: K.o. Der Kunde, der immer noch das wie ein Cape flatternde Tuch des Friseurs um den Hals trug, änderte erneut die Richtung und schwenkte in eine Gasse ein, die zum Großen Markt führte. Immer noch schrie er: „Die Waffen haben gesprochen! Die Waffen haben gesprochen!"

Die bei den anderen Bartscherern und Kunden ausgelöste Panik verursachte ein völliges Durcheinander. Der erste Polizist wurde an der Verfolgungsjagd gehindert.

Kurz zuvor sauste in düster jaulendem Ton eine vom zweiten Polizisten abgegebene zweite Kugel an der Steinwand des nahegelegenen Verwaltungsgebäudes vorbei, an dem der Flüchtige gerade entlangging. Atumbi schwenkte in einen schmalen Durchgang ein, der als Endhaltestelle für die Privatbusse aus den Vorortvierteln genutzt wurde. Eine dritte Kugel pfiff vorbei, als ein Bus gerade bei der Endhaltestelle ankam. Der Fahrer, ein Dicker im Turnhemd, bremste scharf, öffnete seine Wagentür und sprang unter Vernachlässigung der Stufen mit einem Satz auf die Straße. Die Passagiere ihrerseits waren durch alle möglichen Ausgänge aus dem Fahrzeug gesprungen. Der Chauffeur mit seinem durch das zu kurze Hemd bloßgelegten Bauch versuchte, zwischen seinem Wagen und dem Brotkiosk hindurchzuschlüpfen, den er wenige Augenblicke zuvor fast gerammt hätte. Er kam davon ab, weil der Durchlaß zu eng war. Er riskierte es, sich unter das Fahrzeug zu legen, aber dort war schon alles belegt, und man stieß ihn rücksichtslos weg. Infolgedessen war der Durchgang der Endhaltestelle durch einen Bus verstopft, dessen Passagiere unter dem Wagenboden Schutz gefunden hatten.

Einen Augenblick zuvor war der Bogenschütze hier vorübergegangen. Ein paar Schritte weiter traf er auf eine Gruppe von Frauen in Festkleidern, die hier warteten, um zu einer Hochzeit zu fahren. Bevor sie in den Bus einstiegen, der für sie bestellt worden war, verschafften sie sich einen Vorgeschmack auf die zu erwartenden Vergnügungen. Trommeln wurden geschlagen. Frauen tanzten im Kreis, andere klatschten mit den Händen. Als sie den Bogenschutzen in seiner kurzen, bauschigen Hose und mit dem Bogen in der Hand sahen, wurde es stiller. Dann schwieg jeder Lärm. Man war sich schnell über die Situation im klaren. Hier, beim Trommelschlagen, hatte man die Schüsse nicht gehört, aber der fliehende Mann konnte nur der Bogenschütze sein, über den sowohl im Bidonville als auch in den Luxusappartements geredet wurde. Vor wem sollte er fliehen, außer vor der Polizei? Man rückte auseinander, um ihm einen Durchlaß zu verschaffen. In ihrer Begeisterung griff eine Frau nach seinen Arm. „Es gibt noch Männer mit Kraft“, rief sie in einem improvisierten Preisgesang. Als die Polizisten nach einer ausgeklügelten Verfolgungsjagd zwischen dem Bus und dem Kiosk ankamen, stellten sich die Tänzerinnen wieder im Kreis auf. Die Runde wurde dichter. Die Polizisten versuchten, sich einen Weg durch die Schar zu bahnen. Man rückte noch mehr zusammen. Die enge, von hohen Wänden eingefaßte Straße war völlig blockiert. Die Holztrommeln schlugen schneller, das Händeklatschen wurde härter und die Gesänge auf die „Männer, die noch Männer sind“ wurden mitreißender.

Nur noch wenige Meter bis Bougosso. Die ersten Hütten waren zum Greifen nah. „Vor Neumond.“ Er schaute hoch. Dort, in der Abenddämmerung machte sich die runde, kalte Scheibe des Mondes von den Wolken frei. Vollmond! Da war er! „Bougosso erreichen, um jeden Preis!“ Ein Gewehrschuß ging los. Atumbi taumelte. Die Kugel war in seine linke Schulter gegangen. Er führte die Hand zur Wunde, um eine stärkere Blutung zu verhindern. Junge Männer aus dem Viertel, die das Trauerspiel mitangesehen hatten, wiesen ihm den sicheren Weg. Er verschwand. Eine letzte Kugel pfiff vorbei. Aber mit einem Mal war die helfende Nacht hereingebrochen.

20

Der Tierarzt war sogar so freundlich, Simon vor dem Haus der Lomos abzusetzen. Das aus Steinen gemauerte Haus mit dem Wellblechdach nahm die Hälfte des Hofes ein. Die Außenwände mußten dringend verputzt werden.

Simon ging hinein und grüßte. In der Veranda wurde eine etwa dreiundzwanzigjährige Frau sichtbar. Sie trug einen Indigoschleier, das traditionelle Symbol der Witwenschaft. Es war Madame Lomo. Sie musterte den jungen Mann mit einer gewissen Verlegenheit und zögerte, seinen Gruß zu erwidern. Sie standen zwei Meter voneinander entfernt. Der Journalist trat einen Schritt näher heran, und die junge Frau wich um einen Schritt zurück. Sie griff nach einer Sturmlampe, und es wurde heller. Zwei Kinder, ein Junge und ein Mädchen, kamen aus dem Zimmer und schmiegten sich an ihre Mutter, die ihnen den Kopf streichelte und sie ins Zimmer zurückschickte.

Simon wußte, daß die Frau in den vierzig Tagen ihrer Witwenschaft unter dem Schleier auf keinen Fall allein einem mit einem erwachsenen Mann zusammentreffen durfte. Aber er fragte sich, ob das mißtrauische Verhalten der Frau nun daran lag, daß er ein Mann war oder einfach nur ein Unbekannter.

„Madame, ich weiß um den Schmerz, der Sie erfüllt, und spreche Ihnen mein Beileid aus. Mein Name ist Simon Dia, ich bin Journalist. Ich bitte um Entschuldigung, daß ich zu einer für Besuche so unpassenden Zeit hier eindringe."

„Ich danke Ihnen für Ihr Beileid, Monsieur Dia", antwortete sie ohne jede Emotion. „Sie werden verstehen, daß ich Sie nicht empfangen kann, solange ich nicht den Grund Ihres Besuches erfahren habe. Sie verstehen, ich bin eine alleinstehende Frau in der Witwenzeit, und Sie sind ein Mann, den ich nicht kenne."

Der Journalist erläuterte nun ausführlich den Anlaß seines Kommens. Er sagte etwas über seinen Auftrag und die Reise nach Oniateh, eine Reise, die ihn zu ihr geführt hatte. Da war sie bereit, ihm einen Stuhl anzubieten. Der Tod ihres Mannes und die Umstände, die ihn dazu veranlaßt hatten, seine Familie zu verlassen, waren für sie nach wie vor ein Geheimnis, so daß sie Näheres wissen wollte. Sie wähnte Simon ausreichend informiert, um sie nun ihrerseits informieren zu können.

„Madame, vor neun Jahren erhielt Ihr Mann Besuch von drei Bassari aus dem Dorf Oniateh. Dann ging er mit ihnen nach Kionda. Zwei andere Bassari, die das Dorf ausgesandt hatte, kamen hier vorbei und gingen dann ebenfalls in die Hauptstadt. Madame, es ist von den Einwohnern Oniatehs festgestellt worden, daß Ihr Mann und die fünf Emissäre aus Oniateh das für den Kauf von Lebensmitteln bestimmte Geld veruntreut haben. Dieser Diebstahl hat nach Darstellung der Dörfler Dutzenden von Bassari und vielen Kindern das Leben gekostet."

„Das soll mein Mann getan haben?" rief sie aus. „Mein Mann, ein Mörder? Sagen Sie doch, daß das nicht wahr ist!"

„Ich habe kein Beweismaterial. Aber ich habe die Aussagen ernst zu nehmender Leute gehört ..."

„Ein Mörder!" sagte sie und brach in Schluchzen aus.

„Es läuft nicht", sagte sich der Journalist verlegen. Er erhob sich, stand etwas dumm und unschlüssig herum und wußte nicht, wohin mit den Händen. Sollte er sie trösten? Aber wie? Dieses Gespräch ließ sich gar nicht gut an. Und einen anderen Zugang hatte er nicht. Er konnte nicht ahnen, daß sie über die Betätigungen ihres Mannes überhaupt nichts wußte. Die Kinder, die ihre Mutter weinen hörten, gesellten sich zu ihr. Angesichts solcher Tränenströme fühlte sich Simon völlig überfordert.

„Es tut mir leid, Madame."

Die Frau brachte die Kinder wieder ins Zimmer und kam zurück, nachdem sie sich beruhigt hatten.

„Ich weine der Kinder wegen", sagte sie und wischte sich die Tränen ab. „Ich hätte ihnen ein solches Unglück gern erspart: ihr Vater – ein Mörder anderer Kinder. Das ist abscheulich. Abscheulich. Ich wußte, daß er habgierig und unredlich war, aber ich konnte mir nicht vorstellen, daß er für Geld so weit gehen würde. Ich verstehe jetzt, warum er mir nie sagte, woher er dieses ganze Geld plötzlich hatte und warum er mich nicht mehr wollte. Denn er wußte, daß ich mich nie für seine zwielichtigen Aktivitäten verbürgte."

Sie wischte ihre Tränen mit einem Zipfel ihres Schleiers weg.

„Monsieur Dia, Sie haben mir hinsichtlich der Ereignisse um meinen Ehemann die Augen geöffnet, ich danke Ihnen. Was kann ich für Sie tun?"

Simon faßte wieder Mut und fragte:

„Was ist passiert, als die drei ersten Abgesandten hier ankamen?"

Die junge Frau grub in ihren Erinnerungen nach.

„Die ersten drei waren Anyari Wétémé, Yragne Lukuta und Amango Bady. Einer von ihnen trug einen in ein Tuch eingewickelten Gegenstand, das war, glaube ich, Anyari. Ich habe niemals erfahren, was das für ein Gegenstand war, so geheimnisvoll taten sie und so mißtrauisch waren sie. Mein Mann empfing sie allein, und sie diskutierten lange in Bassari, einer Sprache, die ich nicht verstehe, da ich keine Bassari bin, sondern Mandingo. Bei Nachtanbruch gingen sie fort, ohne mir zu sagen, wohin. Sie kamen zu später Nacht zurück und sangen wie Betrunkene. Am Morgen lagen sie kreuz und quer auf den Matten in der Veranda und schnarchten laut. Da wußte ich dann, daß sie sich abends in Mahamés Kaschemme, wohin mein Mann immer ging, betrunken hatten. Als sie wach waren, frühstückten sie. Dann packte mein Mann einen Koffer und legte den immer noch eingewickelten Gegenstand hinein, der vorher immer bei Anyari gewesen war, denn dieser hatte ihn ständig in seiner über die Schulter gehängten Sacktasche, die er an sich preßte. Mein Mann erläuterte mir, er würde mit seinen Vettern in die Hauptstadt fahren, um ein wichtiges Geschäft zu tätigen. Wenn es gut liefe, würden wir uns dort niederlassen. Er sollte nie wieder in dieses Haus zurückkehren. Ich weiß nicht, was sich in Kionda ereignete. Ich weiß nur folgendes: Als ich ihn suchen ging, stellte ich fest, daß er reich geworden war und mich nun nicht mehr wollte."

„Kamen die beiden anderen Abgesandten hier vorbei?"

„Ja, aber nur um mich nach den drei anderen zu fragen. Sie fuhren auch nach Kionda hoch. Die beiden hießen Andékudy Kororo und Olakhan Lukuta."

Jetzt hatte sich Simon nur noch zu verabschieden, um sich nach Mahamés „Kaschemme" umzusehen. Er stand auf.

„Monsieur Dia ..."

„Ja, Madame?"

„Könnten Sie für mich etwas erledigen, wenn Sie nach Kionda zurückfahren?"

„Aber gewiß."

„Monsieur Dia, Sie werden es sicher seltsam finden, wenn ich während meiner Witwenzeit so mit Ihnen rede. Ich denke jetzt mehr als je zuvor an den Mann, den ich seit der Schulzeit liebe, den ich aber nicht heiraten konnte, weil meine Eltern anders entschieden hatten. Sie gaben mich Lomo. Ich war gerade erst dreizehn. Ein Jahr darauf kam das erste Kind, und da habe ich resigniert. An Maka Lomo bindet mich nichts anderes als die Pflicht. Ich liebe aber Djiby. Ich möchte ihn so gern wiedersehen. Können Sie ihm einen Brief mitnehmen?"

„Ich finde Ihren Wunsch, den Mann Ihres Lebens wiederzusehen, völlig legitim. Ich bin sicher, daß er Ihnen das Glück schenken wird, auf das Sie seit fast zehn Jahren warten. Wie heißt er?"

„Er heißt Djiby Sarré. Ich weiß, daß er die Polizeischule besucht hat und in Kionda arbeitet, aber ich weiß nicht genau, wo."

„Ich kenne Inspektor Sarré. Er arbeitet mit einem meiner Freunde zusammen. Es ist ein leichtes, zu ihm zu gehen und ihm Ihren Brief zu übermitteln."

Mahamé bewegte sich in dem strohgedeckten, verräucherten Schuppen, in dem er seine Kaschemme eingerichtet hatte, zwischen dem Fleisch, das er von Tiervierteln herunterschnitt, und dem Holzfeuer-Grill, auf das er die abgeschnittenen Stücke warf, hin und her. Drei schmutzig gekleidete Halbwüchsige drehten das Fleisch über dem Feuer um, bedienten die Kunden und kassierten sofort ab. Der Chef der Lokalität – schwellender Bizeps bei ständiger Bewegung des Messers – begrüßte von fern die Stammgäste. Scherzworte flogen hin und her. Als er Simon hereinkommen sah, verfinsterte sich sein Gesicht sofort . Das Mißtrauen. Mit spitzen Lippen erwiderte er den Gruß des Neuankömmlings. Er sagte ihm, er solle sich doch an einen Kellner wenden. Er mißtraute allem, was nach Kontrolle aussah, ob nun von der Steuer oder von der Hygiene. Diese Leute gaben sich oft das Aussehen ganz normaler neuer Kunden. Deshalb mißtraute er insbesondere den neuen Kunden, vor allem wenn sie zu geleckt aussahen. Sein Gesicht hellte sich erst auf, wenn der Neuankömmling von einem der Stammgäste begrüßt wurde.

Das war bei Simon nicht der Fall. Aber trotz des kühlen Empfangs ging er an den Mann, der immer noch mit dem Schneiden von Fleisch beschäftigt war, näher heran.

„Womit habe ich eigentlich ein solches Mißtrauen verdient?" fragte sich der Journalist. „Vielleicht sehe ich aus wie ein Schnüffler, und Schnüffler sind auf keinem Fleckchen der Erde gern gesehen." Er entschloß sich zu einer kleinen Notlüge.

„Ich bin ein Bruder von Maka Lomo. Ich komme aus Kionda."

„Maka Lomo hat mir nie etwas von einem Bruder in der Hauptstadt erzählt", antwortete Mahamé argwöhnisch. Er rief einem Gast etwas zu. „Hei, Badara, hast du jemals etwas über Makas Bruder in Kionda gehört?"

„Keine Ahnung", sagte der Stammgast. „Maka hatte überall seine Hände im Spiel. Es würde mich nicht wundern, wenn er sich irgendwo durch irgendeine Ehe auch Brüder verschafft hätte. Man sieht ihn ja schon seit Jahren nicht mehr."

„Eben", fuhr Simon fort, „wir in der Familie haben ihn auch schon lange nicht mehr gesehen. Er ist einfach verschwunden. Seit dem Tag, als er hier vorbeikam, haben wir ihn nicht mehr gesehen." Beim Sprechen suchte er sich ein Stück aus dem Haufen mit sehnigem Fleisch aus.

„Zugegeben, seit jener Nacht wurde er hier nicht mehr gesehen", sagte der Chef vom Grill, der schon wieder mißtrauisch wurde, „aber von hier ging er erst nach Hause. Erst danach ist er dann verschwunden. Badara, der hier anwesend ist, kann das bezeugen. Hab ich recht, Badara?"

„Genau."

Der Händler sah sich Simon näher an und beruhigte sich. Da sich der junge Mann nur für einen seiner Kunden interessierte, war er kein Kontrolleur. Wie ein Polizist sah er auch nicht aus, denn auch die konnten ihn nicht hinters Licht führen, nicht einmal in Zivil. Aber was war er dann? Da er sich die Sache schnell vom

Halse schaffen wollte, erzählte er von der denkwürdigen Nacht.

„Maka Lomo kam damals mit drei Vettern aus dem Dorf hierher. Sie bestellten gegrilltes Fleisch. Die drei Dörfler hatten einen Appetit, daß man sich eine Vorstellung von ihrer sonstigen Ernährung machen konnte. Diese Leute hatten seit Monaten kein Fleisch mehr gegessen. Und einen Durst! Das Ganze haben sie mit Bier begossen. Es ist gut möglich, daß Maka an jenem Tag ein Drittel von seinem Monatslohn dagelassen hat."

Und brach in ein Gelächter aus. Als ihm klar wurde, daß ihm da etwas rausgerutscht war, hörte er auf zu lachen, hackte ein Stück Fleisch ab und schnitt sich dabei in den Finger. Kontrolleur oder nicht, die Höhe der Einnahmen war nicht für fremde Ohren bestimmt.

„Ein Drittel? Nein." Er saugte an seinem Finger. „Ich wollte damit sagen, daß er mit seinen Gästen dermaßen viel bestellte, daß es auf diese Summe hinausgelaufen wäre. Aber ich gab ihm ziemlich viel Rabatt, und er unterschrieb einen Schuldschein. Er sagte mir, daß er am nächsten Tag nach Kionda abreisen würde. Und bei seiner Rückkehr wäre er ein reicher Mann und könnte dann seine Schulden bezahlen."

„Das hat er gesagt?"

„Ja, und er schien sich seiner Sache ziemlich sicher zu sein."

„Ich hatte einen Teil des Rückweges mit ihnen gemeinsam", mischte sich der schon erwähnte Badara ein. „Na, die sangen wie wild vor Freude, bald würden sie im Reichtum nur so schwimmen."

Simon saß auf einer schmutzigen Bank, und man servierte ihm sein Grillfleisch. Es bestand aus Nerven, Sehnen und Knochen. Er konnte nichts essen, trat ins Freie und ging zum kleinen Bahnhofshotel. Kaum hatte er Mahamés Kaschemme verlassen, da wurde er schon von einem Kind angesprochen.

„Hast du mein Foto?"

Es war der kleine Junge, den er gestern am Bahnhof gesehen hatte.

„Was machst du denn hier, mitten in der Nacht? Du müßtest doch längst schlafen. Es ist fast 9.00 Uhr."

„Ich sah dich in die Kaschemme gehen", sagte das Kind. „Ich

wollte dir hinterhergehen, aber man ließ mich nicht rein. Da habe ich hier auf dich gewartet."

„Aber wozu? Ich habe zu tun."

„Um dich mit nach Hause zu nehmen. Ich wollte, daß du bei uns ißt, und nicht bei Mahamé mit seinem verdorbenen Fleisch. Er verkauft das Fleisch von totgefahrenen Tieren. Man sagt sogar, daß er schon Hundefleisch verkauft hat. Und dann fährt er auch mit seinem Laster in den Busch und kauft den Bauern und Hirten für billiges Geld Tiere ab, die am Verhungern sind. Das verkauft er dann hier zu hohen Preisen. Komm zu uns nach Hause. Mama ist da."

„Weiß denn deine Mutter, daß ich komme?"

„Ja."

„Und dein Vater?"

„Mein Vater fährt die Züge. Er kommt erst morgen."

Das Kind und die Mutter wohnten in der Nähe des Bahnhofs. Die Mutter wußte natürlich nichts von dem Fremden, ließ es sich aber angetan sein, Simon Gastfreundschaft zu gewähren. Sie machte ihm etwas zu essen und lehnte das Geld ab, das er ihr dafür anbot.

Als er dann ins Hotel gehen wollte, beteuerte sie, die Zimmer wären völlig verwanzt und hier wäre er sicher besser aufgehoben.

Am nächsten Morgen machte er nach einem gutgelaunten Frühstück ein paar Fotos von seiner Gastgeberin und dem Kind. Er verabschiedete sich und ging zum Bahnhof, um auf die Abfahrt des Rückzuges zu warten.

Auf dem Bahnsteig hatte er eine Begegnung, die ihn nur wenig beglückte. Emangi stand da und wartete auf ihn. Er versuchte sich zu verbergen, aber sie hatte ihn schon gesehen und kam auf ihn zu.

„Ich bin gekommen, damit du mich mitnimmst", sagte sie einfach, als hätten sie nie darüber gesprochen und als wäre es selbstverständlich.

„So ein Dickschädel!" dachte er.

„Machst du dir überhaupt einen Begriff, was die Hauptstadt für eine Hölle ist?"

„Die Hölle der Hauptstadt ist erträglicher als die Hölle im Dorf. Im Dorf haben wir nichts. Wir essen nichts, weil es nichts zu essen gibt. Wegen der permanenten Trauer gibt es keinerlei

Zerstreuung. Arbeiten kann man nicht, weil es bei der Dürre nichts zu tun gibt. Ich ziehe die Stadt vor."

„Du hast völlig recht. Nun, ich bin doch hier in der Stadt."

Der Karrenfahrer trat näher und zog Esel und Karren hinter sich her.

„Tag, Chef", sagte er. „Gibst du mir deine Schwester zur Frau? Ich habe mich auf den ersten Blick in sie verliebt."

Ob es nun Spaß war oder nicht, Simon war erleichtert, daß die Dinge eine solche Wende nahmen.

„Der Brautpreis für meine Schwester ist ziemlich hoch. Unter einer Färse ist sie nicht zu haben."

Der Eselbesitzer schien ihn beim Wort zu nehmen.

„Von jetzt an arbeite ich für den Kauf einer Färse. Ich gehe als Wasserverkäufer. Das ist zwar anstrengend, wird aber gut bezahlt. Den Mond würde ich für die Gazelle vom Himmel holen, wenn sie mich heiratet."

Völlig verblüfft, sah sich Emangi den Karrenfahrer an.

„Erst einmal mußt du ins Dorf fahren und den alten Tendi um ihre Hand bitten", fuhr Simon fort.

„Bin schon unterwegs. Setz dich hier auf die Bank", sagte der Karrenfahrer zum Mädchen.

Der Zug pfiff. Der Karrenfahrer versuchte, Emangi beim Aufsteigen zu helfen, sie aber machte sich mit einer heftigen Bewegung von ihm los.

„Nimm deine Hände weg! Ich liebe dich nicht! Ich will nicht deine Frau werden!"

Der Mann brach in ein Gelächter aus.

„Die Wette ist gewonnen", sagte er glucksend. „Es ist ein gutes Zeichen, wenn sie zuerst nicht will. Und eine Frau, die so heftig nein sagt, wird umso lebhafter ja sagen. Auf Wiedersehen, Chef", rief er Simon nach, als der Zug sich wankend in Bewegung setzte.

Emangi unterdrückte die Tränen und stieg traurig auf das Gefährt.

„Hü! Nach Neu-Oniateh!" rief der Karrenfahrer seinem Esel zu.

Im langsamen Rhythmus seines Tiers und beim quietschenden Geräusch der schlecht gefetteten Achsen erzählte er die Fabel vom Leguan und dem Hund.

„Eines Tages sagte der Leguan zum Hund: 'Großer Bruder Hund, du genießt bei den Leuten im Dorf ein hohes Ansehen. Ich will meinen Buschwald verlassen und mit zu dir ins Dorf kommen.' Der Hund sagte: 'Ach, kleiner Bruder Leguan, es ist nicht an dem.' Der Leguan sagte: 'Trotz alledem komme ich mit dir mit.' Da sagte der Hund: 'Wenn es so ist, bin ich einverstanden, setz dich auf meinen Rücken.'

Der Leguan machte sich auf dem Rücken des Hundes flach. Der Hund lief ins Dorf, tauchte seine Schnauze in das Becken, das die Frauen als Wassertank benutzten, und begann zu schlabbern. Eine Frau versetzte ihm mit dem Stößel einen ordentlichen Schlag auf das Rückgrat. Er machte einen Satz und entwich. Der Leguan sagte: 'Großer Bruder Hund, was bedeutet das?' Der Hund antwortete: 'Das hat nichts zu bedeuten, ich wollte nur etwas trinken.'

Er ging weiter und legte seinen schlammbedeckten Schwanz einem Fremden auf die sauberen Kleider, er wollte ihn liebkosen. Sakrileg! Man verpaßte ihm einen Peitschenhieb über den Rücken. Er ergriff die Flucht. Der Leguan sagte: 'Großer Bruder Hund, die Dörfler lieben dich also nicht?' Der Hund antwortete: 'Sei nicht so ungeduldig, ich komme ja im Dorf gerade erst an.'

Der Hund entfloh und kam zu den Schüsseln, in denen das Essen für die Menschen angerichtet war. Er steckte seine Schnauze hinein. Die Menschen gaben ihm mehrere Schläge auf den Rücken. Der Leguan sagte: 'Großer Bruder Hund, ich will in den Busch zurück.' Der Hund sagte zu ihm: 'Hab ein wenig Geduld.'

Dann ging er weiter und holte sich eine Hammelkeule, die den Fleischern gehörte. Ein Fleischer verpaßte ihm einen schlimmen Messerstich in den Rücken. Der Hund ließ das Fleisch los und rannte weg.

Der verletzte Leguan machte einen Satz und sagte: 'Großer Bruder Hund, ich gehe wieder in meinen Busch. Bleib du hier mit deiner 'Wertschätzung', den sogenannten Wohltaten und dem Überfluß des Dorfes. In Wirklichkeit regieren hier Gemeinheit und Egoismus. Adieu.' Spach's und verschwand im Busch."

Als die Geschichte zu Ende war, warf der Karrenfahrer einen Blick auf Emangi, die sich für die Erzählung nicht zu interessieren schien und auf die vertrockneten Sträucher am Rande des Weges starrte.

„Sicher möchtest du wissen, was es mit dem Leguan auf sich hat", sagte er und erläuterte dann den Sinn der Fabel. „Ja, der Leguan hat recht. Wir sind hier in unserem Busch besser aufgehoben. In der Stadt herrschen Individualismus, Betrug und Gemeinheit. Und die, die dort nicht geboren sind, lernen dort nur das Elend kennen. Wir sind in unserer Umgebung gut aufgehoben. Bleiben wir lieber hier, um gegen Übel wie Naturkatastrophen, die wir gut kennen, anzukämpfen. Überlassen wir die großen Krankheiten der menschlichen Seele der großen Stadt ."

Mit abwesendem Blick ließ Emangi ihre Tränen fließen.

Im Zug dachte Simon einen Moment an das junge Mädchen. Er wünschte ihr, sie möge mit dem Karrenfahrer glücklich werden. Dann versuchte er, sie zu vergessen, und schaute nach draußen. Da es zu trostlos war, flüchtete er sich lieber in seine Aufzeichnungen. Er rekapitulierte. Das Puzzle ging auf. Er sah immer klarer. Drei Fragen indes waren noch offen: Was geschah, als Maka Lomo und seine drei Gefährten in Kionda ankamen? Wer behütete den Bogenschützen? Denn er stand unter einem sicheren Schutz und konnte bis jetzt alle Fallen der Polizei umgehen. Dazu hatte er so seine kleine Meinung, aber das war nur eine Vermutung. Und schließlich die letzte Frage: Wie würde das alles ausgehen?

21

Sanko Kamaga durchlitt das Grauen der Agonie. Als die Ärzte erklärten, sie seien nicht in der Lage, die Blutung zum Stillstand zu bringen, wußte er, daß der Pfeil vergiftet war. Ihm war bekannt, daß das Gegengift in Oniateh zu finden war, aber nur dort. Dann würgte ihn eine andere Angst, schlimmer als die vor dem Tod: die Verdammung, das Fernhalten seiner Seele vom Dorf und das Letzte Strafgericht, zu den bösen Buschgeistern einkehren zu müssen, über die die Lebenden täglich Verwünschungen über Verwünschungen ausgießen. Da dachte er, seine Seele durch ein Bekenntnis retten zu können, durch das Eingeständnis seiner Fehler, durch das Nennen der Fehler seiner Komplizen und durch die Legation all seiner Güter an das Dorf. Vielleicht hätte er so eine Chance, erlöst zu werden.

Als der Kommissar das Krankenzimmer betrat, wechselte ein Pfleger gerade den blutigen Kopfverband. Er tat es alle halbe Stunde. Ebenso oft tauschte er die Flaschen mit dem Blut aus, die über dem Kranken hingen und die sein einziger Lebensfaden waren. Bald aber würde ein zweites Element des Giftes zu wirken beginnen und ihn zur Strecke bringen. Als der Pfleger hinausging, hatte Kamaga für ihn ein kleines Dankeswort übrig. Er richtete auf Mbaye sein einziges Auge, das er nur mit Mühe offen hielt.

„Ich werde Ihnen mein Testament diktieren, Kommissar, und Ihnen alles erzählen. Die Nacht überlebe ich nicht, das ist mir bewußt."

Kamaga unterzeichnete das Papier, auf dem Mbaye seinen letzten Willen niedergeschrieben hatte. Schweißgebadet, unter Stöhnen und mit immer schwächer werdender Stimme nahm er in Angriff, was Mbaye als Zeugenaussage bezeichnete:

„Es war vor neun Jahren. Das Dorf hatte drei fünfundzwanzigjährige junge Männer nach Kénédou entsandt, um den Goldenen Fetisch zu verkaufen und Lebensmittel, kleine landwirtschaftliche

Geräte und Saatgut einzukaufen. Diese jungen Männer waren Yiragne Lukuta, Anyari Wétémé und Amango Bady. In Kénédou gingen sie zu Maka Lomo, der ihnen bei der Erfüllung ihres Auftrages behilflich sein sollte. Maka Lomo überzeugte sie davon, nach Kionda hochzufahren, da sie für die Figur dort einen höheren Preis erzielen könnten. In der Tat, an Käufern fehlte es in Kionda nicht. Juweliere, Antiquitätenhändler und Sammler überboten einander, und Maka machte ein gutes Geschäft, als er auf das Höchstangebot spekulierte. Im Dorf aber hatte man nichts mehr von ihnen gehört. Das dauerte zwei Wochen. Die Dörfler waren in Sorge und völlig ausgehungert, und so schickten sie uns, Andékudy Kororo und mich, Olakhan Lukuta, Vetter von Yiragne, aus, um festzustellen, was sich ereignet hatte. Diese Mission wurde uns anvertraut, weil wir eine Altersklasse höher waren und in der Schule eine Elementarausbildung genossen hatten. Man glaubte, wir würden uns besser in der Stadt zurechtfinden als die Jüngeren. In Kionda zogen wir durch alle Kaschemmen und Geheimbars, denn da war Maka zu Hause. Schließlich fanden wir ihn; er aß Bratspieß in einer Weinbar. Er machte einen finanziell gut gestellten Eindruck, denn er lud uns ein, noch und noch vom Bratspieß zu essen. Drei Tage lang haben wir nur gepraßt. Wir aßen und tranken, wie wir es nie zuvor getan hatten, nicht einmal bei den größten Festen im Dorf. Dann setzte er uns in Kenntnis, daß er den Goldenen Fetisch hätte, und schlug uns ein interessantes Geschäft vor. Wir waren durch die fröhlichen Tage so berauscht, daß wir geneigt waren, auf seine Vorschläge einzugehen: Anstatt Lebensmittel zu kaufen, die bald verbraucht wären, ohne eine Spur zu hinterlassen, wäre es vorteilhafter, mit dem Geld der Statue in den Handel einzusteigen. Als Entgelt würden wir jeden Monat Lebensmittel ins Dorf schicken. Alle fünf unterstützten sein Vorhaben. Niemand von uns wollte ins Dorf mit seinem Elend und seinen Entbehrungen zurück.

Als das Geld aufgeteilt war, arbeitete jeder auf eigene Rechnung. Sicher würde man uns suchen. Deshalb hatten wir Vorkehrungen getroffen. Wir änderten unsere Namen. Maka Lomo ließ sich Sérigne Ladji nennen. Yiragne Lukuta wurde Badou Traoré. Andékudy Kororo, der als Kind einmal den Katechismus gelernt hatte, ließ sich Personaldokumente auf den Namen Papa André Koh ausstellen. Solo Dombo trat an die Stelle von Anyari Wétémé. Amango Bady änderte seinen Namen in Baga Besso. Und ich, Olakhan Lukuta, ließ mich Sanko Kamaga nennen.

Anyari (Solo Dombo) war von der Gruppe mit dem Kauf und dem Versand der Lebensmittel ins Dorf beauftragt worden. Er erfuhr, daß es günstig war, sich an das Amt für Getreidelagerung zu wenden und das Korn, das mittels Beziehungen billig aufgekauft wurde, auf dem Markt zu verkaufen. Er machte mit dem Amt Geschäfte, wurde schließlich dort tätig und arbeitete sich bis zur Generaldirektion hoch. Aber nicht ein einziges Korn hatte er ins Dorf geschickt. Wir wußten es, aber niemand bot sich an, es an seiner Stelle zu tun. Niemand hat überhaupt nur gefragt, denn wir alle waren damit beschäftigt, Geld zu verdienen, lukrative Posten in der Verwaltung zu suchen und das süße Leben in der Stadt zu genießen.

Vor sechs Monaten hatte ein junger Bassari, der in der Hauptstadt arbeitete, unsere Spur entdeckt. Mit einem Riesenkapital, das ihm ermöglicht hätte, ins Geschäft einzusteigen, versuchten wir, ihn zu bestechen. Nichts half. Er lehnte alles ab und hielt sich an seine Mission: Rückführung des Erlöses oder des Goldenen Fetischs selbst nach Oniateh. Nach ein paar Tagen fruchtloser Debatten verschwand er von der Bildfläche ...“

22

„Nun, Kommissar Mbaye, ist der Bogenschütze tot?“ Die „Stimme“ im Hörer hatte einen wesentlich milderen Ton angenommen:

„Wir meinen, ja“, antwortete Mbaye. „Heute morgen konnten meine Männer eine Blutspur ausmachen, die nach Bougosso führte. Er hat viel Blut verloren. Er hat nicht überleben können.“

„Hatten Sie Vorsorge getroffen, seine Leiche sicherzustellen?“

„Ich schickte zwei Männer aus, sie sollten sich unauffällig vor Ort umsehen. Aber Sie wissen, Bougosso ist groß. Das Viertel müßte systematisch durchsucht werden. Aber Sie wissen um die Wirkung einer Uniform in diesem armseligen, aufrührerischen Viertel. Die Präsenz einer Polizeitruppe könnte die Lunte in Brand setzen.“

„Hm, Hm ...“

„Aber ...“

„Aber?“

„Ich meine, ich kann mit Sicherheit sagen, daß der Bogenschütze sein letztes Opfer getötet hat und die Stadt nicht mehr in Unruhe versetzen wird.“

„Einen Bogenschützen haben Sie unschädlich gemacht, und wenn es nun andere gäbe?“

„Es gibt nur einen Bogenschützen. Und was mich an die Beendigung des Falls glauben läßt, ist die Tatsache, daß es sich um persönliche Rache handelte. In der Tat, zu diesem Ergebnis bin ich gelangt.“

„Mit Sicherheit?“

„Ja.“

„Dann fertigen Sie mir einen vollständigen Bericht über den Fall an und schicken ihn an Ihren Vorgesetzten. Er erreicht mich auf dem üblichen Weg.“

„Zu Befehl!“

Mbaye hängte auf und wandte sich Inspektor Sarré zu, den er in sein Büro hatte kommen lassen.

„Nun ja“, sagte Mbaye zu ihm, „ich schloß auf eine Abrechnung zwischen rivalisierenden Handelspolitikern. In Wirklichkeit ist es ganz etwas anderes. Aber bei der Theorie der persönlichen Rache wird man ganz oben der Sache nicht weiter nachgehen, denn diese Art von Problemen führt zu tiefgreifenden Störungen in Politik und Wirtschaft, und beides ist miteinander verzahnt. Die Streitigkeiten und Konflikte müssen untereinander abgemacht werden. Alles geschieht im Verborgenen, die Öffentlichkeit und das Diplomatische Korps erfahren nichts.“

Mbaye machte eine Pause, beobachtete flüchtig Sarré, der kein Wort verlauten ließ, und fuhr fort:

„Diallo und Ndiago haben letzte Nacht bei einem Schußwechsel in der Bar *Oase* Dangala getötet. Dangala hatte den großangelegten Plan, seine Gang zu konsolidieren, und zwar in Zusammenarbeit mit gewissen bekannten Persönlichkeiten. Zuhälterei, Drogenhandel und Schmuggel waren seine Domäne. Ich werde alles auf sein Schuldkonto schreiben. Seine Komplizen, d.h. die Mitglieder seiner Bande und die kleinen Geschäftemacher von der Art Schwarze Mamba, sind mit von der Partie, denn so können sie sich relativ leicht aus der Affäre ziehen. Wir organisieren also einen Prozeß mit den kleinen Fischen, einen Prozeß, der keinen Wirbel macht.“

Sarré hörte höflich, aber ohne besondere Erregung zu. Sein großer athletischer Körper bot dem Bauchansatz seines Vorgesetzten Widerstand. Mbaye redete weiter:

„In der letzten Zeit hatten Dangala, Schwarze Mamba und die Dame Sita Dinta, die auch hinter Schloß und Riegel ist, Absprachen getroffen, um den Markt hinsichtlich des Drogenhandels und der Prostitution zu kontrollieren. Die Dürre lieferte ihnen den Rohstoff: die vom Lande vertriebenen Mädchen für die Prostitution und die von der Landflucht erfaßten jungen Burschen für die Überfälle. Die für die Streitigkeiten angegebenen Gründe – das in Verruf gebrachte Bier, das abgeworbene Liebchen und die an den Haaren herbeigezogene Schlange – wurden vorgeschoben, um die blutigen Auseinandersetzungen zwischen den Zuhältern bei der Anwerbung der Mädchen und der Aufteilung des Strichs in der Stadt zu kaschieren. Alle haben gestanden. Koloba hat ein bißchen zu kräftig zugeschlagen, aber das Resultat war schlüssig. So waren Sita Dinta und Sérigne Ladji Todfeinde, weil es Ladji gelungen war, mehr als die Hälfte der Mädchen aus der Bar der Dame abzuwerben. Und um seine immer größer werdende Herde unter Kontrolle zu halten, stibitzte er Badou Traoré die Schlepperin namens Abia. Abia und Traoré arbeiteten damals zusammen. Sie zog es vor, mit Ladji zusammenzugehen, weil er ihr andere Prozente bot. Daher der Grund für Traoré – neben zurückliegenden Differenzen – , Ladji zu eliminieren."

„Sarré hörte unbeweglich und schweigend zu. Mbaye fuhr fort:

„Und deine Untersuchung hat bewiesen", sagte er zu Sarré, „daß Abia die kleine Kandimi, die aus der Bar *Oase* abgeworben worden war, in Ladjis Todesnacht kommen ließ, um sie ihrem neuen Geschäftspartner vorzustellen. Dieser sollte den Neuzugang „probieren", einen Qualitätspaß erstellen und ihr Strich und Kunden zuweisen. Für den Fall, daß sie diese erste Prüfung bestand, würde er ihr ein Geldgeschenk machen und ein Einkommen zusagen, das sie dazu bewegen sollte, in der Ladji-Abia-Herde zu bleiben."

Sarré lächelte höflich, aber das war auch alles.

„Schwarze Mamba prellte Papa André Koh", fuhr Mbaye fort. „Sie waren einmal Geschäftspartner gewesen, gerieten sich dann aber völlig in die Haare. Das war lange vor Kohs Tod. Sie hatten folgende Übereinkunft: Der Leiter der Hungerhilfe brachte von seinen Fahrten in die Katastrophengebiete Mädchen mit, denen er Unterstützung und Arbeit in der Stadt zusagte. Sie landeten aber ausnahmslos in der Bar von Schwarze Mamba. Dieser zahlte schon seit Monaten nicht mehr die vertraglich vereinbarten Prozente. Daher der Konflikt mit Koh.

Bango Besso kam mit ins Spiel, als Solo Dombo ein Auge auf seine Garküchen warf. Er wollte sie sich aneignen. In seiner Eigenschaft als Chef der Getreidelagerung versuchte er, den Garkoch durch den Nichtverkauf von Reis zu neutralisieren. Auf lange Sicht versetzte er ihm damit den Todesstoß. Besso hielt sich nur dadurch, daß er sich zu Höchstpreisen auf dem Schwarzen

Markt mit Reis versorgte. Dombo eröffnete Garküchen, die mit denen Bessos in Konkurrenz traten. Da dachte Besso, daß es am einfachsten wäre, ihn durch die Ernennung eines anderen Leiters der Getreidelagerung zu beseitigen. Also mußte Dombo sterben.

Sanko Kamaga machte in Import-Export. Wenn man weiß, daß Dangala mit Großhandelspreisen arbeitete, um dieses lukrative Geschäft abzuschirmen, bei dem Sorten und Quoten festgeschrieben sind, ist es klar, daß er hier nur störte."

Mbaye sammelte die Papiere ein, die er zu Rate gezogen hatte, legte sie zusammen und tat sie beiseite.

Das sind die Elemente des Dossiers, das du mit Prosper Diallo und Marou zusammengestellt hast. Mélanie und der unschätzbare Kolo standen euch dabei zur Seite. Es sind Elemente aus der Wirklichkeit. Jetzt müssen sich all diese Leute nur noch gegenseitig umgebracht haben, damit unsere These von der Abrechung erhärtet wird. Ich glaube, das ist gar nicht so kompliziert: Wir gehen davon aus, daß Dangala seinen Machtbereich ausdehnen wollte und damit anfing, alle Störenfriede aus dem Wege zu räumen. Gleichzeitig half er seinen Freunden und Geschäftspartnern, sich zu konsolidieren, und übernahm die Liquidierung ihrer Feinde. Seine erst kürzlich stattgehabte Bestellung von Pfeilen kommt dabei sehr gelegen. Die Morde führte er selbst aus. Auf diese Weise kehrt der wirkliche Bogenschütze unbehelligt ins Bassari-Land zurück. „Bei diesem Satz hatte er brüsk den Ton gewechselt.

Sarré stand plötzlich von seinem Stuhl auf.

„Nein, bleib sitzen", sagte sein Chef zu ihm. „Ich hätte dich schon verhaften lassen können, als du diesen Dienstraum betratest."

„Nein, das ist nicht in Ihrer Macht", sagte Sarré erregt. „Denn auch Sie wird man verhaften. Man wird Sie wegen Beihilfe vor Gericht stellen. Die Beweisführung wäre nicht kompliziert. Gestehen Sie, daß Verdachtsmomente gegen Sie vorliegen."

„Ja, das weiß ich sehr wohl", sagte Mbaye ruhig. „Wie hätte ich einen so engen Mitarbeiter verdächtigen können? Du warst bei jedem Mord zur Stelle. Für Sonntag hattest du hier Bereitschaftsdienst, als Traoré starb. An jenem Tag warst du also für das Kommissariat zuständig. Ich erinnere mich, daß du den Tag zuvor ausdrücklich darum gebeten hattest. Badou Traoré starb vor dem

Kabré-Hochhaus, und das Kabré-Hochhaus gehört zu unserem Revier. Du warst auch bei dem Ringkampf dabei, an dessen Ende Koh von einer Schlange gebissen wurde. Du wolltest die Austragung unbedingt sehen, und jeder fand es legitim. Nach dem Tod von Solo Dombo hörte man übrigens das Geräusch eines Autos, das sich vom Amt für Getreidelagerung entfernte. Die Wache des Amtes, die täglich zusieht, wie Dutzende von Fahrzeugen ankommen und wegfahren, identifizierte das Geräusch als von einem Wagentyp stammend, wie du ihn fährst. Bei Besso wußtest du, daß er sich jede Woche zu einem bestimmten Tag zu Boli Mansa begab. Und vor dem Mord suchtest du ihn auf, um dich zu vergewissern, daß er seinen wöchentlichen Termin beim Fetischeur auch wahrnahm. Bei Kamaga ist es einfach. Als er beim 9. Revier Polizeischutz anforderte, weil er im Bestattungsinstitut eine Bestellung aufgeben mußte, meldetest du dich freiwillig, um diesen Schutz zu gewährleisten. Ich schrieb es deinem Berufsehrgeiz zu."

Bei der Darlegung all dieser Anklagepunkte blieb Mbaye völlig ruhig, als plauderte er über seinen Dienstunterstellten. Sarré war erstaunt, bei seinem Chef keinerlei Ressentiment entdecken zu können. Es kam ihm vor, als wohnte er einer sachlichen Darlegung von Fakten bei.

„Ich meinerseits", fuhr Mbaye fort, und in seine Stimme trat nun doch so etwas wie der Ton des Bedauerns, „gestehe zwei schwere berufliche Fehler ein, die man gegen mich geltend machen könnte, wenn man sie bemerkt. Erstens, ich schenkte der Aussage der Frau, die sich als Gattin von Maka Lomo ausgab – sein wirklicher Name ist Sérigne Ladji –, nicht die erforderliche Beachtung. Maka Lomo war Bassari. Ich hätte mich bemühen müssen, das herauszufinden. Dann hatte mir der alte Sambou gesagt, der Pfeil sei ein Bassari-Pfeil. Das widersprach dem ersten Anschein, aber meine Intuition hätte mir sagen müssen, daß ich diese Spur wenigstens im Hinterkopf behalte, anstatt sie aufzugeben. Aus Gewissenhaftigkeit hatte ich eine Gegen-Expertise anfertigen lassen. Sie war negativ. Diese Argumente wolltest du gegen mich ins Feld führen, um mich von deiner Verhaftung abzuhalten. Aber es gibt noch einen wesentlichen Faktor, den du nicht kennst: Ich wurde in Kénédou geboren und bin dort aufgewachsen. Ich bin kein

Bassari, aber mein Vater wurde als Lehrer von Kionda nach Kénédou versetzt. Die Katastrophe begann, als er beschloß, eine Bassari-Frau zu heiraten, die ein Kind von ihm erwartete. Meine Mutter stellte sich energisch dagegen. Innerhalb weniger Tage erwirkte sie die Versetzung meines Vaters in eine andere Region. Kénédou sah ich erst nach meinem Kommissarsexamen wieder. Ja, ich hatte mich darum bemüht, dort mein Praktikum zu absolvieren. Bei dieser Vergangenheit und dieser Liebe zum Bassari-Land wäre es ein leichtes, meine Mitschuld in einem Fall, in den Bassari verwickelt sind, glaubhaft zu machen."

Sarré schaute seinen Vorgesetzten an. Er spürte plötzlich so etwas wie Sympathie, Nähe. Fast war es Brüderlichkeit.

„Weißt du, Djiby, unbewußt wollte ich den Bogenschützen vielleicht wirklich nicht verhaften. Angesichts seiner Opfer hatte ich die dunkle Ahnung, daß er zur öffentlichen Hygiene beiträgt. Sicher bin ich nun ein schlechter Bulle, aber als ich mich für den Beruf des Polizisten entschied, wollte ich dem Volk dienen. Und es wurde mir klar, daß das Gegenteil der Fall war. Man bediente sich meiner, um das Volk zu ducken und seinen schlimmsten Feinden Schutz zu gewähren. Viele Polizeibeamte haben nicht dieses Anliegen. Sie ergriffen gegen ihre Schutzbefohlenen Partei. Du hast deinen Beruf weiter in Frage gestellt als ich; denn du hast den Auftrag, den du sonst zu erfüllen hast, in sein Gegenteil verkehrt."

Der letzte Satz brachte Sarré auf den Boden der Tatsachen zurück.

„Was werden Sie mit mir machen?" fragte er.

Mbaye zog einen Umschlag aus der Schublade.

„Ich habe beschlossen, dich zu versetzen. Ich schicke dich nach Kénédou, ins Bassari-Land. Du wirst dort der Stellvertreter von Kommissar Moukila.

„Aber das ist ja eine Beförderung!"

„Ich glaube, du mußt noch bestimmte Einzelheiten klären. Du wirst doch das alles nicht umsonst getan haben, wie ich hoffe."

„In der Tat, ich habe Kontakt zu Rechtsanwälten aufgenommen, die sich unabhängig voneinander darum kümmern werden, das Eigentum von Andékudy Kororo und Amango Bady – bzw.

von Koh und Besso – sicherzustellen. Die beiden waren in Kionda nicht verheiratet, haben aber Verwandte im Dorf zurückgelassen. Selbst wenn man die Unterschlagungen Kohs abzieht, reicht das Eigentum beider völlig hin, um die Sippe zu entschädigen.

Der Hausapparat läutete. Mbaye drückte auf den Knopf.

„Ihr Freund, der Journalist Monsieur Dia, möchte Sie sprechen."

„Sag ihm, er kann hereinkommen."

Simon trat ein und grüßte.

„Kommt dein Dossier über die Weiterleitung der Lebensmittel voran?"

„Recht gut. Das erzähle ich dir später."

Er wandte sich Inspektor Sarré zu und dachte an die Bemerkung von Madame Lomo: „Sarré betrachtet sich voll und ganz als Bassari." Er stellte die Beziehung zu den Worten von Atumbi dem Älteren her: „Jemand gibt dem Bogenschützen Hilfe und Schutz." Und wenn dieser Jemand Sarré wäre? Hier brach er seinen Gedankengang ab.

„Ich habe eine persönliche Nachricht für Sie."

Sarré sah ihn verständnislos an.

„Ich komme aus Kénédou, durch meine Arbeit hatte ich dort die Begegnung mit einer jungen Frau. Sie bat mich, Sie ausfindig zu machen und Ihnen diesen Brief zu übergeben." Er gab ihm den Umschlag.

„Diaka!" murmelte Sarré. „Sie liebt mich immer noch wie damals. Was für ein Glück, sie bald in Kénédou wiederzusehen. Aber ... Aber ..." In seiner Unschlüssigkeit geriet er ins Stottern.

„Machen Sie sich deswegen keine Sorgen", beruhigte ihn Simon. Sie weiß, welch furchtbares Verbrechen man ihm vorwarf. Sie fühlt sich beschmutzt, weil sie die Frau eines solchen Ungeheuers war. Für sie können Sie nur ein Held sein."

„Diaka!" murmelte Sarré.

Und er bat, jetzt gehen zu dürfen.

Simon setzte sich auf Sarrés Stuhl.

„Kamaga ist diese Nacht gestorben", sagte Mbaye. „Dieses eine Mal war der Pfeil vergiftet. Lange dachte er, man könne ihn aus den Krallen des Todes befreien, aber die Toxikologen konnten die Zusammensetzung des Giftes nicht rechtzeitig feststellen. Solange er noch in der Lage war zu sprechen, habe ich selbst ihn verhört. Wie von Gewissensbissen geplagt – er litt entsetzlich –, hat er alles erzählt."

Kandima Schöne Stimme war in ihrer armseligen Behausung ganz allein. Sie saß auf dem Bett und sann vor sich hin. Sie hatte das Zimmerchen liebevoll hergerichtet, als erwarte sie den Mann ihrer Träume. Aber er würde nicht kommen. Das wußte sie. Er ging fort, um niemals wiederzukehren. Und sie war traurig. In dem Elendsquartier nebenan klimperte ein Arbeitsloser auf seiner Gitarre. Es waren traurige Töne der Verbitterung. Es waren heftige Töne des Protestes.

Kandima hörte der Gitarre zu. Ihre Traurigkeit und ihr Protest vermischten sich mit den Gefühlen des Gitarrespielers. Nach der improvisierten Melodie improvisierte sie ihr Lied vom Bogenschützen:

Du kamst hierher, Bogenschütze, Bogenschütze
Du warst verletzt, du verlorst dein Blut.
Du hieltest vor meiner Tür
Mit schwerem Atem, du konntest nicht mehr.
BOGENSCHÜTZE, TAPFERER BOGENSCHÜTZE
DU BIST KANDIMAS LIEBE
Ich legte dich auf das Bett,
Ich reinigte deine Wunde.
Schlimme Wunde,
Sie sei verflucht.
BOGENSCHÜTZE, UNBESIEGBARER BOGENSCHÜTZE
DU BIST KANDIMAS LIEBE
Ich rief Haousa, den Tatauierer,
Er entfernte die Kugel.
Er heilte sie mit seinen Pulvern,
Er segnete dich, als er ging.
BOGENSCHÜTZE, MUTIGER BOGENSCHÜTZE
DU BIST KANDIMAS LIEBE
Du standest auf wie ein Mann,
Stolz und unbesiegbar.

Und du zittertest.
Der Schmerz. Bleib bei mir.
BOGENSCHÜTZE, TAPFERER BOGENSCHÜTZE
DU BIST KANDIMAS LIEBE
Du sahst mich an,
Du sahst Kandima.
Du lächeltest mir zu – hab Dank,
Und du gingst fort.
BOGENSCHÜTZE, SCHÖNER BOGENSCHÜTZE
DU BIST KANDIMAS LIEBE
Du gingst zurück ins Dorf – Adieu
Kandima weint.
Die auf dich wartet,
Weint auch. Vor Glück.
BOGENSCHÜTZE, HOCHHERZIGER BOGENSCHÜTZE
DU BIST KANDIMAS LIEBE
Du hast uns gerächt,
Uns, die Mädchen der Dürre,
Gezwungen zur Prostitution.
Du hast uns gerächt,
Uns Dörfler und Bauern,
Hungerleider ohne Hoffnung.
DU BIST KANDIMAS LIEBE
KANDIMA VERGISST DICH NIE
SCHÖNER BOGENSCHÜTZE

Chenjerai Hove
Knochen
Roman
Aus dem Shona-Englischen von
Ilija Trojanow

1990, 130 S., Geb.
DM 25,--
ISBN 3-927527-19-X

Vielschichtig gestaltete Personen, ihre Erinnerungen und Hoffnungen bilden das Mosaik dieser poetischen Geschichte.

Eine fremde Welt, eine andere Welt, und doch - wenn man sich in sie eingelesen hat - berührend und unvergeßlich... in einer Sprache geschrieben, die mal poetisch, mal dramatisch ist.

Brigitte

"In meinem Schlaf sah ich viele Wolken von Süden nach Norden treiben. Ich sah Wolken vom Ort des Sonnenaufgangs zum Ort des Sonnenuntergangs treiben. Ich sah dunkle Himmel bedeckt mit unbekannten Wolken. Dann hörte ich viele Stimmen des Krieges, wiederbelebte Kriegslieder, geschaffen für den Kampf meines Volkes. Mütter, Kinder, Bäume, Insekten, Vögel, Tiere, alle stimmten in die Kriegslieder ein. Ich sah viele Knochen, verstreut auf ausgedehnten Ebenen, auf den Hügeln. Knochen ausgebreitet wie rauhe Matten am Ufer der Flüsse und im Wasser."

Eine exzellente Sprachkraft und eine wuchernde Fantasie!

tagesanzeiger

Timothy Wangusa
Der Berg am Rande des Himmels
Roman
Aus dem Englischen von
Ilija Trojanow

1989, 152 S., Geb.
DM 29,80
ISBN 3-927527-07-6

Dieser afrikanische Roman, der während des Zweiten Weltkrieges in Uganda spielt, läßt virtuos die einheimischen Märchen, Gesänge und Legenden in die Handlung einfließen und erreicht so einen unverwechselbaren literarischen Ton.

"Ihm war schwindelig. Schwindelig. Schwindelig, als hätte er sich zu schnell um die eigene Achse gedreht und als würde sein Kopf sich nun plötzlich drehen. Aber war es sein Kopf,fragte er sich, oder war es die Welt, die sich drehte? Sicherlich drehte sich die Welt, wie sie es tat, als er klein war, als er die Berge und die Täler durch seine Beine anguckte. Ah, ja, dieses alte Gefühl, daß alles Kopf steht, Berge in Täler und Täler auf Berge fallen."

"Wangusas Darstellung ist originell und von seltener Intensität.... Die Reise zum Erwachsensein, der Konflikt zwischen zwei Kulturen, entwickelt sich überraschend und dramatisch."
Frankfurter Rundschau

Moyez Vassanji
Das Erbe der Muscheln
Roman
Aus dem Englischen übersetzt
von Inge Uffelmann

1990, 334 S., Geb.
DM 39,80
ISBN 3-927527-19-X

Vassanji vereint das Geheimnis Indiens mit der Welt Afrikas zu einem spannenden Familienepos von hohem literarischen Rang. Mit sicherem Gespür schildert er die sozialen und politischen Verhältnisse, zeichnet er den historischen Rahmen, in dem sich die aufeinanderstoßenden Kulturen bewegen.

Dieses Buch darf zu Recht als das "Tausendundeine Nacht" Ostafrikas bezeichnet werden.
The Weekly Review

"Ji Bai öffnete ein kleines Fenster in diese dunkle Vergangenheit für mich. Sie führte mich über das Unterholz hinweg in den anderen Dschungel hinein. Und die ganze Welt kam durch das offene Fenster hereingeflogen, die Welt meines Urgroßvaters, der Indien verließ, und die meiner Urgroßmutter, die Afrikanerin war, die Welt von Matamu, wo Indien und Afrika sich trafen und wo diese Mischung in meinem halbblütigen Großvater Huseni explodierte, der eines Tages im Busch verschwand und nie mehr wiederkehrte, die Welt eines sich wandelnden Afrika, in dem sich nun Europa und Afrika trafen und eine noch explosivere Mischung bildeten, nicht nur im Leben der Menschen, sondern im Leben des ganzen Kontinents."

Neue afrikanische Literatur

Richard Rive
Buckingham Palast
Roman
Aus dem Englischen von
Ilija Trojanow

1991, ca. 250 S., Geb.
DM 29,80
ISBN 3-927527-32-7

Kapstadt in den fünfziger Jahren: Am Fuß des Tafelbergs tummeln sich die unterschiedlichsten Charaktere, die jedoch eines gemeinsam haben: Alle sind arm und verschiedenster Hautfarbe. Mit einem lachenden und einem weinenden Auge erzählt Rive eine bewegende Geschichte von einer Insel im Meer der Rassentrennung.

RICHARD RIVE
BUCKINGHAM PALAST

"Ich erinnere mich
jene die in District Six lebten, jene die in Caledon Street und Clifton Hill und in der geschäftigen Hanover Street lebten. Es gibt unter uns einige, die sich noch an die reifen, warmen Tage erinnern. Einige von uns verklären sie und bedauern es, wenn unsere Augen über die toten Ziegel und den gespaltenen Baumstümpfen und dem windgerillten Sand hinwegblicken."

"Richard Rives Bilder von Kapstadt haben eine unerreichte Intensität und Nähe zum Geschilderten."

Times Literary Supplement

Aktuelle politische Sachbücher

David Lamb

Afrika Afrika

Menschen, Stämme, Länder

Kyrill & Method Verlag

David Lamb
Afrika Afrika
Aus dem Amerikanischen von Bennett Theimann

2. Aufl. 1990, 400 S., Geb.,
2 Karten, statistischer Anhang, Bibliographie
DM 39,80
ISBN 3-927527-04-1

"Wie konnte ein Kontinent von so großem potentiellem Reichtum - er birgt 30 Prozent der bekannten Rohstoffvorkommen der Erde - zur wirtschaftlich heruntergekommensten Ansammlung von Bettelstaaten auf der Welt werden?" lautet die Kernfrage des Autors, und er bleibt die Antwort nicht schuldig.

David Lambs Werk, vorzüglich aus dem Amerikanischen übersetzt, ist ein politisches Sachbuch von hohem Format und zugleich bester Journalismus.

Süddeutsche Zeitung

David Lambs flüssig geschriebenes Werk zählt zu den besseren Neuerscheinungen über Afrika.

Frankfurter Allgemeine Zeitung